Die Buchführung

für

Vorschuß- und Kredit-Vereine.

Handbibliothek

für das

Deutsche Genossenschaftswesen.

Unter Mitwirkung

von

Dr. Alberti-Wiesbaden, Häntschke-Charlottenburg, Klinkert-Breslau, Oppermann-Magdeburg, Parisius-Charlottenburg, Proebst-München, Dr. Schneider-Potsdam, Siebert-Berlin, Stoeckel-Insterburg, Thorwart-Frankfurt a. M., Vollborn-Friedenau-Berlin, Wohlgemuth-Berlin

herausgegeben

von

Dr. Hans Crüger,

Anwalt des Allgemeinen Verbandes der auf Selbsthilfe beruhenden deutschen Erwerbs- und Wirthschaftsgenossenschaften.

Zweiter Band:

Die Buchführung für Vorschuß- und Kredit-Vereine.

Berlin.

J. Guttentag, Verlagsbuchhandlung.

G. m. b. H.

1900.

Die Buchführung

für

Vorschuß- und Kreditvereine.

Praktische Anweisung

zur

Einrichtung und Führung der Bücher

für

Kreditgenossenschaften aller Art.

Von

Albert Vollborn,

Verbandsrevisor.

Berlin.

J. Guttentag, Verlagsbuchhandlung,

G. m. b. H.

1900.

Vorwort.

Anleitungen zur kaufmännischen Buchführung giebt es in nicht geringer Anzahl, auch insbesondere solche für Kreditgenossenschaften. Gleichwohl erschien für die vorliegende Bearbeitung der Buchführung für Vorschuß- und Kreditvereine ein Bedürfniß vorhanden zu sein, um die Erfahrungen der Genossenschaften auf Grund jener früheren Anleitungen und der geschäftlichen Praxis nutzbar zu machen.

Das vorliegende Buch soll ein Rathgeber für Kredit-Genossenschaften aller Art sein, für Vorschuß-Vereine, Spar-Vereine, Kredit-Vereine, Darlehenskassen-Vereine, wie für Genossenschafts-Banken, Volks-Banken, Bank-Vereine oder wie sich dieselben sonst nennen mögen. Es soll neu entstehenden Genossenschaften solcher Art die zur Führung der Bücher nöthigen Einrichtungen sowie die Aufstellung der Jahresrechnung in übersichtlicher Weise veranschaulichen, und in den bestehenden Genossenschaften zu einer möglichst einheitlichen Gestaltung der Buchführung nach praktisch bewährten Einrichtungen beitragen, sowie für neu einzurichtende Geschäftszweige das erforderliche Buchführungs-Material an die Hand geben.

Die Bearbeitung des Buches geschah in der Weise, daß ich mich zunächst über die systematische Anordnung des Stoffes mit Herrn C. Siebert, Direktor der Deutschen Genossenschafts-Bank von Sörgel, Parrisius & Co. zu Berlin verständigte, der mir dann bei der Ausarbeitung auch mit seinen reichen Erfahrungen auf dem Gebiete der Buchführung stets bereitwilligst zur Hand ging. Ich kann nicht unterlassen, demselben an dieser Stelle für seine werthvollen Anregungen und Rathschläge besonderen Dank auszusprechen.

Ist das Buch in erster Reihe auch für Kreditgenossenschaften bestimmt, so wird es doch auch anderen Kreditinstituten und Banken gute Dienste bei der Einrichtung der Buchführung leisten können.

Berlin-Friedenau, im Dezember 1899.

Albert Vollborn.

Inhaltsverzeichniß.

Zweiter Theil.

Einleitung.

Ein sorgsamer Haushalter wird sich über seine Einnahmen und Ausgaben stets genau unterrichtet halten. Um so mehr liegt jedem Geschäftsmanne die Verpflichtung ob, über seine Ein- und Verkäufe, seine Forderungen und Schulden, wie über das, was er selbst verbraucht und was er in seinem Geschäftsbetriebe erübrigt hat, sich, und wenn es erforderlich ist, auch Anderen Rechenschaft abzulegen. Die Aufzeichnung aller dieser Vorgänge in einer so klaren und übersichtlichen Weise, daß die Lage des Vermögens leicht zu erkennen ist, nennt man „Buchführung".

Solche Buchführung liegt nicht nur dem Kaufmann ob — eine Annahme, die nicht selten anzutreffen ist —, auch der Handwerker und Gewerbetreibende kann sie nicht entbehren, wenn er über seine wirthschaftlichen Verhältnisse unterrichtet sein will. Daß aber eine sorgfältige, übersichtliche Buchführung ganz besonders da unentbehrlich ist, wo es sich um die Verwaltung fremden Vermögens handelt, wo Viele sich zu einem Ganzen zusammenschließen, um aus der Vereinigung der kleinen Kräfte eine Großkraft zu bilden, wie dies bei den Genossenschaften der Fall ist, bedarf keiner ausführlichen Begründung.

Vielfach und namentlich in Handwerkerkreisen ist die Ansicht verbreitet, daß eine gute Buchführung mit außerordentlichen Schwierigkeiten verknüpft sei. Dabei finden insbesondere die Fremdnamen wie „Debet", „Kredit," „Konto", „Saldo", die auf den ausländischen Ursprung der systematischen Büchereinrichtung hinweisen, besonderen Anstoß. Daß diese Auffassung eine irrige ist, und auch der Handwerker bei einigem guten Willen im Stande ist, sich die Grundsätze und Regeln der Buchführung anzueignen, wird z. B. durch die Thatsache bewiesen, daß ein beträchtlicher Theil der Schulze-Delitzsch'schen

Genossenschaften von Handwerkern, Gewerbetreibenden, Beamten und nicht selten auch von Landwirthen geleitet wird, zu deren Obliegenheiten u. A. die Führung der Bücher gehört.

Die erste Anleitung zu einer Buchführung für Vorschuß- und Kredit-Vereine hat Schulze-Delitzsch im Jahre 1861 in seinem Handbuche „Vorschuß- und Kredit-Vereine als Volksbanken“ gegeben. Wenn das in dieser Anleitung aufgestellte System auch noch heute als Grundform für die Buchführung bei den Kredit-Genossenschaften anzusehen ist, so hat doch die unerwartete Ausdehnung der Letzteren, wie auch die Aufnahme neuer Geschäftszweige zu Aenderungen und Ergänzungen in den Büchereinrichtungen geführt, die sich im Laufe der Jahre unter der Einwirkung verschiedenartiger Auffassungen zu einem vielgestaltigen Bilde entwickelt haben. Den verdienstvollen Bestrebungen hervorragender Genossenschafter, durch Herausgabe neuer Anleitungen über Buchführung eine größere Einheitlichkeit in den Bücher-Einrichtungen der Genossenschaften herbeizuführen, ist ein durchschlagender Erfolg nicht in der wünschenswerthen Weise zu Theil geworden. Die Grundsätze für die Buchführung sind freilich überall die gleichen, für die einzelnen Einrichtungen sind jedoch persönliche Ansichten und nicht zum mindesten alte Gewohnheiten oft von entscheidendem Einflusse.

Die Gelegenheit, von den Einrichtungen und Gepflogenheiten der Vereine in Bezug auf die Buchführung Kenntniß zu nehmen, und so direkt Erfahrungen über deren Zweckmäßigkeit zu sammeln, wurde hauptsächlich erst in Folge der Verbandsrevision geboten. Durch die in jedem zweiten Jahre nach Vorschrift des Genossenschaftsgesetzes stattfindende Revision ist in Bezug auf ordnungsmäßige, praktische Buchführung Manches besser geworden. Nutzbringend hat insbesondere die Thatsache gewirkt, daß die Revisoren der Schulze-Delitzsch'schen Verbände gelegentlich des Genossenschaftstages alljährlich zu gemeinsamer Berathung zusammen traten, und ihre Beobachtungen und Erfahrungen austauschten. Durch diese mündliche Aussprache sowie durch Ausführungen in den Blättern für Genossenschaftswesen hat sich allmählich ein ziemlich übereinstimmendes Urtheil über den Werth und die Zweckmäßigkeit der vorgefundenen Einrichtungen herausgebildet, und dieses Material ist in der vorliegenden Anleitung verwerthet.

Es ist mit dieser Anleitung also nicht die Absicht verbunden für die Buchhaltung etwas ganz Neues zu bieten, oder bisher unbekannte Systeme aufzustellen. Die

Grundbedingungen für die Buchführung stehen fest, und es läßt sich nichts an ihnen ändern. Vielmehr kann es sich nur darum handeln, Bücher-Einrichtungen zur Veranschaulichung zu bringen, mittelst deren es den Genossenschaften möglich ist, ohne vielen Zeitaufwand eine zuverlässige und klare Uebersicht über den Stand der Geschäfte und die Lage des Vermögens zu erlangen. Das ist der Hauptzweck jeder guten Buchführung. Alle Einrichtungen derselben müssen auf den Endzweck, die Aufstellung der Jahresrechnung hinauslaufen. Und hierauf soll in den folgenden Ausführungen besonders Werth gelegt werden. Die Aufgabe dieses Buches ist demnach: die in dem 50 jährigen Zeitraum des Bestehens der Genossenschaften gesammelten Erfahrungen zum Nutzen aller Genossenschaften zusammenzufassen und eine Anleitung zur Buchführung zu geben, die in allen Theilen der bewährten Praxis ihre Entstehung verdankt.

Die nachfolgende Anleitung umfaßt zwei Haupttheile. Der erste Theil behandelt die Grundsätze der Buchführung und die Einrichtungen einer neu gegründeten Genossenschaft, deren Thätigkeit sich auf die Annahme von Einlagen und die Ausleihung von Kapitalien, das Vorschußgeschäft, beschränkt. Wie der Geschäftsgang bei solcher Genossenschaft ein sehr einfacher und regelmäßiger ist, so wird demnach auch die Aufstellung des Rechnungsabschlusses nach Ablauf einer Geschäftsperiode leicht verständlich sein.

In dem zweiten Theile sind in Folge Aufnahme weiterer Geschäftszweige die Büchereinrichtungen entsprechend vervollkommnet worden. Für den Rechnungsabschluß gelten natürlich dieselben Regeln wie vorher, nur umfaßt derselbe ein weitverzweigteres Material in Folge der Nothwendigkeit einer getrennten Behandlung der einzelnen Geschäftszweige und ihrer Ergebnisse. Die Erläuterungen zu diesem Abschlusse werden lediglich eine Ergänzung der des ersten Theiles bilden.

Erster Theil.

I. Die Buchführungs-Arten.

Darüber, welche Bücher zu führen und in welcher Weise dieselben einzurichten sind, enthalten die Gesetze keine besonderen Vorschriften. Das Gesetz, betreffend die Erwerbs- und Wirthschaftsgenossenschaften vom 1. Mai 1889, das in § 17 die Genossenschaften für Kaufleute im Sinne des Handelsgesetzbuches erklärt, bestimmt in § 33 nur, daß die erforderlichen Bücher zu führen sind. Das Handelsgesetzbuch aber schreibt in § 38 vor, daß „jeder Kaufmann in den zu führenden Büchern seine Handelsgeschäfte und die Lage seines Vermögens nach den Grundsätzen ordnungsmäßiger Buchführung ersichtlich zu machen hat."

Für die kaufmännische Buchhaltung haben sich zwei Hauptarten herausgebildet: die „einfache Buchführung" und die „doppelte Buchführung".

A. Die einfache Buchführung.

Bei jeder Buchführungsart ist es zunächst von Wichtigkeit, daß über alles, was an dem Vermögensstande etwas ändert, eine Grundnotiz gemacht wird. Solche Veränderungen werden durch Baar-Einnahmen und Ausgaben herbeigeführt, für deren Notiz man ein Kassa-Buch benutzt. Man vermerkt die betreffenden Geschäftsvorgänge darin nacheinander durch Angabe der Namen der Zahlenden bezw. Zahlungsempfänger, der Gegenstände, für welche die Zahlungen erfolgten und der Beträge. Dabei werden Einnahmen von Ausgaben getrennt, indem man erstere jedesmal auf der linken Seite letztere auf der rechten Seite des aufgeschlagenen Buches einträgt.

Aenderungen des Vermögensbestandes können außer durch Kassen-Umsätze auch auf andere Weise veranlaßt werden. Die Genossenschaft empfängt z. B. von Jemanden ein Werthpapier, für dessen

Werth sie dem Betreffenden gegenüber Schuldnerin bleibt, oder sie vergütet einem ihrer Gläubiger Zinsen, die sie ihm zu seiner Forderung hinzuschreibt. Alle derartige Geschäfts-Vorkommnisse notirt man der Reihenfolge nach in einem Merkbuche — sog. „Memorial“ — unter kurzer präziser Bezeichnung des Sachverhaltes, wie wir später noch ausführen werden.

Das Kassenbuch und das Memorial sind die „Grundbücher“, die Eintragungen darin bezeichnet man als „Grundbuchungen“.

Außer den Grundbuchungen im Kassabuche und im Memorial kommt bei der einfachen Buchhaltung in der Hauptsache nur noch ein Buch in Betracht, in dem für jede Person, mit der geschäftliche Beziehungen unterhalten werden, eine „Rechnung“, ein „Konto“ eingerichtet ist. Am Kopfe wird der Name vermerkt. Jedes Konto hat zwei Seiten, auf der linken Seite wird aus den Grundbuchungen das übertragen, was dem Kontoinhaber zur Last fällt, also was er schuldig wird. Es ist die „Soll“- oder „Debet“-Seite. Die rechte Seite des Kontos hat dagegen alles aufzunehmen, was dem Kontoinhaber zu gut kommt, seine Zahlungen, Zuwendungen aus anderen Werthgegenständen, z. B. Wechseln oder Effekten 2c. Es wird diese Seite daher die Guthaben-Seite oder kurz „Haben“- oder „Kredit“-Seite genannt.

Der jeweilige Stand des Kontos wird dadurch festgestellt, daß die Posten auf jeder Seite addirt werden, und die niedrigere Summe von der größeren abgezogen wird. Das Resultat heißt der „Saldo“. Dabei entscheidet diejenige Seite, auf welcher der höhere Betrag erscheint, darüber, ob der Kontoinhaber etwas schuldig ist oder ob er ein Guthaben besitzt. Ergiebt die Addition auf der linken Seite, der „Soll“-Seite Mk. 1000 und auf der rechten, der „Haben“-Seite Mk. 800, so ist der Kontoinhaber Mk. 1000 abzüglich Mk. 800 = Mk. 200 schuldig. Stehen dagegen auf der „Haben“-Seite Mk. 1000, auf der „Soll“-Seite Mk. 800, so ist der Kontoinhaber für 200 Mk. Kreditor, denn er besitzt ein Guthaben in dieser Höhe. Zum Unterschied von einander nennt man das erstere Resultat den „Debet-Saldo“, das letztere den „Kredit-Saldo“.

Soll nun der Stand des Geschäfts festgestellt werden, so müssen aus dem Konto-Buche alle Summen, welche Schulden der Kontoinhaber darstellen — Debet-Saldi —, untereinander gebracht und addirt werden; ebenso ist mit den Summen, die als Guthaben der Kontoinhaber sich herausstellen — Kredit-Saldi — zu verfahren. Es stehen dann die „Debitoren", zu denen noch der Kassenbestand und sonstige Werthobjekte, Effekten, Utensilien hinzutreten als „Aktiva" den Kreditoren, „Passiva" gegenüber. Zieht man beide Summen voneinander ab, so ergiebt, je nachdem die „Aktiva" oder die „Passiva" größer sind, der Ueberschuß der Aktiva den „Gewinn", derjenige der Passiva den „Verlust" des Geschäftes.

Diese Buchführungsart bietet in sich selbst keine ausreichende Kontrole über die Richtigkeit solches Rechnungsabschlusses wie das für jede Geschäftsführung wünschenswerth ist. Eine derartige Sicherheit aber gewährt:

B. Die doppelte Buchführung.

Die Kassen-Einnahmen und -Ausgaben werden auch bei Anwendung dieser Methode in einem Kassa-Buche, die sonstigen Geschäftsvorkommnisse in einem Memorial gebucht. Indessen fügen wir bei der doppelten Buchhaltung jeder Grundbuchung im Kassenbuche wie im Memorial noch eine spezielle Bezeichnung hinzu, die den Charakter oder die Art des Geschäftes angeben soll. Hierdurch wird bezweckt, gleichartige Eintragungen zusammen zu fassen, um die Gesammtheit der einzelnen Arten in einer Summe wiedergeben zu können. Dabei kommt dann auch der Grundgedanke der doppelten Buchführung zum Ausdruck, daß bei jedem geschäftlichen Vorgange ein Geber und ein Empfänger in Thätigkeit tritt.

Machen wir uns das an folgenden Beispielen klar:

1. Der Kaufmann Scheller giebt der Genossenschaft Mk. 2000 baar, die sie ihm verzinsen soll, und Mk. 500 in einem Preußischen Staatsschuldschein, den sie Scheller mit 500 Mk. abkauft, indem sie ihm den Werth baar auszahlt. 2. An demselben Tage wird dem Handwerker Becker ein Darlehn von 1000 Mk. gewährt.

Hätte die Genossenschaft die einfache Buchführung, so würde sie den ersterwähnten Vorgang in ihrem Kassabuch auf der Einnahmeseite, wie folgt, eintragen:

Kaufmann Scheller zahlte ein zur Verzinsung mit 3 % pro anno Mk. 2000 . . . . Mk. 2000

Auf der Ausgabeseite würde zu buchen sein:

Kaufmann Scheller erhielt für einen Preußischen Staatsschuldschein über 500 Mk. . . . . Mk. 500

Bei der doppelten Buchführung würde der Buchung als besonderes Merkmal vorangesetzt werden, daß die Einzahlung einer bestimmten Geschäftsart angehört. Alle Zahlungen dieser Art werden aber als

„Einlagen“ oder „Depositen“ bezeichnet. Die Einnahme würde demgemäß im Kassabuche, wie folgt, vermerkt:

Depositen-Konto.

Kaufmann Scheller zahlte . . . . Mk. 2000
zur Verzinsung à 3% pro anno.

Mit der an Scheller für den Staatsschuldschein geleisteten Zahlung von 500 Mk. ist derselbe abgefunden. Die Genossenschaft hat aber hiergegen ein Werthpapier erhalten, das jederzeit verkäuflich ist und deshalb unter die Gattung „Effekten“ fällt. Auf der Ausgabeseite des Kassa-Buches würde demgemäß einzutragen sein:

Effekten-Konto.

Kaufmann Scheller erhielt . . . . Mk. 500
für Mk. 500 Preußischen Staatsschuldschein.

Die Zahlung an den Handwerker Becker trägt einen anderen Charakter. Becker erhielt ein Darlehn — Vorschuß — geliehen. Sämmtliche ausgeliehenen Gelder werden in den Büchern als Vorschuß-Geschäfte auf „Konto für Vorschüsse“ oder kurz „Vorschuß-Konto“ gebucht. Der Fall würde demgemäß, wie folgt, auf der Ausgabeseite im Kassabuch zu vermerken sein:

Vorschuß-Konto.

Handwerker Becker erhielt . . . . Mk. 1200
als Vorschuß auf 3 Monate.

In den hier besprochenen 3 Geschäftsvorfällen ist die Kasse der Genossenschaft in Thätigkeit getreten. Einmal hat sie Geld empfangen, zweimal solches gezahlt. Stellen wir uns nun unsere Kasse als eine Person vor, so würde diese der Genossenschaft 300 Mk. schuldig sein, denn sie hat 2000 Mk. empfangen, 500 Mk. und 1200 Mk. zusammen 1700 Mk. aber wieder gezahlt.

Fassen wir hiernach die in unseren Beispielen gegebenen 3 Geschäftsvorkommnisse zusammen und lassen die in Betracht kommenden Personen zurücktreten, indem die den Geschäftsvorfällen beigefügten Merkmale für uns Geltung erlangen, so erhalten wir folgende Übersicht:

Forderungen, Schuldner oder Debitoren				Schulden, Gläubiger oder Kreditoren			
Kassa-Konto.				Depositen-Konto.			
Bestand	Mk.	300	—	Zur Verzinsung eingelegte Gelder . .	Mk.	2000	—
Effekten-Konto.							
ein Staatsschuldschein	„	500	—				
Vorschuß-Konto.							
Gewährte Darlehen .	„	1200	—				
	Mk.	2000	—		Mk.	2000	—

Der Gesammtsumme der Forderungen in Höhe von 2000 Mk. steht dann also ein gleichhoher Betrag Schulden der Genossenschaft gegenüber und damit würde sich eine „Bilanz" der Forderungen und Schulden ergeben.

Durch die in diesen Beispielen angeführten Einnahmen und Ausgaben sind also Schulden und Forderungen entstanden. Die hieraus sich ergebende Vermögenslage — Bilanz — der Genossenschaft würde durch weitere Einnahmen derart verändert werden, daß sich dadurch der Kassenbestand erhöht, wogegen entweder auch die Schulden des Vereins sich ebenso erhöhen — durch neue Depositen-Gelder —, oder seine Forderungen sich ermäßigen — indem zum Beispiel ein Vorschuß an ihn zurückgezahlt wird —. Weitere Ausgaben würden dagegen den Kassenbestand vermindern, wogegen entweder eine gleiche Verminderung der Schulden der Genossenschaft — durch Rückzahlung von Depositen — oder eine Erhöhung der Forderungen — durch neue Vorschußgewährungen — bewirkt werden würde.

Außer derartigen Kassenvorgängen sind nun aber ferner noch solche Einnahmen zu verzeichnen, für welche die Einzahlenden nicht Gläubiger werden, und solche Ausgaben, durch welche die Genossenschaft keine Forderung an die Empfänger des Geldes erwirbt, wie das bei Zinsen-Einnahmen und -Ausgaben sowie Unkosten-Ausgaben der Fall ist. Angenommen der Handwerker Becker entrichtet für den ihm gewährten Vorschuß 15 Mk. Zinsen auf ein Vierteljahr an die Genossenschaft, und letztere zahlt an den Buchhändler Schulz für das Halbjahrs-Abonnement der Blätter für Genossenschaftswesen 3 Mk., so würden diese beiden Vorgänge lediglich den Kassenbestand erhöhen bezw. ermäßigen und bei der einfachen Buchführung würden dieselben auch in keiner Weise weiter zum Ausdruck kommen als im Kassenbestande. Bei Anwendung der doppelten Buchführungs-Art erhalten diese Zahlungen aber wie alle anderen ein bestimmtes Merkmal. Bezüglich der von Becker gezahlten 15 Mk. tritt als Merkmal hervor, daß es Zinsen sind. Die Genossenschaft will aber wissen, wieviel Zinsen sie einnimmt, sie trägt deshalb in ihr Kassa-Buch als Einnahme ein:

Zinsen-Konto.

Handwerker Becker zahlte Zinsen zu 5% für 1200 Mk. auf ¼ Jahr . . . . Mk. 15

Die für das Abonnement der Blätter gezahlten Mk. 3 sind Unkosten. Da wir auch diese Ausgaben zusammenstellen wollen, geben wir Ihnen als Merkmal die Bezeichnung „Unkosten-Konto" und buchen also im Kassenbuche als Ausgabe:

Unkosten-Konto.

Buchhändler Schulz erhielt für das Abonnement der Blätter für Genossenschaftswesen . . . . Mk. 3

Die Zinsen-Einnahme ist ein Geschäftsertrag — Gewinn —, die Unkosten-Ausgabe gehört dagegen zu den Geschäftslasten — Verlust. — Auf alle Geschäftserträge haben die Mitglieder der Genossenschaft Anspruch, während sie andererseits auch alle Geschäftslasten zu tragen haben. Für erstere werden sie also gewissermaßen Gläubiger, für letztere dagegen Schuldner. Denken wir uns nun bis auf Weiteres an Stelle der Mitglieder das „Zinsen-Konto" als Gläubiger für alle Zinserträge, das „Unkosten-Konto" als Schuldner für alle Geschäftsaufwendungen und fassen wir die obige Zinseneinnahme von 12 Mk. sowie die Unkosten-Ausgabe von 3 Mk. mit unseren früheren Geschäftsvorfällen bezw. der daraus ermittelten Uebersicht zusammen, so ergiebt sich eine Zunahme des Kassenbestandes um 12 Mk. Dagegen tritt als Gläubiger das „Zinsen-Konto" mit 15 Mk., als Schuldner das „Unkosten-Konto" mit 3 Mk. hinzu. Hierdurch wird die Bilanz wiederhergestellt; es ergiebt sich folgende Uebersicht:

Schuldner — Debitoren —.				Gläubiger — Kreditoren —.			
Kassa-Konto, Bestand	Mk.	312	—	Depositen-Konto, Einlagen	Mk.	2000	—
Effekten-Konto, ein Preuß. Staatsschuldschein	„	500	—	Zinsen-Konto, Zinsenertrag	„	15	—
Vorschuß-Konto, gewährtes Darlehn	„	1200	—				
Unkosten-Konto, Geschäftslasten	„	3	—				
	Mk.	2015	—		Mk.	2015	—

Für alle Einnahmen haben wir also das Kassa-Konto als den Empfänger zu belasten, es wird Schuldner dafür, dagegen werden die Konten, welche als besonderes Merkmal der Einnahmen dienen, und die gewissermaßen die Geber sind, Gläubiger, sie sind zu erkennen für die sie betreffenden Beträge. Umgekehrt wird für alle Ausgaben das Kassa-Konto der Geber oder Gläubiger, sie sind ihm gutzuschreiben, die einzelnen Konten, welche die Ausgaben bezeichnen, aber sind die Empfänger oder Schuldner der Genossenschaft.

Die vorstehend besprochenen Vorgänge berührten die Kasse der Genossenschaft, sie mußten deshalb im Kassa-Buche vermerkt werden. Es tragen sich jedoch auch Geschäfte zu, deren Abwicklung unsere Kasse weder in Anspruch nimmt noch eine Zahlung an sie veranlaßt. Ein Mitglied der Genossenschaft führt an Letztere zuweilen Werthpapiere ab, deren Gegenwerth dasselbe nicht sofort in Empfang nimmt, sondern sich gutschreiben läßt. Derartige Geschäftsvorfälle trägt die Genossenschaft in das Memorial ein, wie wir schon Eingangs bemerkten.

Der Kaufmann H. Beyer übergiebt z. B. 1500 Mk. Deutsche Reichsanleihe zum Werthe von 1515 Mk. und bittet, daß ihm dieser Betrag auf seinem Konto gutgeschrieben werde. Sein Verkehr mit der Genossenschaft charakterisirt sich als ein fortlaufender, indem er Werthgegenstände bringt und dann wieder Gelder darauf abhebt. Für diese Art der Geschäftsverbindungen hat die Genossenschaft das Merkmal „Konto-Korrente" gewählt. Dieselbe hat nun ferner zu berücksichtigen, daß sie Werthpapiere erhält, über die sie nebst ihren sonstigen gleichen Beständen einen bücherlichen Nachweis führen will unter der Bezeichnung „Effekten-Konto". Sie stellt sich das Effekten-Konto als eine Person vor, der sie die Werthpapiere übergiebt, um sie zu verwalten, und die demnach als Empfänger dafür zu belasten ist, also Schuldner wird, während das Kontokorrent-Konto als Geber zu erkennen ist, also Gläubiger wird. Wir tragen dementsprechend in das Memorial ein.

Effekten-Konto soll (zahlen)
an Kontokorrent-Konto.

Kaufmann H. Beyer gab 1500 Mk. Reichsanleihe zur Gutschrift mit . . . . Mk. 1515

Die Bezeichnungen des Schuldners und des Gläubigers ergeben die Verbindungsworte „soll zahlen an". Man läßt der Vereinfachung halber das Wort „zahlen" fort, so daß der Debitor durch „Soll" der Kreditor durch „An" bezeichnet ist. Aus dem Sinne dieser Bezeichnung ergiebt sich von selbst, daß bei jeder Memorial-Buchung der Debitor zuerst vermerkt wird.

Würde die Genossenschaft von den 1500 Mk. Deutsche Reichsanleihe 1000 Mk. durch die Deutsche Genossenschaftsbank von Sörgel, Parrisius & Co. zu Berlin an der Börse verkaufen und den Gegenwerth — angenommen — 1010 Mk. als Guthaben bei ihr stehen lassen, so hätten wir das **Effekten-Konto** als **Geber** — **Kreditor** —, die **Bank** als **Empfänger** — **Debitor** —. Allen Geschäften mit der Genossenschaftsbank oder mit anderen Banken geben wir aber den Sammel-Namen „**Bank-Konto**". Daher würden in diesem Falle im Memorial zu buchen sein.

Bank-Konto Soll
an Effekten-Konto.

Wir sandten der Genossenschaftsbank Mk. 1000 Deutsche Reichsanleihe, laut Nota zu unseren Gunsten . . . Mk. 1010

Fassen wir diese beiden Geschäftsvorkommnisse zusammen so ergeben sich daraus:

als Forderungen — Debitoren —.				als Schulden — Kreditoren —.			
Effekten-Konto Mk. 500 Deutsche Reichs-Anleihe . . .	Mk.	500	—	Konto-Korrent-Konto H. Beyer für gegebene Werthpapiere	Mk.	1515	—
Banken-Konto Guthaben bei d. Deutschen Genossenschaftsbank . .	„	1010	—				
	Mk.	1515	—		Mk.	1515	—

Ebenso wie bei jeder Kassenbuchung erhalten wir also auch für jeden durch das Memorial gebuchten Vorgang einen Gläubiger und einen Schuldner. Auch bei Zinsen-Gutschriften ist das der Fall. Hätte die Genossenschaft z. B. 30 Mk. Zinsen für Depositen zu vergüten, indem dieser Betrag dem Depositen-Kapital zuzuschreiben wäre, so würde das Depositen-Konto dafür Gläubiger sein, denn die Schuld des Vereins ist um so viel höher; das Zinsen-Konto würde dagegen Schuldner für 30 Mk. werden, nicht weil es etwas empfangen hätte, sondern weil es an Stelle der Mitglieder, wie wir bereits sahen, alle Geschäftslasten trägt, zu denen auch die Zinsen gehören, die von der Genossenschaft ihren Gläubigern durch Zahlung oder Gutschrift zu vergüten sind. Mit diesen Memorialbuchungen werden wir uns später eingehender beschäftigen.

Um nun die verschiedenen Geschäfte nach ihren besonderen Merkmalen geordnet zusammen zu fassen, errichten wir für jede Gattung ein besonderes **Konto**, und übertragen alle Buchungsposten aus dem Kassa-Buche sowohl wie aus dem Memorial auf diese Konten, indem wir alle gleichartigen Vorgänge auf dem ihrem Merkmale entsprechenden

Konto zusammenstellen und dabei das, wofür die Konten Gläubiger sind, auf deren „Kredit-Seite", das, wofür sie Schuldner sind, auf deren „Debet-Seite" bringen. Die Gesammtsumme der Einnahmen schuldet das Kassa-Konto, sie kommen auf die Debet-Seite desselben, die Gesammtsumme der Ausgaben stellen wir dagegen auf die Kredit-Seite des Kassa-Kontos. Die einzelnen Beträge der Kassen-Einnahme werden denjenigen Konten ins Kredit geschrieben, mit deren Merkmal dieselben bezeichnet sind, ebenso die Beträge der Kassen-Ausgabe ins Debet jener Konten, die zu ihrer Bezeichnung dienten. Desgleichen wird jeder Memorial-Posten seiner Bezeichnung nach einem Konto belastet, einem anderen gutgeschrieben. So entsteht eine Ordnung aller Geschäftsvorfälle, die es uns ermöglicht, alle gleichartigen Geschäfte in einer Summe zusammenzufassen und daraus jederzeit den Vermögensstand zu ermitteln. Wir stellen zu dem Zwecke aus den Summen der Debet- und Kredit-Seiten der einzelnen Konten deren Saldi fest und bringen getrennt alle Debet-Saldi — Forderungen der Genossenschaft — und alle Kredit-Saldi — Schulden der Genossenschaft — untereinander. Es ergiebt sich daraus, wie unsere vorhergehenden einfachen Beispiele zeigen, immer die gleiche Endsumme auf jeder Seite — die Bilanz.

Das Buch, in dem wir die Konten für die verschiedenartigen Wirthschaftszweige einrichten und führen, heißt das „Hauptbuch".

Auf den Konten dieses Hauptbuches gruppiren sich also die Geschäftsvorfälle lediglich nach ihrem Charakter. Hierbei bleibt das Verhältnis zu den einzelnen Personen, mit denen die Genossenschaft in Verbindung steht, unberücksichtigt. Wir können die Gesammtsumme der ausstehenden Vorschüsse aus dem Vorschuß-Konto, die Gesammtsumme der Depositen aus dem Depositen-Konto ermitteln. Dagegen lassen diese Konten des Hauptbuches nicht ohne weiteres erkennen, wieviel das einzelne Mitglied schuldig ist, oder wieviel die einzelnen Depositen-Guthaben betragen.

Die Genossenschaft will natürlich auch hierüber Aufschluß haben, sie stellt die Geschäftsvorgänge daher ferner nach den einzelnen Personen zusammen, die durch dieselben ihre Schuldner oder Gläubiger werden. Das zu diesem Zwecke für jeden Einzelnen einzurichtende Konto umfaßt immer nur gleichartige Geschäfte. Steht Jemand mit der Genossenschaft auf mehreren Geschäftsgebieten in Verbindung, so werden für ihn dementsprechend auch mehrere Konten eingerichtet. Jedem Vorschußnehmer eröffnen wir also ein Konto, auf dem die ihm gewährten Darlehen belastet, seine Rückzahlungen solcher gutgebracht werden. Die von demselben als Mitglied geleisteten Einzahlungen auf den Geschäftsantheil werden auf einem besonderen Konto für ihn gebucht, denn sie sind unter der Bezeichnung „Geschäftsantheil-Konto" mit allen gleichartigen Zahlungen auf einem besonderen Sammel-Konto im Hauptbuche vereinigt. Für die Depositen erhält ebenso jeder Kapitaleinleger sein Konto u. s. w.

Alle Einzel-Konten, die gleichartige Geschäftsvorfälle in sich aufnehmen, werden in einem Buche, dem sogenannten Nebenbuche oder Skontro geführt, so daß für jeden Geschäftszweig ein Nebenbuch eingerichtet wird, dessen Konten eine Spezialisirung des entsprechenden Hauptbuch-Kontos bilden. Die in dem Nebenbuche für Depositen enthaltenen Konten liefern also im Einzelnen den Nachweis für das aus dem Hauptbuche sich ergebende Gesammtresultat der Depositen, ihre Saldi müssen zusammen gleich dem Saldo des Depositen-Konto im Hauptbuch sein.

Ebenso müssen die Saldi der Konten jedes anderen Nebenbuches insgesammt gleich dem Saldo des entsprechenden Hauptbuch-Kontos sein.

So erprobt sich hieran die Richtigkeit der Buchungen und diese Kontrole wird besonders dann noch wirksamer, wenn man die Führung des Hauptbuches einem anderen Vorstandsmitgliede oder Beamten überträgt als demjenigen, dem die Führung der Nebenbücher obliegt.

Die großen Vortheile der doppelten Buchführungsart vor der einfachen Buchhaltung treten hierdurch deutlich hervor, und wir lassen demgemäß auch die Grundsätze der ersteren für unsere genossenschaftlichen Einrichtungen ausschließlich maßgebend sein.

Für die in Vorstehendem gezeichneten Grundzüge der doppelten Buchführung ist noch eine Einrichtung charakteristisch und von Wichtigkeit:

Das Journal.

Während das Kassa-Buch und das Memorial die Geschäftsvorkommnisse so wie sie auf einander folgen, also in chronologischer Reihenfolge in sich aufnehmen, soll das Journal den Zweck erfüllen, dieselben nach den verschiedenen Geschäftszweigen systematisch zu ordnen.

Wir erreichen dadurch für das Hauptbuch den Vortheil, daß wir in dasselbe die Kassabuch- und Memorial-Posten nicht mehr einzeln, sondern nach den Gesammtsummen der gleichartigen Geschäftsvorkommnisse mittelst des Journals zu übertragen haben. Die direkte Uebertragung der einzelnen Grundbuchungen ins Hauptbuch, wie wir sie uns bei unseren bisherigen Erörterungen vorstellten, mag in kleinen Handelsgeschäften anwendbar sein. Im Allgemeinen und im Besonderen für die Buchführung in unseren Genossenschaften ist jedoch eine solche Zusammenfassung der gleichartigen Grundbuchungen zwecks Uebertragung in das Hauptbuch praktisch, da für die Zwecke des Letzteren, wie wir bereits sahen, die speziellen Angaben über den Zahlenden, Geldempfänger oder den Einzelbetrag jedes Geschäftsvorfalles nicht von Bedeutung sind, wohingegen die Zusammenfassung vieler Einzelbeträge zu einer Gesammtsumme im Hauptbuche eine weit bessere Uebersicht schafft und die Ermittlung des Vermögensstandes erleichtert.

Bei der systematischen Ordnung werden in der Regel die Kassa- und Memorial-Buchungen eines jeden Monats für sich zusammengefaßt; die Bezeichnung „Journal" für das hierzu benutzte Buch ist daher nicht recht zutreffend, wir wollen dasselbe deutlicher „Sammel-Journal" nennen.

Die ursprüngliche Handhabung des Sammel-Journals ist nun zwar durch praktischere Einrichtungen, wie sie insbesondere bei den Genossenschaften in Gebrauch sind, ersetzt, gleichwohl wollen wir uns von derselben überzeugen, da sie für diese Einrichtungen grundlegend war:

Nach Monatsschluß überträgt man in das Sammel-Journal zunächst die Kassen-Einnahme-Posten und zwar jede Art für sich, zunächst die Depositen-Einlagen, dann die Rückzahlungen auf Vorschüsse, ferner die Zinseneinnahmen 2c. Nachdem die Einnahme-Buchungen in solcher Weise geordnet sind, wird mit den Ausgabe-Posten ebenso verfahren. Dabei werden die Einnahmen mit der Bezeichnung des Kassa-Konto als Schuldner, die Ausgaben mit der Bezeichnung des Kassa-Konto als Gläubiger, die einzelnen Arten derselben dagegen mit ihrem Merkmale überschrieben. Nach folgendem Beispiele findet solche systematische Anordnung der Einnahme-Beträge statt:

Kassa-Konto Soll — An Folgende:

Depositen-Konto — Einlagen —		
Kaufmann Scheller	Mk. 2000	
Rentier Stark	„ 500	
Lehrer Haase	„ 300	Mk. 2800
Vorschuß-Konto — Rückzahlungen —		
Handelsmann Förster	Mk. 100	
Landwirth Uelzer	„ 50	„ 150
Zinsen-Konto — Zinsenerträgnisse —		
Handwerker Becker	Mk. 15	
Maler Fr. Hartmann	„ 5	„ 20
		Mk. 2970

Für den Gesammtbetrag von Mk. 2970 wird in diesem Falle das Kassa-Konto zu belasten sein — Debet-Seite —, für Mk. 2800 wird dagegen das Depositen-Konto, für Mk. 150 das Vorschuß-Konto, für Mk. 20 das Zinsen-Konto zu erkennen sein und demnach muß die Einstellung dieser Beträge auf den Kredit-Seiten der betr. Konten erfolgen.

Die Zusammenstellung der Kassen-Ausgaben findet in folgender Form statt:

Folgende Sollen — An Kassa-Konto

Vorschuß-Konto — gewährte Vorschüsse —		
Handwerker Becker	Mk. 1200.—	
Maler Fr. Hartmann	„ 500.—	Mk. 1700.—
Effekten-Konto — angekaufte Werthpapiere —		
Kaufmann Scheller	Mk. 500.—	„ 500.—
Unkosten-Konto — Geschäftslasten —		
Zeitungsabonnement	Mk. 3.—	
Schreibmaterial	„ 10.—	
Porti	„ 1.50	„ 14.50
		Mk. 2214.50

Für die Gesammtausgabe von Mk. 2214.50 wird das Kassa-Konto Kreditor, wogegen dem Vorschuß-Konto Mk. 1700, dem Effekten-Konto Mk. 500, dem Unkosten-Konto Mk. 14.50 zu belasten sind.

Schließlich werden im Sammel-Journal auch die Memorialbuchungen, soweit dies möglich ist, zusammengezogen. Es gestaltet sich das nicht ganz so einfach wie die Ordnung der Grundbuchungen nach dem Kassa-Buche. Hier haben alle Einnahmen den gleichen Debitor und alle Ausgaben den gleichen Kreditor, nämlich das Kassa-Konto, im Memorial kann bei jeder Buchung sowohl der Debitor wie auch der

Kreditor sich ändern. Alle diejenigen Geschäftsvorfälle, bei denen die Debitoren sich gleich sind und ebenso die Kreditoren, stellt man in erster Reihe zusammen, indem man unter der bezüglichen gemeinsamen Ueberschrift die betreffenden Geschäftsvorkommnisse vermerkt. Hat z. B. die Genossenschaft wie in dem bereits vorher angeführten Beispiele öfter Effekten zur Gutschrift auf Konto-Korrent-Konto von einer oder von verschiedenen Personen und zu verschiedenen Zeiten empfangen, so würden die betreffenden Memorialbuchungen im Journal, wie folgt, unter der ihnen gemeinsamen Ueberschrift vereinigt werden:

Effekten-Konto Soll

An Konto-Korrent-Konto

5. Januar.	Kaufmann H. Beyer . . .	Mk. 1515	
20. „	Rentier B. Vogel	„ 1020	Mk. 2535

Ferner kommen Buchungen mit einem gleichen Debitor, aber verschiedenen Kreditoren vor, die, um für ersteren die Gesammtsumme daraus zu erhalten, vereinigt werden können. Würde die Genossenschaft auf Grund eines Guthabens bei der Deutschen Genossenschaftsbank von dieser ebenfalls Werthpapiere bezogen haben, angenommen im Gesammtwerthe von Mk. 3200, so würde dafür die Memorialbuchung vorhanden sein:

15. Januar: Effekten-Konto Soll

An Bank-Konto

Wir empfingen von der Deutschen Genossenschaftsbank Werthpapiere für . . . . Mk. 3200

Dieser Posten läßt sich mit der obigen Journal-Buchung dahin zusammenfassen:

Effekten-Konto Soll — An Folgende:

Konto-Korrent-Konto

5. Januar.	Kaufmann H. Beyer	Mk. 1515	
20. „	Rentier B. Vogel .	„ 1020	Mk. 2535

Banken-Konto

15. Januar.	Deutsche Genossenschaftsbank . .	„ 3200	Mk. 5735

Insgesammt würden 5735 Mk. dem Effekten-Konto dann zu belasten, Mk. 2535 dem Konto-Korrent-Konto, Mk. 3200 dem Bank-Konto gutzuschreiben sein. Würde umgekehrt das Effekten-Konto der gemeinsame Kreditor sein, es sich also anstatt um Ankauf von Werthpapieren um Verkauf solcher handeln, so würden dieselben Posten im Journal unter der Ueberschrift erscheinen:

Folgende Sollen — An Effekten-Konto:

Konto-Korrent-Konto:

und ferner, wie vorher.

In diesem Falle würde also das Effekten-Konto Gläubiger, die beiden anderen Konten würden Schuldner werden.

Sind in solcher Weise alle Grundbuchungen sachgemäß geordnet, so werden natürlich in das Hauptbuch verhältnißmäßig wenige Gesammtzahlen zu übertragen sein.

Wir wenden für unsere Zwecke das Journal in einer etwas vortheilhafteren und praktischeren Form, als es die geschilderte Einrichtung ist, an, indem wir an Stelle des Sammel-Journals das **„Rubriken-Journal"** benutzen, das Schulze-Delitzsch in seiner Anleitung zur Buchführung den Genossenschaften empfohlen hat.

Durch das „Rubriken-Journal" wird die systematische Anordnung der Geschäftsvorkommnisse lediglich vermittelst Rubrizirung der Beträge derselben erreicht. Die Einrichtung besteht darin, daß für jede Art von Geschäftsvorfällen besondere Betrag-Kolonnen eingerichtet werden, und zwar einmal solche für die den Hauptbuch-Konten zu belastenden Beträge und dann ebensolche für die diesen gutzuschreibenden Beträge. Erstere werden der Ausgabe-Seite des Kassenbuchs, letztere seiner Einnahme-Seite angefügt. Jeder vereinnahmte sowie verausgabte Betrag wird alsdann noch besonders in derjenigen Rubrik gebucht, die mit dem Merkmale des betr. Geschäftsvorganges überschrieben ist. Eine Depositen-Einlage wird also in der mit „Depositen-Konto" überschriebenen Rubrik, ein vereinnahmter Zinsen-Betrag in der mit „Zinsen-Konto" überschriebenen Rubrik ausgeworfen. Wir brauchen dann die Buchungen nicht nochmals in anderer Reihenfolge zu verzeichnen, um zu wissen, wie viel wir Vorschüsse gewährt, Depositen empfangen haben u. s. w., sondern es ist hierzu nur erforderlich, die einzelnen Kolonnen aufzuaddiren. Daraus ergeben sich die Gesammtbeträge, die wir nach der Ausgabe den Konten des Hauptbuches zu belasten, und nach der Einnahme denselben gutzuschreiben haben, wogegen für die aus diesen Gesammtbeträgen sich wieder ergebenden Gesammtausgaben das Kassa-Konto Gläubiger und für die Gesammteinnahmen das Kassa-Konto Schuldner wird.

Auch für die Memorialbuchungen ist solche Rubrizirung der Beträge anwendbar, indem für diese sowohl Debet-Rubriken wie

Kredit-Rubriken eingerichtet werden; erstere stellt man links, letztere rechts vom eigentlichen Buchungsvermerk. Der Betrag jedes Geschäftsvorganges wird dann einmal links in der Rubrik für das zu belastende Konto, einmal rechts in der Rubrik für das zu erkennende Konto ausgeworfen. Durch Addition der Rubriken erhalten wir die Summen, die im Hauptbuch auf den entsprechenden Konten zu buchen sind. Wir haben auf diesen somit, wenn wir die Uebertragungen monatlich vornehmen, auf der Debet-Seite wie Kredit-Seite nur je einen Kassa- und einen Memorial-Buchungsposten im Monate.

Das Rubriken-Journal hat vor allem aber den Vorzug, daß dasselbe täglich im Zusammenhange mit den Grundbuchungen geführt werden kann, während die Zusammenstellungen im Sammel-Journal immer erst möglich sind, wenn der Monat zu Ende ist. Wir werden auch durch das Rubriken-System in den Stand gesetzt, jeden Augenblick einen Abschluß machen zu können und danach den Stand des Vermögens sofort ohne Schwierigkeit zu ermitteln.

Diese besondere Buchführungs-Einrichtung ist bei den Genossenschaften in der Hauptsache in Anwendung, sie hat sich durchweg bewährt, und liegt daher keine Veranlassung vor, von ihr abzugehen.

Wir haben ferner hier noch, um vollständig die gebräuchlichsten Einrichtungen ihrem Charakter nach zu veranschaulichen, einer solchen zu gedenken, die sich vereinzelt bei Genossenschaften befindet und die in den letzten Jahren bei den Revisoren-Zusammenkünften mehrfach Gegenstand der Besprechung war. Es ist:

C. Die amerikanische Buchführung.

Auf den Grundsätzen der doppelten Buchhaltung beruhend ist die amerikanische Buchführung aus dem Bestreben hervorgegangen, direkt aus den Grundbuchungen ohne Benutzung eines Hauptbuches sondern nur in Verbindung mit einem geeigneten Rubriken-Systeme jederzeit den Vermögensstand ermitteln zu können.

Diesem Zwecke dient ein Journal, in dem zunächst alle Geschäftsvorfälle, gleichgiltig ob sie die Kasse betreffen oder nicht, untereinander vermerkt werden. Wir denken uns nun die sämmtlichen Konten des Hauptbuches so nebeneinander gestellt, daß jedes derselben nur die beiden Betrag-Kolonnen umfaßt, die linke „Debet“-Rubrik zur Aufnahme der Beträge, die das Konto schuldig wird, die rechte „Kredit"-Rubrik zur Aufnahme der Beträge, die das Konto zu fordern hat. Fügen wir diese aneinandergereihten Doppel-Rubriken den Grundbuchungen an, so haben wir die Einrichtung eines amerikanischen Journals.

Bei jeder Grundbuchung wird der Betrag derselben gleich in die Debet-Rubrik des zu belastenden und in die Kredit-Rubrik des zu erkennenden Kontos gebracht. Der Betrag einer baaren Depositen-Einlage gehört also in die Debet-Rubrik des Kassa-Kontos und in die Kredit-Rubrik des Depositen-Kontos, derjenige eines ver-

	Kassa-Konto				Depositen-Konto				Vor-Kon-	
	Debet		Kredit		Debet		Kredit		Debet	
	M	Pf	M	Pf	M	Pf	M	Pf	M	Pf
Kassa-Konto soll — Einnahme — an Depositen-Konto. Kaufmann Scheller für Einlage zu 3% per anno	2000	—	—	—	—	—	2000	—	—	—
Effekten-Konto soll an Kassa-Konto — Ausgabe —. Zahlung für Mk. 500 Preuß. Staatsschuldschein an Kaufmann Scheller .	—	—	500	—	—	—	—	—	—	—
Effekten-Konto soll an Konto-Korrent-Konto. Kaufmann Beyer für 1500 Mk. Deutsche Reichsanleihe	—	—	—	—	—	—	—	—	—	—
Vorschuß-Konto soll an Kassa-Konto — Ausgabe. Handwerker Becker für Vorschuß-Darlehn	—	—	1200	—	—	—	—	—	1200	—
Kassa-Konto soll an Zinsen-Konto für Zinsen von Handwerker Becker .	15	—	—	—	—	—	—	—	—	—
Bank-Konto soll an Effekten-Konto. Deutsche Genossenschaftsbank für hingesandte 1000 Mk. Deutsche Reichsanleihe	—	—	—	—	—	—	—	—	—	—
Unkosten-Konto soll an Kassa-Konto. für Abonnement auf Blätter für Genossenschaftswesen	—	—	3	—	—	—	—	—	—	—
Summa:	2015	—	1703	—	—	—	2000	—	1200	—
	Debet-Saldo M 312				Kredit-Saldo M 2000				Debet- M	

ausgabten Vorschußbetrages in die Kredit-Rubrik des Kassa-Kontos und in die Debet-Rubrik des Vorschuß-Konto; den Werth empfangener und auf Konto-Korrent-Konto gutzuschreibender Effekten haben wir in die Debet-Rubrik des Effekten-Kontos und in die Kredit-Rubrik des Konto-Korrent-Kontos einzustellen. So ergeben sich dann aus diesen Rubriken die Bestände an Forderungen und Schulden. Machen wir uns dies an unseren früheren Beispielen deutlich: Kaufmann Scheller zahlt Mk. 2000 Depositen ein, erhält dagegen für einen Preußischen Staatsschuldschein 500 Mk. Dem Handwerker Becker wird ein Vor-

schuß-to		Effekten-Konto				Konto-Korrent-Konto				Bank-Konto				Zinsen-Konto				Unkosten-Konto			
Kredit		Debet		Kredit		Debet		Kredit		Debet		Kredit		Debet		Kredit		Debet		Kredit	
ℳ	₰	ℳ	₰	ℳ	₰	ℳ	₰	ℳ	₰	ℳ	₰	ℳ	₰	ℳ	₰	ℳ	₰	ℳ	₰	ℳ	₰
—	—	—	—	—	—	—	—	—	—	—	—	—	—	—	—	—	—	—	—	—	—
—	—	500	—	—	—	—	—	—	—	—	—	—	—	—	—	—	—	—	—	—	—
—	—	1515	—	—	—	—	—	1515	—	—	—	—	—	—	—	—	—	—	—	—	—
—	—	—	—	—	—	—	—	—	—	—	—	—	—	—	—	—	—	—	—	—	—
—	—	—	—	—	—	—	—	—	—	—	—	—	—	—	—	15	—	—	—	—	—
—	—	—	—	1010	—	—	—	—	—	1010	—	—	—	—	—	—	—	—	—	—	—
—	—	—	—	—	—	—	—	—	—	—	—	—	—	—	—	—	—	3	—	—	—
—	—	2015	—	1010	—	—	—	1515	—	1010	—	—	—	—	—	15	—	3	—	—	—
Saldo 1200		Debet-Saldo ℳ 1005				Kredit-Saldo ℳ 1515				Debet-Saldo ℳ 1010				Kredit-Saldo ℳ 15				Debet-Saldo ℳ 3			

schuß von 1200 Mk. gewährt, wofür er 15 Mk. Zinsen entrichtet. Inzwischen sind von Kaufmann Beyer 1500 Mk. Deutsche Reichsanleihe hereingenommen zur Gutschrift des Gegenwerthes von 1515 Mk. auf seinem Konto. Von diesen Werthpapieren giebt die Genossenschaft dann 1000 Mk. an die Deutsche Genossenschaftsbank ab zum Werthe von 1010 Mk., und schließlich werden von ihr 3 Mk. für das Abonnement der Blätter für Genossenschaftswesen verausgabt.

Alle diese Vorgänge würden im amerikanischen Journal folgendermaßen zur Darstellung kommen (s. S. 22 u. 23):

Aus diesen Beispielen wird deutlich ersichtlich, wie nach dem Prinzip der doppelten Buchhaltung für jeden Geschäftsvorfall ein Schuldner und ein Gläubiger vorhanden ist. Sind für den einzelnen Vorgang die richtigen Konten bestimmt, so kommt es ferner bei der Buchung derselben im amerikanischen Journal darauf an, die Rubrizirung der Beträge richtig vorzunehmen, wobei man sich daher immer den Geschäftsvorgang wieder vergegenwärtigen muß. Die Summen der Debet-Kolonnen müssen insgesammt natürlich das gleiche Ergebniß liefern wie die Summen der Kredit-Kolonnen, und daraus folgt, daß auch die aus den Summen der Debet- und Kredit-Rubriken jedes Kontos ermittelten Debet Saldi — Außenstände — sowie Kredit-Saldi — Schulden — einander in ihrem Gesammtresultate gleich sein müssen. Wir erhalten dementsprechend aus obigen Beispielen folgende Uebersicht:

Debitoren:			Kreditoren:		
Kassa-Konto — Baarbestand . . . . Mk	312	—	Depositen-Konto — Kapitaleinlagen . . Mk.	2000	—
Vorschuß-Konto — gewährte Vorschuß-Darlehen . . . . . . „	1200	—	Konto-Korrent-Konto — Schulden in laufender Rechnung . „	1515	—
Effekten-Konto — vorhandene Effekten . . „	1005	—	Zinsen-Konto — Zinsertrag . . . . „	15	—
Bank-Konto — Bankguthaben . . . . „	1010	—			
Unkosten-Konto — Geschäftslasten . . . . „	3	—			
Mk.	3530	—	Mk.	3530	—

Die Bilanz der Debitoren und Kreditoren, oder der Aktiva und Passiva ist dadurch hergestellt. Wir ersehen hieraus, daß sich direkt aus dem für die Grundbuchungen benutzten Buche der Vermögensstand leicht ermitteln läßt. Diese Methode hat etwas ungemein Bestehendes, da sie die Aufgabe der doppelten Buchführungsart in sehr einfacher Weise zu erfüllen sucht, sie dürfte in dieser oder jener Genossenschaft sich recht gut praktisch anwenden lassen, und daher auch im Einzelfalle empfehlenswerth sein. Gleichwohl kann sie aber zur Erzielung einer einheitlichen Buchungsart bei den Genossenschaften im Allgemeinen zunächst nicht in Betracht kommen. Wir werden uns mit der speziellen Behandlung der amerikanischen Buchführung im Anhang befassen.

Der Grundgedanke des von Schulze-Delitzsch den Genossenschaften empfohlenen Systems soll daher für unsere Einrichtungen beibehalten werden, auf die wir nun im Folgenden an der Hand der anzuwendenden Formulare noch spezieller eingehen.

II. Die Einrichtung und Führung der Bücher.

Wir nehmen an, daß eine Anzahl Leute aus verschiedenen Berufsständen sich zusammenfindet, um einen Vorschuß-Verein ins Leben zu rufen. Nach der im I. Bande der „Handbibliothek für das deutsche Genossenschaftswesen" gegebenen Anleitung — Seite 19 und folgende — vollzieht sich gegen Ende des Jahres 1899 die Begründung der Genossenschaft, deren Geschäftsbetrieb mit dem Anfange des Jahres 1900 eröffnet werden soll. Hierzu wird der jungen Genossenschaft von einigen Mitbegründern derselben ein kleines Kapital von 500 Mk. zur Verfügung gestellt. Dasselbe möge sich aus folgenden Zahlungen zusammensetzen:

Einzahlung	von	Tischlermeister G. Becker . .	5 Mk.
„	„	Kaufmann Friedrich Scheller	100 „
„	„	Landwirth Richard Graßhoff .	45 „
„	„	Rentier Robert Ehrhardt . .	300 „
„	„	Lehrer Heinrich Arndt . .	50 „
		zusammen	500 Mk.

Die Anschaffung des nothwendigsten Inventars für das gemiethete Geschäftslokal mag eine Aufwendung von 100 Mk. erfordern, so daß dann die Genossenschaft mit einem Baarbestande von 400 Mk. ihre Thätigkeit aufnimmt.

Die Eröffnungs-Bilanz.

Die erste Aufgabe des Vorstandes in Bezug auf das Buch- und Rechnungswesen wird die Aufstellung einer Vermögensübersicht bei der Eröffnung des Geschäftsbetriebes sein — einer sogenannten „Eröffnungs-Bilanz" —.

Das Handelsgesetzbuch vom 10. Mai 1897 bestimmt in § 39:

> „Jeder Kaufmann hat bei dem Beginne seines Handelsgewerbes seine Grundstücke, seine Forderungen und Schulden, den Betrag seines baaren Geldes und seine sonstigen Vermögensgegenstände genau zu verzeichnen, dabei den Werth der einzelnen Vermögensgegenstände anzugeben und einen das Verhältniß des Vermögens und der Schulden darstellenden Abschluß zu machen."

Es mag dahingestellt bleiben, ob diese Bestimmung auch auf Genossenschaften zur Anwendung kommt, jedenfalls ist die Aufstellung einer Eröffnungs-Bilanz erwünscht.

Das baare Geld in Höhe von 400 Mk. und das Inventar des Geschäftslokals im Werthe von 100 Mk. sind vorerst die einzigen Vermögensgegenstände der Genossenschaft — Aktiva —. Dieselben sind entstanden durch die Geschäfts-Einlagen der 5 Mitglieder, die gleichzeitig als Einzahlungen auf den Geschäftsantheil zu gelten haben. Wie nun ein Kaufmann, der ein bestimmtes Vermögen in ein Geschäft steckt, sich hierfür als den Gläubiger des Geschäfts betrachtet, so thun dies auch die Mitglieder der Genossenschaft in Bezug auf das „Vereinsvermögen", das zunächst durch baare Einlagen der Mitglieder und später auch durch Ueberweisungen aus dem Gewinne in Form von Dividenden oder Reserven gebildet wird. Demgemäß haben wir die Einzahlungen auf den Geschäftsantheil oder kurz die „Geschäftsguthaben der Mitglieder" zu den Schulden der Genossenschaft — Passiva — zu rechnen. Der von uns aufzustellende erste Abschluß zur Darstellung des Verhältnisses von Vermögen und Schulden würde hiernach folgender sein:

Eröffnungs-Bilanz
am 1. Januar 1900.

Aktiva.				Passiva.			
Kassa-Konto.				Geschäftsantheil-Konto.			
Baarbestand . . .	Mk.	400	—	Geschäftsguthaben der Mitglieder . . .	Mk.	500	
Inventar-Konto.							
Mobiliar-Werth . . .	„	100	—				
	„	500	—		Mk.	500	—

Hiermit ist der Ausgangspunkt zur weiteren Entwicklung der Vermögensverhältnisse gegeben, für die wir eine geeignete Buchführung in Anwendung zu bringen haben.

Daher ist die nächste Frage, die uns beschäftigt, die:

Welche Bücher gebrauchen wir?

Es ist uns aus Vorstehendem bereits bekannt, daß wir zur Aufzeichnung aller Vorgänge in den verschiedenen Wirthschaftszweigen zwei Grundbücher gebrauchen:

Das Kassabuch. — Als solches kommt das Kassen-Journal in Verbindung mit dem Rubriken-Journal in Betracht. Dasselbe wird durch ein Kassen-Kontrol-Buch bezw. -Journal und je nach Bedarf durch Kassa-Hilfsbücher ergänzt.

Das Memorial. — Dieses Buch können kleinere Vereine, die nur mit Kassen-Vorgängen zu rechnen haben, zunächst für die Verbuchung der Geschäfte entbehren. Dasselbe wird daher im ersten Theile dieser Anleitung zur praktischen Anwendung erst bei dem Jahresabschlusse kommen, während wir uns im zweiten Theile näher mit demselben in Bezug auf Verbuchung laufender Geschäfte befassen.

Ferner ist als wesentlicher Bestandtheil der doppelten Buchführung erforderlich:

Das Haupt-Buch. — Dasselbe läßt den Vermögensstand erkennen, und benutzt man für die zu solchem Zwecke aufzustellenden Uebersichten ein sogenanntes „Bilanz-Buch", das wir daher als zum Hauptbuch gehörig und dieses ergänzend zu betrachten haben.

In diesen Büchern kommt das Wesen der doppelten Buchführung zum Ausdruck.

Wir vergewissern uns nun zunächst darüber, welche Geschäftsgebiete bei Einrichtung unserer Bücher in Berücksichtigung zu ziehen sind. Sehen wir uns den Vermögenshaushalt der Vereine an, so finden wir bei jedem:

a) **Vereinsvermögen**: Geschäfts-Antheile, bezw. -Guthaben und Reserven,

b) **Außenstände**: Vorschüsse unter Umständen auch Bankguthaben und Effekten,

c) **Schulden**: Spareinlagen, Depositen, Bankanleihen,

d) **Geschäftskosten**: Ausgaben für Drucksachen, Gehalt, Tantième u. s. w., dagegen Einnahmen für Sparbücher.

e) **Gewinn und Verlust**, welcher sich aus der Gegenüberstellung der Einnahmen (Zinsen u. s. w.), aus den Wirthschaftszweigen ad b und d und den Ausgaben (Zinsen, Unkosten u. s. w.) aus den Wirthschaftszweigen ad c und d berechnet, und welcher dem eigenen Vermögen ad a zu- oder abgeschrieben wird.

Diese Eintheilung halten wir für die Einrichtung sowohl der Rubriken im Kassen-Journal als auch der Konten im Hauptbuche fest, und nehmen ferner nach derselben eine Trennung der Spezial-Konten vor, so daß also diese für jeden Geschäftszweig in einem besonderen Buche — Nebenbuche oder Skontro — vereinigt werden.

Solche Nebenbücher erfordern daher:

das **Geschäftsantheil-Konto** zur Nachweisung der Einlagen der Mitglieder auf den Geschäftsantheil und ihrer Antheile am Gewinn — Dividende —;

das **Vorschuß-Konto** zum Nachweise der den Mitgliedern gewährten Vorschüsse. Hierbei ist in Anbetracht der Anwendung von Wechseln zur Verbriefung der Vorschuß-Darlehen, die Kontrole dieser durch eine Vorschußwechsel-Liste und einen Fälligkeitskalender zu berücksichtigen. Ferner kommt zur Verzeichnung etwaiger Faustpfänder als Sicherheit für Vorschüsse ein Depotbuch zur Anwendung;

das **Bank-Konto** zur Darlegung der einzelnen Geschäfte mit einer oder mehreren Bankverbindungen und der aus solchen resultirenden Guthaben oder Schulden bei diesen;

das **Effekten-Konto** zwecks Uebersicht über die einzelnen Gattungen der Werthpapiere, die der Verein kaufte und verkaufte. Hierzu gehört eventuell auch ein Buch zur Kontrole der Nummern der Werthpapiere;

das **Spareinlagen-Konto** zum Nachweise der Guthaben der Spareinleger;

das **Depositen-Konto** zum Nachweise der angeliehenen Kapitalien von verschiedenen Gläubigern.

Endlich bedarf es noch zur Aufstellung der Jahres-Bilanz eines Inventur-Buches, das zweckmäßiger Weise, wie wir später sehen werden, durch Inventur-Akten ersetzt werden kann.

Daß noch ein besonderes Buch auf Grund der Vorschrift in § 30 des Genossenschaftsgesetzes, nämlich ein „Verzeichniß der Mitglieder“ in Uebereinstimmung mit der gerichtlichen Liste zu führen ist, sei der Vollständigkeit halber hier erwähnt. Mit der eigentlichen Buchführung hat dies nichts zu thun, und die Anleitung zur Führung jenes Verzeichnisses ist auch in den Bekanntmachungen des Reichskanzlers vom 11./7. 1889 nebst einem Formular gegeben. —

Bevor wir zur Darlegung der Formulare selbst übergehen, mögen noch mit Bezug auf Führung und Gestaltung der Bücher folgende Punkte nach den Vorschriften der §§ 43 und 44 des Handelsgesetzbuches hervorgehoben werden.

1. Bei der Führung der Bücher und den sonst erforderlichen Aufzeichnungen hat sich die Genossenschaft einer lebenden Sprache und der Schriftzeichen einer solchen zu bedienen.

2. Die Bücher sollen gebunden und Blatt für Blatt oder Seite für Seite mit fortlaufenden Zahlen versehen sein.

Theils erstreckt sich ein Konto auf zwei nebeneinander liegende Seiten, theils auf nur eine Seite. In ersterem Falle tragen beide Seiten nur eine Zahl, die auf jeder derselben aufgedruckt wird — das heißt: das Buch ist „foliirt" — im letzteren Falle ist Seite für Seite fortlaufend numerirt, — man sagt: das Buch ist „paginirt" —.

3. An Stellen, die der Regel nach zu beschreiben sind, dürfen keine leeren Zwischenräume gelassen werden.

Wo man einen Raum nicht benutzt, da pflegt man ihn mit einer schrägen Linie von oben rechts nach unten links zu durchstreichen. Dies kommt zum Beispiel beim Abschluß eines Kontos vor, der durch zwei Schlußstriche unter den Betrag-Rubriken der Debet- und Kredit-Seiten bewirkt wird. Diese Schlußstriche müssen auf ein und derselben Reihe stehen, auch wenn auf der einen Seite des Kontos der Raum nicht ebenso weit wie auf der anderen Seite ausgenutzt ist. Der auf der weniger benutzten Seite zwischen der letzten Eintragung und dem Schlußstriche freibleibende Raum wird dann in der erwähnten Weise durchstrichen.

4. Der ursprüngliche Inhalt einer Eintragung darf nicht mittelst Durchstreichens oder auf andere Weise unleserlich gemacht, es darf nichts radirt, auch dürfen solche Veränderungen nicht vorgenommen werden, deren Beschaffenheit es ungewiß läßt, ob sie bei der ursprünglichen Eintragung oder erst später gemacht worden sind.

Hat man eine Buchung auf der unrichtigen Seite oder dem unrichtigen Konto vorgenommen, oder hat man eine unrichtige Zahl eingetragen, so gleicht man diese irrthümliche Buchung durch Eintragung desselben Postens auf der gegenüberstehenden Seite des Kontos aus, man nennt das „Storniren", und giebt dem betr. Ausgleichsposten auch die Bezeichnung „Storno" mit einem kurzen Hinweise auf den irrthümlichen Buchungsposten.

5. Die Bücher sind bis zum Ablauf von 10 Jahren von dem Tage der darin vorgenommenen letzten Eintragung an gerechnet aufzubewahren. Dasselbe gilt in Ansehung der empfangenen Handelsbriefe und der Abschriften der abgesandten Briefe, sowie in Ansehung der Inventare und Bilanzen.

Sorgfalt und Akkuratesse sind vor allem bei jeder bücherlichen Eintragung zu beobachten. Je mehr das geschieht, um so mehr Freude wird man an der Buchführung haben, um so übersichtlicher wird dieselbe und um so weniger Mühe wird dann später der Jahresabschluß verursachen.

A. Das Kassa-Buch.

Das zur Aufzeichnung der Einnahmen und Ausgaben dienende Kassa-Buch ist bei den Geschäftserledigungen selbst zu führen. Der Kassirer wird, sobald er Geld empfängt, oder solches auszahlt, in jedem einzelnen Falle sofort hierüber das Erforderliche im Kassenbuche zu vermerken haben. Erst wenn das geschehen ist, kann ein zweites Geschäft erledigt werden. Jede Abweichung von dieser Regel kann leicht zu Versehen oder Irrthümern führen, die eine Verantwortlichkeit und Ersatzpflicht des betr. Vorstands-Mitgliedes nach sich ziehen.

Das Kassenbuch bildet so ein Tagebuch, in dem alle Geschäftsvorkommnisse der Zeitfolge nach, wie sich dieselben zutragen, zur Darstellung gelangen.

Nicht selten kommt es vor, daß Jemand mehrere verschiedenartige Geschäfte zu gleicher Zeit erledigt und daß dann lediglich der aus der Abrechnung hierüber sich ergebende Betrag an den Verein oder von diesem an die betreffende Person gezahlt wird. Oder es mag auch ein Vorgang mehrere Wirthschaftsgebiete betreffen. In solchen Fällen kann nicht allein das Resultat der baaren Zahlung für die Buchung maßgebend sein, sondern wir müssen mit Berücksichtigung der verschiedenen Wirthschaftszweige nach diesen die Buchung zerlegen. Nach unseren früher bereits angenommenen Fällen will der Kaufmann Scheller 2000 Mk. als Depositen der Genossenschaft geben, er verkauft ihr zugleich einen Preußischen Staatsschuldschein für 500 Mk. Danach erhöht sich der baare Kassenbestand der Genossenschaft in der That nur um 1500 Mk. Es sind jedoch als Kassen-Eingang 2000 Mk. Depositen zu buchen, und dagegen 500 Mk. in Ausgabe für Effekten zu stellen. Bei Gewährung des Vorschusses an Handwerker Becker de Mk. 1200, werden die Zinsen, die derselbe dafür mit Mk. 15 für ein Vierteljahr zu entrichten hat, gleich von dem Darlehns-Kapital gekürzt, und Becker erhält demnach nur 1185 Mk. baar ausgezahlt. Wir bringen in diesem Falle 1200 Mk. in Ausgabe als Vorschuß und 15 Mk. in Einnahme als Zinsen. Außer der Person, mit der wir geschäftlich zu thun haben, sind also bei allen Grundbuchungen hauptsächlich die Geschäftszweige, welche von den einzelnen Vorgängen berührt werden, zu berücksichtigen zwecks richtiger Journalisirung.

a) Das Kassen-Journal.

Formular 1 und 2.

Das mit dem Rubriken-Journal verbundene Kassenbuch nennen wir das „Kassen-Journal". Wir richten sowohl für die Einnahmen ein besonderes Buch

das Einnahme-Journal — Formular 1

als auch für die Ausgaben ein besonderes Buch

das Ausgabe-Journal — Formular 2

ein. Das ist der Gegenüberstellung von Einnahmen und Ausgaben auf zwei Seiten eines Buches vorzuziehen, weil Letzteres dadurch eine zu große Ausdehnung erhalten würde. Ferner spricht für die Trennung auch der Umstand, daß die Zahl der Ausgabeposten viel geringer zu sein pflegt, als diejenige der Einnahmeposten. Bei Gegenüberstellen auf zwei Seiten eines Buches würde der Raum der Ausgabeseite daher bei Weitem nicht ausgenutzt werden. Den einzelnen Büchern kein zu großes Volumen zu geben, ist eine im Allgemeinen auch zu beobachtende praktische Regel.

Jede Seite der beiden Kassen-Journale muß zur Unterscheidung dieser die Bezeichnung: „Einnahme" bezw. „Ausgabe" in deutlichem Aufdruck am Kopf tragen. Die folgenden Formulare veranschaulichen uns dies. Wir sehen daraus ferner, daß in der Ueberschrift der Monat zu benennen ist. Die Kassa-Buchungen schließen wir Ende jeden Monats ab und beginnen dann den neuen Monat immer mit einer neuen Seite.

Das vorliegende Journal enthält zunächst Rubriken für das Datum der Geschäftsvorfälle und für fortlaufende Nummern dieser, ihnen schließen sich solche für die Bezeichnung der Einzahlenden bezw. Empfänger, des Gegenstandes und Betrages an. Vor der Betrag-Kolonne befindet sich eine Rubrik, die bei Übertragung der Geschäftsvorkommnisse auf die speziellen Konten der Gläubiger bezw. Schuldner in den Skontren mit den Folien dieser oder auch mit den in Betracht kommenden Nummern besonderer Listen versehen wird. Dagegen geben wir bei den Eintragungen auf den Konten die laufende Kassa-Journal-Nummer an.

Die weiterfolgenden Kolonnen unserer Formulare mit der Überschrift: „davon entfallen auf" stellen das Rubriken-Journal dar. Dieselben entsprechen den Wirthschaftszweigen der Genossenschaft, mit deren Namen sie überschrieben sind. Für das „Reserve-Konto" ist nur in dem Einnahme-Journal eine Kolonne vorgesehen, weil Ausgaben auf diesem Konto nicht vorkommen. Auf Dividenden-Konto haben wir dagegen keine Einnahmen, sondern nur Ausgaben zu erwarten, weshalb wir nur im Ausgabe-Journal eine Kolonne hierfür nöthig haben. Kommen Einnahmen oder Ausgaben vor, für die keine mit ihrem Merkmale versehene Kolonne vorhanden ist, so bringen wir deren Beträge in die zu diesem Zwecke eingerichtete Rubrik „Conto pro diverse." Durch eine Anmerkung am Monatsschluß bezeichnen wir alsdann die Konten des Hauptbuches, die für diese Beträge zu erkennen bezw. zu belasten sind. Bei kleineren Genossenschaften mit einfachem Geschäftsbetriebe kommt dies weniger in Betracht als bei Genossenschaften, deren Geschäfte zahlreichere Wirthschaftsgebiete umfassen, und die daher, um nicht zu viele Rubriken zu bekommen, die Beträge seltener vorkommender Geschäftsarten in die „Conto pro diverse" Rubrik aufnehmen.

Als Beispiele für die Grundbuchungen im Kassen-Journal und für die Uebertragungen auf die Konten des Hauptbuches wie der Nebenbücher mögen folgende Geschäftsvorkommnisse dienen:

Mit dem Kassenbestand von 400 Mk. nach der Eröffnungs-Bilanz den Geschäftsbetrieb aufnehmend, erhält die Genossenschaft

1. am 3. Januar von Carl Fischer als Spareinlage 50 Mk., wobei derselbe das ihm ausgefertigte Spareinlage-Buch mit 10 Pfennigen bezahlt;

2. dem Mitgliede, Buchhändler C. Wilde gewährt die Genossenschaft an demselben Tage einen Vorschuß von 100 Mk. auf 3 Monate, wofür das Mitglied 5% Zinsen = Mk. 1.25 entrichtet;

3. am 6. Januar wird eine Rechnung der Firma Bergmann & Co. über bezogene Bücher und Formulare über 40 Mk. beglichen;

4. am gleichen Tage zahlt der Kaufmann Fr. Scheller Mk. 2000 als Depositen ein, die zu 3½% verzinst werden sollen, unter Ausbedingung einer gegenseitigen 3monatigen Kündigungsfrist;

5. zugleich übergiebt derselbe der Genossenschaft einen Preußischen Staatsschuldschein über 500 Mk., für den sie ihm 500 Mk. vergütet;

6. am 10. Januar tritt der Bäcker Rudolf Lorentz als Mitglied der Genossenschaft bei. Er zahlt 3 Mk. Eintrittsgeld, das statutengemäß zum Reservefond fließt, und 5 Mk. auf seinen Geschäftsantheil ein;

7. am 13. Januar zahlt der Landwirth Richard Graßhoff 12 Mk. auf seinen Geschäftsantheil ein;

8. an demselben Tage erhält Bäcker Rudolf Lorentz den bei seiner Aufnahme beantragten und dann vom Aufsichtsrath genehmigten Vorschuß von 180 Mk. auf einen Monat, gegen Entrichtung von 75 Pf. Zinsen zu 5%;

9. am 17. Januar zahlt die Genossenschaft an das Amtsgericht die Kosten für die Bekanntmachungen ihrer erfolgten Eintragung ins Genossenschaftsregister mit Mk. 9;

10. dieselbe erhält an diesem Tage von Martin Arnold in Z. eine neue Spareinlage über 250 Mk. nebst 10 Pf. für das Abrechnungsbuch, und sendet noch

11. für den inzwischen angeschafften Geldschrank 300 Mk. an die Firma C. W. Faber in Berlin ein;

12. die Wittwe Marie Voigt geb. Müller tritt am 20. Januar als Mitglied bei, sie zahlt 3 Mk. Eintrittsgeld und 3 Mk. auf den Geschäftsantheil ein;

13. an demselben Tage bittet der Kaufmann Fr. Scheller, ihm von seiner Depositen-Einlage 1000 Mk. zurückzuzahlen. Dies geschieht, indem von der Inanspruchnahme der Kündigungsfrist abgesehen, dagegen die Ermäßigung des Zinsfußes für diese 1000 Mk. auf 2% vorbehalten wird;

14. die Genossenschaft hat sich zur Beschaffung der ihr für den Geschäftsbetrieb noch fehlenden Mittel mit der Genossenschaftsbank in Verbindung gesetzt, und erhält von dieser am 24. Januar 1500 Mk. geliehen;

15. dem Lehrer Heinrich Arndt wird an diesem Tage ein Vorschuß von 600 Mk. auf 2 Monate bewilligt, wofür 5 Mk. Zinsen der Genossenschaft zufließen;

16. am letzten Tage des Monats erhält der Verein von Kaufmann Fr. Scheller eine Einzahlung von 100 Mk. auf seinen Geschäftsantheil, ferner

17. von Gertrud Born eine Sparkasseneinlage über 25 Mk. nebst 10 Pf. Buchkosten, und

18. er verausgabt schließlich die besonders notirten Portoausgaben sowie die Besoldung an den Vorstand mit Mk. 0.80 und Mk. 20.—.

Der Monat ist nun zu Ende, und es werden die beiden Kassen-Journale daher abgeschlossen. Die Summe des sich ergebenden Kassenbestandes von Mk. 1608.50 wird mit der Bezeichnung „Saldo-Vortrag" als erster Posten im Monat Februar auf der neuen Seite des Einnahme-Journals vermerkt;

19. am 3. Februar kommen Mk. 400 Zuzahlung des Martin Arnold in Z. zu seiner Spareinlage und

20. Mk. 3 Eintrittsgeld von Gastwirth Ludwig Bergmann in Einnahme, dagegen werden

21. Mk. 20 an Karl Fischer von seiner Spareinlage zurückgezahlt;

22. am 7. Februar erhält Tischlermeister Becker einen Vorschuß von 1200 Mk. auf 3 Monate, wofür er Mk. 15.— Zinsen entrichtet;

23. die Genossenschaft hat an ihr Geschäftslokal ein Firma-Schild anbringen lassen, wofür sie am 7. Februar 6 Mk. 50 Pf. an den Maler Emil Schwarz zahlt;

24. am 10. Februar wird der im vorigen Monat angekaufte Preußische Staatsschuldschein an Rentier Robert Ehrhardt für 505 Mk. verkauft, die dieser baar zahlt;

25. der Bäcker Rudolf Lorentz, dessen Vorschuß über 180 Mk. am 13. Februar fällig wird, zahlt am 14. Februar 30 Mk. hierauf ab und läßt für 150 Mk. die Zahlungsfrist auf 3 Monate bis zum 13. Mai verlängern. Er entrichtet dafür Mk. 1.90 Zinsen;

26. an demselben Tage wird vom Hausbesitzer Friedrich Wagner eine Depositen-Einlage von 2500 Mk. gegen 4% Zinsen und 6 monatige Kündigungsfrist gemacht;

27. in Folge dieses Geldzuflusses entschließt sich die Genossenschaft 1000 Mk. an die Deutsche Genossenschaftsbank nach Berlin zu senden zur Abtragung auf ihre Schuld;

28. am 17. Februar erhält der Arbeiter Aug. König einen Vorschuß von 30 Mk. gegen 40 Pf. Zinsen auf 3 Monate, und ferner

29. wird Maurermeister Joh. Riese Mitglied, er zahlt 3 Mk. Eintrittsgeld;

30. der Kaufmann Scheller zieht am 21. Februar seine Depositen-Einlage im Restbetrage von 1000 Mk. ganz zurück und bekommt für dieselbe 2% Zinsen mit Mk. 3.15;

31. an demselben Tage fließt dem Verein eine neue Spareinlage von Hermann Röder über 300 Mk. zu, nebst 10 Pf. für das Sparbuch;

32. am 24. Februar zahlt der Lehrer Arndt seinen erst am 24. März fälligen Vorschuß über 600 Mk. bereits zurück, es werden ihm die Zinsen für einen Monat mit Mk. 2.50 rückvergütet;

33. um nicht in der Kasse nutzlos liegende Bestände zu sammeln, sendet die Genossenschaft nun 2000 Mk. an die Deutsche Genossenschaftsbank ein und entschließt sich, da ihr weitere Zugänge an Spareinlagen und Depositen in Aussicht stehen, für das entstandene Bank-Guthaben eine Aktie der Genossenschaftsbank über 1200 Mk. zu erwerben;

34. am 28. Februar trifft diese Aktie mit der Nota über Mk. 1420.— einschließlich Zinsen, Spesen und Stempel ein. Das Guthaben bei der Bank ermäßigt sich um diesen Betrag;

35. die im Laufe des Monats eingezahlten Beträge auf die Geschäftsantheile hat die Genossenschaft in einer besonderen Beitragsliste notirt, sie ermittelt daraus am Monatsschluß deren Summe = Mk. 148.—, und trägt diese in ihr Einnahme-Journal ein;

36. Schließlich werden wieder die Portoausgaben = Mk. 1.85 und die Besoldung = Mk. 20.— in Ausgabe gebucht.

Der Monat Februar schließt alsdann mit einem Kassenbestande von Mk. 830.90 ab.

Die Buchungen dieser Geschäftsvorgänge finden wir in den folgenden Formularen zum Kassen-Journal:

Formular 1.

Kassen-Journal.

1 Einnahme. Monat

Tag	Laufende Nr.	Namen der Einzahlenden	Gegenstand	Uebertragungs-Fol. oder Nr.	Betrag M	Betrag ₰
1.	1	Saldo-Vortrag	Bestand:		400	—
3.	2	Fischer, Carl	Spareinlage Nr. 1	1	50	—
	3	Derselbe	Kosten des Buches	—	—	10
	4	Wilde, C., Buchhändler	Zinsen für Vorschuß Nr. 1 .	1	1	25
6.	5	Scheller, Fr., Kaufmann	Depositen	1	2000	—
10.	6	Lorentz, Rudolf, Bäcker	Eintrittsgeld	—	3	—
	7	Derselbe	Geschäftsantheil Nr. 8 . . .	8	5	—
13.	8	Graßhoff, Richard, Landwirth . .	Desgl. Nr. 4	4	12	—
	9	Lorentz, Rudolf, Bäcker	Zinsen für Vorschuß Nr. 2 .	2	—	75
17.	10	Arnold, Martin in Z.	Spareinlage Nr. 2 u. Buchkosten	2	250	10
20.	11	Voigt, Ww., Marie geb. Müller . .	Eintrittsgeld	—	3	—
24.	12	Dieselbe	Geschäftsantheil Nr. 9 . . .	9	3	—
	13	Deutsche Genossenschaftsbank in Berlin	Baarsendung	1	1500	—
31.	14	Arndt, Heinrich, Lehrer	Zinsen für Vorschuß Nr. 3. .	3	5	—
	15	Scheller, Fr., Kaufmann	Geschäftsantheil Nr. 6 . . .	6	100	—
	16	Born, Gertrud	Spareinl. Nr. 3 u. Buchkosten	3	25	10
			Summa der Einnahmen im Monat Januar		3958	30
					H.-B. Fol. 1	
			Bestand am 1. Januar		400	—
					4358	30
			Summa der Ausgaben im Monat Januar		2749	80
			Bestand am 31. Januar		1608	50

2 Einnahme. Monat

Tag	Laufende Nr.	Namen der Einzahlenden	Gegenstand	Uebertragungs-Fol. oder Nr.	Betrag M	Betrag ₰
1.	17	Saldo-Vortrag	Bestand:		1608	50
3.	18	Arnold, Martin in Z.	Spareinlage Nr. 2	2	400	—
	19	Bergmann, Ludwig, Gastwirth . .	Eintrittsgeld	—	3	—
7.	20	Becker, G., Tischlermeister	Zinsen für Vorschuß Nr. 4 .	4	15	—
10.	21	Ehrhardt, Robert, Rentier	für Preuß. Staatsschuldschein	1	505	—
14.	22	Lorentz, Rudolf, Bäcker	Abzahlung, Vorschuß Nr. 2 .	2	30	—
	23	Derselbe	Zinsen auf Vorschuß Nr. 2 .	2	1	90
	24	Wagner, Friedr., Hausbesitzer . . .	Depositen	2	2500	—
17.	25	König, Aug., Arbeiter	Zinsen für Vorschuß Nr. 5 .	5	—	40
	26	Riese, Joh., Maurermeister	Eintrittsgeld	—	3	—
21.	27	Röder, Hermann	Spareinl. Nr. 4 u. Buchkosten	4	300	10
24.	28	Arndt, Heinr., Lehrer	Vorschuß Nr. 3	3	600	—
28.	29	Deutsche Genossenschaftsbank, Berlin	f. 1200 Mk. Aktien derselben	1	1420	—
	30	Versch. Mitglieder, laut Beitragsliste	Einzahlung a. Geschäftsantheil	—	148	—
			Summa der Einnahmen im Monat Februar		5926	40
					H.-B. Fol. 1	
			Bestand am 1. Februar		1608	50
					7534	90
			Summa der Ausgaben im Monat Februar		6704	—
			Bestand am 28. Februar		830	90

Einnahme.

Januar 1900. 1

Davon entfallen auf: Geschäfts-Antheil-Konto		Reservefonds-Konto		Vorschuß-Wechsel-Konto		Banken-Konto		Effekten-Konto		Spareinlagen-Konto		Depositen-Konto		Zinsen-Konto		Unkosten-Konto		Konto pro Diverse		Prolongirte Beträge		Anmerkungen
ℳ	₰	ℳ	₰	ℳ	₰	ℳ	₰	ℳ	₰	ℳ	₰	ℳ	₰	ℳ	₰	ℳ	₰	ℳ	₰	ℳ	₰	
—	—	—	—	—	—	—	—	—	—	50	—	—	—	—	—	—	—	—	—	—	—	
—	—	—	—	—	—	—	—	—	—	—	—	—	—	—	—	—	10	—	—	—	—	
—	—	—	—	—	—	—	—	—	—	—	—	—	—	1	25	—	—	—	—	—	—	
—	—	—	—	—	—	—	—	—	—	—	—	2000	—	—	—	—	—	—	—	—	—	3½ % 3 Monate Kündigungsfrist.
—	—	3	—	—	—	—	—	—	—	—	—	—	—	—	—	—	—	—	—	—	—	
5	—	—	—	—	—	—	—	—	—	—	—	—	—	—	—	—	—	—	—	—	—	
12	—	—	—	—	—	—	—	—	—	—	—	—	—	—	—	—	—	—	—	—	—	
—	—	—	—	—	—	—	—	—	—	—	—	—	—	—	75	—	—	—	—	—	—	
—	—	—	—	—	—	—	—	—	—	250	—	—	—	—	—	—	10	—	—	—	—	
—	—	3	—	—	—	—	—	—	—	—	—	—	—	—	—	—	—	—	—	—	—	
3	—	—	—	—	—	—	—	—	—	—	—	—	—	—	—	—	—	—	—	—	—	
—	—	—	—	—	—	1500	—	—	—	—	—	—	—	—	—	—	—	—	—	—	—	
—	—	—	—	—	—	—	—	—	—	—	—	—	—	5	—	—	—	—	—	—	—	
100	—	—	—	—	—	—	—	—	—	—	—	—	—	—	—	—	—	—	—	—	—	
—	—	—	—	—	—	—	—	—	—	25	—	—	—	—	—	—	10	—	—	—	—	
120	—	6	—	—	—	1500	—	—	—	325	—	2000	—	7	—	—	30	—	—	—	—	
H.-B. Fol. 2		H.-B. Fol. 3				H.-B. Fol. 5				H.-B. Fol. 8		H.-B. Fol. 9		H.-B. Fol. 10		H.-B. Fol. 11						

Februar 1900. 2

Geschäfts-Antheil-Konto		Reservefonds-Konto		Vorschuß-Wechsel-Konto		Banken-Konto		Effekten-Konto		Spareinlagen-Konto		Depositen-Konto		Zinsen-Konto		Unkosten-Konto		Konto pro Diverse		Prolongirte Beträge		Anmerkungen
—	—	—	—	—	—	—	—	—	—	400	—	—	—	—	—	—	—	—	—	—	—	
—	—	3	—	—	—	—	—	—	—	—	—	—	—	—	—	—	—	—	—	—	—	
—	—	—	—	—	—	—	—	—	—	—	—	—	—	15	—	—	—	—	—	—	—	
—	—	—	—	—	—	—	—	505	—	—	—	—	—	—	—	—	—	—	—	—	—	
—	—	—	—	30	—	—	—	—	—	—	—	—	—	—	—	—	—	—	—	—	—	
—	—	—	—	—	—	—	—	—	—	—	—	—	—	1	90	—	—	—	—	150	—	
—	—	—	—	—	—	—	—	—	—	—	—	2500	—	—	—	—	—	—	—	—	—	4 % 6 Monate Kündigungsfrist.
—	—	—	—	—	—	—	—	—	—	—	—	—	—	—	40	—	—	—	—	—	—	
—	—	3	—	—	—	—	—	—	—	—	—	—	—	—	—	—	—	—	—	—	—	
—	—	—	—	—	—	—	—	—	—	300	—	—	—	—	—	—	10	—	—	—	—	
—	—	—	—	600	—	—	—	—	—	—	—	—	—	—	—	—	—	—	—	—	—	
—	—	—	—	—	—	1420	—	—	—	—	—	—	—	—	—	—	—	—	—	—	—	
148	—	—	—	—	—	—	—	—	—	—	—	—	—	—	—	—	—	—	—	—	—	
148	—	6	—	630	—	1420	—	505	—	700	—	2500	—	17	30	—	10	—	—	150	—	
H.-B. Fol. 2		H.-B. Fol. 3		H.-B. Fol. 4		H.-B. Fol. 5		H.-B. Fol. 6		H.-B. Fol. 8		H.-B. Fol. 9		H.-B. Fol. 10		H.-B. Fol. 11						

Formular 2.

1

Kassen-Journal.

(Monat

Ausgabe.

Tag	Laufende Nr.	Name der Empfänger	Gegenstand	Uebertragungs-Fol. oder Nr.	Betrag ℳ	₰
3.	1	Wilde, C., Buchhändler	Vorschuß-Darlehn Nr. 1 .	1	100	—
6.	2	Bergmann & Co.	für Formulare und Schreibutensilien	—	40	—
	3	Scheller, Friedrich, Kaufmann . . .	für 500 Mk. Preuß. Staatsschuldscheine	1	500	—
13.	4	Lorentz, Rudolf, Bäcker	Vorschuß-Darlehn Nr. 2 .	2	180	—
17.	5	Amtsgericht	Kosten durch Bekanntmachungen	—	9	—
	6	Faber, C. W., Berlin	für den Geldschrank . . .	—	300	—
20.	7	Scheller, Friedr., Kaufmann . . .	Depositen-Rückzahlung . .	1	1000	—
24.	8	Arndt, Heinr., Lehrer	Vorschuß Nr. 3	3	600	—
31.	9	Porto-Kasse	Porti im Januar	—	—	80
	10	Vorstand	Besoldung	—	20	—
			Summa der Ausgaben im Monat Januar		2749	80
					H.-B. Fol. 1	

2

(Monat

Ausgabe.

Tag	Laufende Nr.	Name der Empfänger	Gegenstand	Uebertragungs-Fol. oder Nr.	Betrag ℳ	₰
3.	11	Fischer, Carl	Spareinlage Nr. 1	1	20	—
7.	12	Becker, G., Tischlermeister	Vorschuß Nr. 4	4	1200	—
	13	Schwarz, Emil, Maler	Firmenschild	—	6	50
14.	14	Deutsche Genossenschaftsbank, Berlin	Baarsendung	1	1000	—
17.	15	König, Aug., Arbeiter	Vorschuß Nr. 5	5	30	—
21.	16	Scheller, Fr., Kaufmann	Depositenrückzahlung . . .	1	1000	—
	17	Derselbe	Zinsen für Depositen . . .	1	3	15
24.	18	Arndt, Heinr., Lehrer	Zinsvergütung a. Vorsch. 3	3	2	50
	19	Deutsche Genossenschaftsbank, Berlin	Baarsendung	1	2000	—
28.	20	Dieselbe s. Einnahme Nr. 28 . . .	für Mk. 1200 Aktien der Dtsch. Genossenschaftsbank . . .	1	1420	—
	21	Porto-Kasse	Porti im Februar	—	1	85
	22	Vorstand	Besoldung	—	20	—
			Summa der Ausgaben im Monat Februar		6704	—
					H.-B. Fol. 1	

Ausgabe. 1

Januar 1900.

Davon entfallen auf:

Geschäfts-Anteil-Konto		Vorschuß-Konto		Bank-Konto		Effekten-Konto		Spareinlagen-Konto		Depositen-Konto		Zinsen-Konto		Dividenden-Konto		Unkosten-Konto		Konto pro Diverse		Anmerkungen
ℳ	₰	ℳ	₰	ℳ	₰	ℳ	₰	ℳ	₰	ℳ	₰	ℳ	₰	ℳ	₰	ℳ	₰	ℳ	₰	
—	—	100	—	—	—	—	—	—	—	—	—	—	—	—	—	—	—	—	—	
—	—	—	—	—	—	—	—	—	—	—	—	—	—	—	—	40	—	—	—	
—	—	—	—	—	—	500	—	—	—	—	—	—	—	—	—	—	—	—	—	
—	—	180	—	—	—	—	—	—	—	—	—	—	—	—	—	—	—	—	—	
—	—	—	—	—	—	—	—	—	—	—	—	—	—	—	—	9	—	—	—	
—	—	—	—	—	—	—	—	—	—	—	—	—	—	—	—	—	—	300	—	Inventar-Konto.
—	—	—	—	—	—	—	—	—	—	1000	—	—	—	—	—	—	—	—	—	Zinsfuß auf 2 % ermäßigt.
—	—	600	—	—	—	—	—	—	—	—	—	—	—	—	—	—	—	—	—	
—	—	—	—	—	—	—	—	—	—	—	—	—	—	—	—	—	80	—	—	
—	—	—	—	—	—	—	—	—	—	—	—	—	—	—	—	20	—	—	—	
—	—	880	—	—	—	500	—	—	—	1000	—	—	—	—	—	69	80	300	—*	* Mk. 300 Inventar-Konto.
		H.-B. Fol. 4				H.-B Fol. 6				H.-B. Fol. 9						H.-B. Fol. 11		H.-B. Fol. 7		

2

Februar 1900.

—	—	—	—	—	—	—	—	20	—	—	—	—	—	—	—	—	—	—	—	
—	—	1200	—	—	—	—	—	—	—	—	—	—	—	—	—	—	—	—	—	
—	—	—	—	—	—	—	—	—	—	—	—	—	—	—	—	—	—	6	50	Inventar-Konto.
—	—	—	—	1000	—	—	—	—	—	—	—	—	—	—	—	—	—	—	—	
—	—	30	—	—	—	—	—	—	—	—	—	—	—	—	—	—	—	—	—	
—	—	—	—	—	—	—	—	—	—	1000	—	—	—	—	—	—	—	—	—	
—	—	—	—	—	—	—	—	—	—	—	—	8	15	—	—	—	—	—	—	Zinsen sind mit
—	—	—	—	—	—	—	—	—	—	—	—	2	50	—	—	—	—	—	—	2 % berechnet.
—	—	—	—	2000	—	—	—	—	—	—	—	—	—	—	—	—	—	—	—	
—	—	—	—	—	—	1420	—	—	—	—	—	—	—	—	—	—	—	—	—	
—	—	—	—	—	—	—	—	—	—	—	—	—	—	—	—	1	85	—	—	
—	—	—	—	—	—	—	—	—	—	—	—	—	—	—	—	20	—	—	—	
—	—	1230	—	3000	—	1420	—	20	—	1000	—	5	65	—	—	21	85	6	50*	* Mk. 6.50 Inventar-Konto.
		H.-B. Fol. 4		H.-B. Fol. 5		H.-B. Fol. 6		H.-B. Fol. 8		H.-B. Fol. 9		H.-B. Fol. 10				H.-B. Fol. 11		H.-B. Fol. 7		

Zur weiteren Erläuterung der Führung des Kassen-Journals ist noch Folgendes zu bemerken:

Der Kassenbestand wird zwar als erster Posten eines jeden Monats vermerkt, jedoch vorläufig nicht bei der Addition der Einnahmen berücksichtigt, wir markiren dies durch Unterstreichung desselben. Wir rechnen also im Laufe des Monats immer nur die Beträge der wirklichen Geschäftsvorfälle auf, und erreichen dadurch, daß die Summe der Einnahmeposten stets gleich sein muß dem Gesammtergebnis der Summen der Journal-Rubriken, ebenso wie diese Uebereinstimmung bezüglich der Ausgaben vorhanden ist. Vor Uebertragung der Summen einer Seite auf die folgende Seite überzeugen wir uns von dieser Uebereinstimmung, die uns eine Gewähr giebt, daß alle Beträge auch ausgeworfen sind.

Die am Monatsschlusse sich ergebenden Summen der einzelnen Betrag-Kolonnen übertragen wir auf die entsprechenden Hauptbuch-Konten nach den früher kennengelernten Grundsätzen. Dabei werden die Folien der Hauptbuch-Konti unter den Gesammtbeträgen der Rubriken in den Kassen-Journalen mit der Bezeichnung „H.-B. Fol." vermerkt, während wir im Hauptbuch bei jeder Eintragung das Folio des Kassen-Journals angeben.

Um nun den Kassenbestand für den folgenden Monat zu ermitteln, zählen wir zur Summe der Einnahmen zunächst den Bestand Anfang des Monats, und kürzen von dem Ergebnis die Summe der Ausgaben.

Bei den Buchungen der Geschäftsvorfälle läßt sich unter Umständen eine Zahlung, die zwei verschiedenartige Konten betrifft, trotzdem durch einen Buchungsposten erledigen, wenn nur die Beträge in den Journal-Rubriken getrennt werden. Unter dem 3. Januar zahlte Karl Fischer 50 Mk. als Spareinlage und 10 Pf. für das hierüber ausgestellte Abrechnungsbuch ein. Da die Anschaffungskosten für Formulare, Bücher u. s. w. auf Unkosten-Konto belastet sind, bilden diese 10 Pf. auch wieder einen Ertrag auf diesem Konto, wir buchten sie getrennt von der Spareinlage. Am 17. Januar ist ein gleichartiger Vorgang in einem Posten durch Vereinnahmung von Mk. 250.10 gebucht, indem Mk. 250 in der „Spareinlagen"- und Mk. —.10 in der „Unkosten"-Rubrik ausgeworfen wurden. Es beeinträchtigt dies die Uebersicht nicht, und ein Irrthum bei der Uebertragung in die

Nebenbücher wird dadurch vermieden, daß man hierbei die Beträge aus den Journal-Rubriken entnimmt.

Die im Einnahme-Journal unter den Anmerkungen befindliche Rubrik „Prolongirte Beträge“ hat mit einer Kassen-Einnahme also auch mit der Journalisirung nichts zu schaffen. Am 14. Februar bittet Karl Lorentz, seinen Vorschuß, den er am 13. Januar auf einen Monat in Höhe von 180 Mk. erhielt, unter Abtragung von 30 Mk. auf 3 Monat zu verlängern. Wir tragen zunächst die Abzahlung von 30 Mk. in das Einnahme-Journal ein. Es bleibt dann also ein Vorschuß-Rest von 150 Mk., der auf 3 Monate prolongirt und bei der Buchung der dafür gezahlten Zinsen von Mk. 1.90 in der Prolongations-Rubrik notirt wird. Diese ist also lediglich eine Notiz-Rubrik, sie hat den Zweck, die Gesammtsummen aller prolongirten Vorschußbeträge zu ermitteln, gleichzeitig aber auch eine praktische Kontrole der Zinseingänge auszuüben. Bei manchen Genossenschaften ist es Gebrauch, im Falle solcher Prolongation den ursprünglichen Vorschuß seiner vollen Höhe nach in Einnahme und den verlängerten Betrag gleichsam als neuen Vorschuß in Ausgabe zu buchen. Wir hätten danach in unserem Falle 180 Mk. in Einnahme, 150 Mk. in Ausgabe zu stellen. Das Resultat ist für die Kasse das gleiche, aber wir würden auf solche Weise unser Ausgabe-Journal mit einem nicht geringen und ganz unnützen Buchungsmaterial belasten. Erfahrungsgemäß werden die meisten Vorschüsse erst nach einer ganzen Reihe von Prolongationen zurückgezahlt, sodaß diese, nachdem der Verein eine Zeit lang besteht, bei weitem zahlreicher sein werden als die neuen Vorschuß-Bewilligungen. Ueberdies geht bei jener Buchung des fälligen Betrages in Einnahme, des prolongirten Betrages in Ausgabe, in der Letzteren die Uebersicht über die wirklich neugewährten Vorschüsse verloren, und es sind auch die prolongirten Beträge nicht übersichtlich zu erkennen. Als einziger Vortheil dieser Buchungsart könnte die durch sie bewirkte Erhöhung der Umsätze — Gesammtsummen der Einnahmen wie Ausgaben — bezeichnet werden. Wir erreichen das Gleiche aber durch die Zusammenstellung der aus unserer Notizrubrik sich ergebenden Monats-Summen, wie wir später sehen werden.

Der für „Anmerkungen“ frei bleibende Raum der Kassen-Journale dient unter Anderem zur Angabe der Bedingungen, unter denen Depositen aufgenommen wurden — s. Einnahme vom 6. Januar und 14. Februar —, zu etwa erforderlichen besonderen Erläuterungen einzelner Zahlungen — s. Ausgabe vom 20. Januar und 21. Februar — und hauptsächlich auch zur Bezeichnung des Kontos für die Beträge in der Rubrik „Konto pro Diverse". Die für einen Geldschrank am 17. Januar aufgewendeten 300 Mk. fallen, wie alle derartigen Aufwendungen für Mobilien und Inventarstücke, unter das Merkmal „Inventar-Konto". Da hierfür keine besondere Betrag-Kolonne vorhanden ist, so wurde der Betrag in der „Konto pro Diverse"-Rubrik ausgeworfen und demselben als Anmerkung die Bezeichnung „Inventar-Konto" hinzugefügt. Zu der Gesammtsumme der Konto pro Diverse-Rubrik werden am Monatsschlusse gleichfalls die von ihr betroffenen Wirthschaftszweige vermerkt mit den Beträgen, nach welchen sie sich auf diese vertheilt.

Bei Aufzählung der unseren Eintragungen in den Kassen-Journalen zu Grunde liegenden Geschäftsvorkommnisse ist unter Nr. 34 der Ankauf einer Aktie der deutschen Genossenschaftsbank von Sörgel, Parrisius & Co. für Mk. 1420 erwähnt. Hierbei kommt ein Kassen-Umsatz überhaupt nicht in Betracht, denn der Gegenwerth wurde durch das Guthaben der Genossenschaft bei der Bank gedeckt, es verringert sich dieses Guthaben um Mk. 1420 und nicht der Kassenbestand. Demzufolge müßten wir daher die Grundbuchung durch das Memorial bewirken, indem wir darin

das Effekten-Konto als Debitor,
das Bank-Konto als Kreditor

für 1420 Mk. verzeichnen. Wo derartige Geschäftsvorfälle selten sind, hat sich aber meist der Gebrauch herausgebildet. diese durch das Kassa-Journal zu buchen, um das Memorial zu ersparen. Wir nehmen deshalb von solcher Handhabung Notiz. Um die Buchung im Kassen-Journal richtig zu bewirken, stellen wir uns vor, die Genossenschaft hätte von der Bank 1420 Mk. baar erhalten aus ihrem Guthaben, und sie würde dann diese 1420 Mk. wieder für die gekaufte Aktie auszahlen. Danach haben wir 1420 Mk. auf Bank-Konto in Einnahme zu stellen und 1420 Mk. auf Effekten-Konto in Ausgabe. Für das Kassa-Konto gleichen sich beide Buchungen in ihrer Wirkung auf den Bestand aus, das Effekten-Konto aber wird durch die Ausgabe Debitor, das Bank-Konto wird durch die Einnahme Kreditor. Das Resultat ist demnach für den Vermögensstand das gleiche wie bei der Memorial-Buchung.

Für die Kassenverwaltung an und für sich ist außer dem Kassen-Journal noch von Bedeutung:

b) das Kassen-Kontrolbuch.

Formular Nr. 3.

Die Kontrole der Geschäftsführung, die schon in der solidarischen Verantwortlichkeit aller drei Vorstandsmitglieder begründet ist, muß auch in einer Buchungs-Kontrole bestehen. Wir erwähnten bereits bei Besprechung des Wesens der doppelten Buchführung die Zweckmäßigkeit, das Hauptbuch und die Nebenbücher von verschiedenen Personen führen zu lassen. Es möge die Führung des Hauptbuches dem Direktor des Vereins, die Führung der Nebenbücher dem Kassierer und Kontroleur übertragen sein, so ist dadurch für die korrekte Uebertragung der Grundbuchungen in diese Bücher und in Folge dessen auch für die richtige Ermittlung des Vermögensstandes aus den vorhandenen Grundbuchungen eine Kontrole geschaffen. Solche ist aber mit Bezug auf die Grundbuchungen sebst in erster Linie noch nöthig. Sie wird dadurch erreicht, daß außer dem Kassirer auch der Kontroleur ein Kassenbuch nach seinen eigenen Wahrnehmungen bei den Geschäftsvorgängen führt.

In einer großen Anzahl von Genossenschaften ist die Einrichtung des beschriebenen Kassen-Journals zugleich auch für das Kassen-Kontrolbuch in Anwendung, dasselbe ist also dort ein „Kontrol-Journal". Es ist dies eine sehr gute Maßnahme, als ausreichend kann aber auch eine einfache Kassenbuch-Einrichtung ohne Journal-Rubriken erachtet werden. Man bucht dann Einnahmen und Ausgaben unter Angabe des Datums, einer laufenden Nummer, der Zahlenden bezw. Zahlungsempfänger des Gegenstandes und Betrages in einem Buche auf zwei sich gegenüberstehenden Seiten, die Einnahmen auf der linken — Debet — Seite, die Ausgaben auf der rechten — Kredit — Seite. Diese Einrichtung ergiebt sich ohne Weiteres aus dem Kassenjournal, es bedarf dazu keiner besonderen Darlegung. Dagegen wird im Formular 3 eine andere Form des einfachen Kassa-Buchs an die Hand gegeben. Dieselbe besteht darin, daß Einnahmen und Ausgaben unter einander vermerkt und nur deren Beträge in zwei Kolonnen nach Einnahmen und Ausgaben getrennt werden.

Wir finden in dem folgenden Formulare die Buchungen im Januar aus unserem Kassen-Journal wieder.

Formular 3.

Kassen-Kontrol-Buch.

Monat Januar 1900.

Tag	Laufende Nr.	Namen	Gegenstand	Kassa-Konto Debet Einnahme ℳ	₰	Kassa-Konto Kredit Ausgabe ℳ	₰	Anmerkungen
1.	1	An Saldo-Vortrag	Bestand	400	—			
3.	2	An Spareinlagen-Konto — Carl Fischer	dessen Spareinlage Nr. 1	50	—			
	3	An Unkosten-Konto — Derselbe .	zahlte f. d Abrechnungsbuch	—	10			
	4	Per Vorschuß-Konto — C. Wilde, Buchhandler	gewährter Vorschuß Nr. 1			100	—	
	5	An Zinsen-Konto — Derselbe . .	entrichtete Zinsen dafür .	1	25			
6.	6	Per Unkosten-Konto — Bergmann & Co.	bezahlte Rechnung über Bücher pp.			40	—	
	7	An Depositen-Konto — Fr. Scheller, Kaufmann	Depositen-Einlage . . .	2000	—			3½ % ein-
	8	Per Effekten-Konto — Derselbe .	angekaufter Preußischer Staatsschuldschein . .			500	—	vierteljähr. Kündigung
10.	9	An Reservefonds-Konto — Rud. Lorentz, Bäcker	Eintrittsgeld	3	—			
	10	An Geschäftsantheil-Konto — Derselbe	Einlage auf den Geschäftsantheil	5	—			
13.	11	An Geschäftsantheil-Konto — Rich. Graßhoff, Landwirth	desgleichen	12	—			
	12	Per Vorschuß-Konto — Rud. Lorentz, Bäcker	gewährter Vorschuß Nr. 2			180	—	
	13	An Zinsen-Konto — Derselbe . .	entrichtete Zinsen dafür .	—	75			
17.	14	Per Unkosten-Konto — Kgl. Amtsgericht	Kostenrechnung			9	—	
	15	An Spareinlagen-Konto — Martin Arnold in Z.	dessen Spareinlage-Buch 2	250	—			
	16	An Unkosten-Konto — Derselbe .	bezahltes Abrechnungsbuch	—	10			
	17	Per Inventar-Konto — C. W. Faber, Berlin	unsere Baarsendung für den Geldschrank . . .			300	—	
20.	18	An Reservefonds-Konto — Wwe. Marie Voigt geb. Müller . . .	Eintrittsgeld	3	—			
	19	An Geschäftsantheil-Konto — Dieselbe	Einzahlung auf den Geschäftsantheil	3	—			
	20	Per Depositen-Konto — Fr. Scheller	Rückzahlung v. Depositen .			1000	—	dafür sind
24.	21	An Bank-Konto — Deutsche Genossenschaftsbank Berlin . . .	deren Baarsendung . . .	1500	—			nur 2 % Zinsen zu
	22	Per Vorschuß-Konto — Heinr. Arndt, Lehrer	gewährter Vorschuß Nr. 3			600	—	berechnen
	23	An Zinsen-Konto — Derselbe . .	Zinszahlung hierfür . .	5	—			
31.	24	An Geschäftsantheil-Konto — Fr. Scheller	Einlage auf den Geschäftsantheil	100	—			
	25	An Spareinlagen-Konto — Gertrud Born	deren Spareinlage Nr. 3	25	—			
	26	An Unkosten-Konto — Dieselbe .	bezahltes Abrechnungsbuch	—	10			
	27	Per „ „ lt. Portobuch	verschiedene Porti . . .				80	
	28	„ „ „ — Vorstand .	Besoldung			20	—	
		„ Saldo	Bestand			1608	50	
				4358	30	4358	30	

Vor jeder Einnahme-Buchung ist das zu erkennende Konto — Kreditor — mit der Bezeichnung „An“, vor jeder Ausgabe-Buchung das zu belastende Konto — Debitor — mit der Bezeichnung „Per“ angegeben. Dies beruht auf den uns bekannten Grundgesetzen der doppelten Buchführung. „Per“ entspricht dem früher erläuterten „Soll“. Das Kassa-Konto wird für jeden Kreditoren-Posten Schuldner — Einnahme —, für jeden Debitoren-Posten Gläubiger — Ausgabe —. Da die Kontobezeichnung für die Eintragungen in diesem einfachen Kontrolbuche nicht besonders wichtig ist, so begnügt man sich in der Regel damit, lediglich zur Unterscheidung von einander jede Einnahmebuchung mit „An“, jede Ausgabebuchung mit „Per“ zu beginnen.

Die Einrichtung des einfachen Kassa-Buches in der vorstehenden Form ist insofern von Vortheil, als man die ein und dieselbe Person betreffenden gleichzeitigen Einnahmen und Ausgaben in Folge der Untereinanderstellung dieser leichter übersehen kann, als bei der Gegenüberstellung auf zwei Seiten.

Den Bestand Anfang des Monats zählen wir in dem Kontrol-Kassenbuche im Gegensatze zum vorhergehenden Kassen-Journal gleich zu den Einnahmen hinzu, so daß sich aus der Summe der Einnahme-Seite und der Summe der Ausgabe-Seite der jeweilige Bestand der Kasse ergiebt.

Die Feststellung des vorhandenen baaren Geldes — „Ist-Bestand“ — unter Vergleich mit dem nach den Kassen-Büchern ermittelten Bestande — „Soll-Bestand“ — sollte am Schlusse jedes Geschäftstages stattfinden. Etwaige Irrthümer bei den Buchungen, die zu einer Differenz führten, werden sich dann fast stets noch aufdecken und berichtigen lassen, während das nach längerer Zeit Schwierigkeiten verursacht.

Es empfiehlt sich, die zu solcher **„Kassen-Revision“** nothwendigen Aufzeichnungen in bestimmter Form vorzunehmen, um sich auch nach Verlauf längerer Zeit noch über etwa vorgekommene Ueberschüsse oder Fehlbeträge zuverlässig unterrichten, bezw. auch die stete Uebereinstimmung von Soll- und Ist-Bestand nachweisen zu können. Wir benutzen zu dem Zwecke die folgende buch- oder aktenmäßige Einrichtung (s. S. 46):

In der Ueberschrift der ersten Rubrik finden wir zunächst die Bezeichnung des Monats, dann ist über jeder einzelnen Betrag-Kolonne der Tag angegeben, an welchem die Eintragungen erfolgten. Am 3. Januar

Formular 4.

Kassen-Revisionen.

Januar	3.		6.								31.	
	ℳ	₰	ℳ	₰	ℳ	₰	ℳ	₰	ℳ	₰	ℳ	₰
Summa der												
Einnahme	451	35	2451	35							4358	30
Ausgabe	100	—	640	—							2749	80
Soll-Bestand:	351	35	1811	35							1608	50
Banknoten à 1000 ℳ	—	—	1000	—							—	—
„ à 100 „	200	—	300	—							400	—
„ à 20 „	60	—	40	—							80	—
„ à 5 „	15	—	10	—							35	—
Gold in Rollen . .	—	—	—	—							500	—
„ lose	40	—	110	—							210	—
Silber in Rollen .	—	—	150	—							50	—
„ lose . . .	15	—	165	20							214	—
„ „ . . .	5	50	—	—							36	50
Nickel und Kupfergeld												
in Rollen . . .	—	—	10	—							32	—
lose	1	85	8	15							13	05
Koupons	6	—	10	—							28	25
Portomarken . . .	5	—	5	—							7	20
Wechsel-Stempel . .	3	—	2	90							2	50
Ist-Bestand:	351	35	1811	25							1608	50
			Minus 10 Pf.									

	3.	6.	31.
Direktor:	**Würdig**		**Würdig**
Kassirer:	**Treu**	**Treu**	**Treu**
Kontroleur:	**Hell**	**Hell**	

findet zuerst eine Kassenprüfung statt. Es werden zunächst die Summen der Einnahmen und der Ausgaben notirt und der daraus sich ergebende „Soll-Bestand". Hiernach folgen die Beträge der verschiedenen vorhandenen Geldsorten, deren Summe von Mk. 351.35 den Ist-Bestand in Uebereinstimmung mit dem Soll-Bestande ergiebt. Die Erläuterungen in dem linken breiten Raum des Formulars beziehen sich selbstredend auf alle in beliebiger Zahl aneinandergereihten Betrag-Kolonnen. Eine Abweichung des Istbestandes vom Sollbestande wird unter den Feststellungen jeder Kolonne vermerkt wie die am 6. Januar fehlenden 10 Pfennige, und es folgen schließlich auch die Unterschriften der bei der Revision betheiligten Vorstandsmitglieder.

Der Soll-Bestand der Kasse wird natürlich sowohl nach dem Kassen-Journal wie nach dem Kontrolbuche ermittelt, um die Uebereinstimmung dieser Bücher zu prüfen.

Je nach der Vertheilung der Arbeiten unter die Vorstandsmitglieder wird man das einfache Kassenbuch auch durch den Kassirer und das Kassen-Journal durch den Kontroleur führen lassen können.

c) Die Kassen-Hülfsbücher.

Für gewisse häufig wiederkehrende Buchungsposten gleicher Art pflegt man Hilfsbücher zu führen, um daraus nur die monatlichen Summen jener Einnahmen bezw. Ausgaben ins Kassen-Journal zu übertragen, und dieses so von all zu vielen Buchungen kleinster Beträge zu entlasten. Für die Einzahlungen der Mitglieder auf den Geschäftsantheil, sowie für die Porti und sonstige kleine Unkosten, auch für die in der Hauptsache nur in einer bestimmten, begrenzten Zeit vorkommenden Dividendenauszahlungen sind solche Einrichtungen von praktischem Nutzen.

Besonders häufig in Anwendung ist

Die Beitrags-Liste
über Einzahlungen auf den Geschäftsantheil.
Formular Nr. 5.

In dieser Liste sollen die im Laufe jedes Monats von den Mitgliedern auf den Geschäftsantheil geleisteten Einzahlungen vermerkt werden, um am Monatsschluß deren Summe ermitteln zu können, und dann erst diese in Kassen-Einnahme zu buchen, um ferner festzustellen, wieviel jedes Mitglied insgesammt im Laufe des Jahres eingezahlt hat, und diese jährliche Gesammteinzahlung auf dessen persönliches Konto zu übertragen. Dann hat aber diese Liste noch einen besonderen Zweck, sie gewährt eine Kontrole über die Erfüllung der Beitragspflicht Seitens der Mitglieder.

Es mag im Statut unserer Genossenschaft bestimmt sein, daß jedes Mitglied auf den 300 Mk. betragenden Geschäftsantheil monatlich mindestens eine Mark einzahlen muß. Wir verzeichnen nun in der Beitragsliste zunächst die Namen aller Mitglieder, die den Geschäftsantheil noch nicht voll eingezahlt haben in alphabetischer Reihenfolge, die Namen neu Beitretender werden diesem Verzeichniß an-

Formular 5. **Beitrags-**

19

Laufende Nr.	Konto-Folio	Namen der Mitglieder	Eintrittsgeld ℳ	Eintrittsgeld ₰	Soll zahlen einschl. Rückstände ℳ	Soll zahlen einschl. Rückstände ₰	Einzahlungen auf Januar ℳ	Januar ₰	Februar ℳ	Februar ₰	März ℳ	März ₰	April ℳ	April ₰	Mai ℳ	Mai ₰
1	1	Arndt, Heinrich, Lehrer	Begründer		—	—	—	—	50	—	—	—	—	—	—	—
2	"	Becker, G., Tischlermstr.	"		7	—	—	—	6	—	—	—	—	—	—	—
3	2	Graßhoff, Richard, Landwirth	"		—	—	12	—	20	—	—	—	—	—	—	—
4	"	König, August, Arbeiter	"		12	—	—	—	2	—	1	—	—	—	1	—
5	3	Scheller, Friedrich, Kaufmann	"		—	—	100	—	—	—	—	—	—	—	—	—
6	"	Wilde, Carl, Buchhändler	"		12	—	—	—	3	—	—	—	—	—	—	—
7	4	Lorentz, Rudolf, Bäcker	3	—	12	—	5	—	5	—	—	—	—	—	—	—
8	"	Voigt, Marie, Wittwe geb. Müller . . .	3	—	12	—	3	—	—	—	1	50	—	—	—	—
9	5	Bergmann, Chr., Gastwirth	3	—	11	—			2	—	1	—	1	—	1	—
10	"	Riese, Joh., Maurermeister	3	—	11	—			60	—	40	—	—	—	100	—
		Summa:	324	—			120	—	148 Kass.-J. Nr. 29	—						

gefügt, und bei der jährlichen Neuanfertigung desselben der alphabetischen Ordnung eingereiht. Ein Mitglied, das seinen Geschäftsantheil voll-eingezahlt hat, braucht nicht mehr in der Beitragsliste geführt zu werden, da weitere Zahlungen auf dessen Antheil nicht mehr erfolgen. Wir finden deshalb den Namen des Mitgliedes Rob. Ehrhardt nicht mit angegeben, weil von diesem Anfangs gleich 300 Mk. gezahlt sind — s. Eröffnungsbilanz —.*)

*) Falls die Genossenschaft auf der beschränkten Haftpflicht beruht, und in Folge dessen den Erwerb mehrerer Geschäftsantheile zugelassen hat, so ist bei Erwerb eines weiteren Antheils mit dem die Einzahlungspflicht wieder entsteht, der Name solches Mitgliedes wie der eines Neubeitretenden nachzutragen.

Liste.

[illegible].

den Geschäftsantheil im:														Summa		Rest am Jahresschlusse		Anmerkungen
Juni		Juli		August		Sept.		Oktober		Novbr.		Dezbr.						
ℳ	₰	ℳ	₰	ℳ	₰	ℳ	₰	ℳ	₰	ℳ	₰	ℳ	₰	ℳ	₰	ℳ	₰	
—	—	—	—	—	—	—	—	50	—	—	—	—	—	100	—	—	—	
6	—	—	—	—	—	6	—	—	—	—	—	6	—	24	—	—	—	
—	—	—	—	—	—	—	—	—	—	23	—	—	—	55	—	—	—	
1	—	1	—	1	—	1	—	—	—	1	—	—	—	9	—	3	—	
—	—	—	—	—	—	—	—	100	—	—	—	—	—	200	—	—	—	
3	—	—	—	—	—	3	—	—	—	—	—	3	—	12	—	—	—	
—	—	—	—	—	—	—	—	2	—	—	—	—	—	12	—	—	—	
—	—	—	—	3	—	—	—	—	—	—	—	—	—	7	50	4	50	
1	—	1	—	1	—	1	—	1	—	1	—	—	—	11	—	—	—	
—	—	—	—	—	—	—	—	—	—	—	—	100	—	300	—	—	—	

Es sind in unserem Formulare für die Beitragsliste 12 Betrag-Kolonnen vorhanden zur Vermerkung der Einzahlungen in den verschiedenen Monaten. Der Vorstand darf den Mitgliedern keine schuldigen Einzahlungen erlassen, nach § 22 des Gesetzes betr. die Erwerbs- und Wirthschaftsgenossenschaften. Er wird daher sorgfältig überwachen müssen, ob jedes Mitglied seine statutarische Obliegenheit in dieser Beziehung erfüllt, und mit welcher Summe es sich eventuell im Rückstande befindet. Zu diesem Zwecke ist vor jenen 12 Betrag-Kolonnen eine solche vorgesehen, in der die für das Rechnungsjahr zu entrichtenden Beiträge einschließlich etwaiger

Rückstände notirt werden. Für die Summe der aus den einzelnen Monats-Beträgen sich ergebenden Gesammteinzahlung jedes Mitgliedes im Jahre und für die hiernach verbleibenden Rückstände sind am Schlusse zwei Kolonnen vorgesehen, die Ende des Jahres ausgefüllt werden. Vorauszahlungen für mehrere Monate oder Jahre kann natürlich jedes Mitglied leisten.

Der Lehrer Heinrich Arndt zahlte bei Begründung der Genossenschaft 50 Mk. ein, er hat damit auf 4 Jahre und 2 Monat seine Beitragspflicht im Voraus erfüllt und ist für 1900 nichts schuldig. Der Tischlermeister Becker zahlte dagegen bei der Begründung 5 Mk. ein, er hat folgedessen noch 7 Mk. für 1900 zu entrichten, die in der Kolonne „Soll zahlen" vermerkt sind, seine Einzahlung beträgt 24 Mk., so daß er am Jahresschlusse nichts mehr schuldig ist, sondern für 17 Monate im Voraus seiner Einzahlungspflicht genügt hat. Dagegen hat der Arbeiter August König von den für das ganze Jahr zu zahlenden 12 Mk. nur zusammen 9 Mk. entrichtet, er bleibt daher mit 3 Mk. im Rückstande, die wir in der letzten Kolonne verzeichnet finden. Für ihn wird in der nächstjährigen Beitrags-Liste die Rubrik „Soll zahlen" 15 Mk. aufweisen müssen, 3 Mk. Rest und 12 Mk. für 1901. Das im Februar neueingetretene Mitglied Chr. Bergmann hat vom Februar bis Dezember zusammen für 11 Monate Beiträge zu entrichten, die Gesammtzahlung von 11 Mk. entspricht dem, so daß kein Rest bleibt, und in der nächsten Liste 12 Mk. als Soll-Zahlung für das neue Jahr notirt werden.

Die Ermittlung der Summe der Monatszahlungen für jedes Mitglied gewährt, wie schon erwähnt, den Vortheil noch, daß wir auf dem Geschäftsantheil-Konto des Letzteren im Nebenbuche jährlich nur eine Zahlungsbuchung haben, die auf Grund der Beitragsliste erfolgt. Es ist in dieser daher eine Rubrik zur Angabe des „Konto-Folio" des Nebenbuches enthalten. In Letzterem geben wir dagegen bei den Buchungen die laufende Nummer der Beitragsliste an. Wann im Falle der Vorauszahlung von Beiträgen die Beitragspflicht von Neuem eintritt, ergiebt das später zu besprechende Skontro.

In unserem Formular der Beitrags-Liste finden wir schließlich auch noch eine Rubrik zur Einzeichnung der Eintrittsgelder. Dadurch haben wir eine Kontrole darüber, ob alle neuen Mitglieder ihre Eintrittsgelder zahlten.

Ende jeden Monats ist die Kolonne der in demselben gezahlten

Beiträge aufzuaddiren zwecks Buchung der Gesammtsumme in den Kassenbüchern. Unsere Beispiele ergeben für den Monat Februar eine Gesammteinzahlung von 148 Mk., die unter Nr. 30 des Einnahme-Journals gebucht ist. Die Journal-Nummer vermerken wir in diesem Falle unter dem Gesammtbetrage der betreffenden Kolonne. Zu berücksichtigen ist bei dieser Handhabung jedoch, daß bei dem täglichen Kassensturz zu den Einnahmen nach den Kassenbüchern auch die Beiträge aus dieser Liste gerechnet werden müssen. Das erfordert dann immer ein provisorisches Aufaddiren der betr. Monats-Kolonne, was bei kleinen Verhältnissen zwar unschwer möglich sein wird, dagegen bei einigem Umfang des Vereins beschwerlich würde. Daher wird man hier doch alle Einzahlungen einzeln direkt in die Kassenbücher eintragen. Dennoch empfiehlt sich die Führung solcher Beitrags-Liste wegen der von derselben sonst noch erfüllten Zwecke: Kontrole der statutarisch vorgeschriebenen Einzahlungen auf den Geschäftsantheil und Zusammenfassung der verschiedenen Einzahlungen im Laufe des Jahres zu einer Gesammtsumme für das Skontro.

Als Hilfs-Einrichtung für die Kassen-Führung ist ferner

das Porto-Buch

Formular Nr. 6

zu erwähnen.

In kleineren Genossenschaften zählt man häufig an Stelle des zur Anschaffung von Porto- und Stempel-Marken verwendeten Geldes den Markenvorrath als Kassenbestand. Wechselstempel werden ja durch die Mitglieder bei Bedarf sofort wieder baar ersetzt, ebenso Schlußnotenstempel. Stellt man die wirklichen Aufwendungen, die Porti 2c. dann in Kassenausgabe, so bildet der jeweilige Markenbestand beim Kassensturz einen Theil des Ist-Bestandes. Um aber alle die kleinen Porto-Beträge nicht einzeln als Kassa-Buchungen behandeln zu müssen, führen wir hierüber ein kleines Separat-Kassenbuch, in dem alle Porti in Ausgang, alle Markenanschaffungen im Eingang vermerkt werden, so daß wir jederzeit daraus ersehen können, in welchem Werthe Marken vorhanden sein müssen. Diese Aufzeichnungen würden in folgender Form geschehen — Seite 52 —:

Am 3. Januar sind für 5 Mk. Marken gekauft. Dieselben bilden an diesem Tage den Bestand. Am 6. Januar sind 15 Pf. davon verbraucht laut Ausgang, es bleibt mithin ein Markenvorrath von 4 Mk. 85 Pf.

Formular 6.

Porto-Buch.

Eingang.					Ausgang.				
1900					1900				
Jan.	3.	An angek. Marken Mk.	5	—	Jan.	6.	Per Brief a. d. Deutsch. Genossenschaftsbk. z. Berlin Mk.	—	10
	16.	„ desgl. „	3	—	„	6.	Per Brief an Rud. Lorentz hier . . . „	—	05
					„	11.	Per Karte an C. W. Faber, Berlin . . „	—	05
					„	16.	Per Brief an die Dtsch. Genossenschaftsbk. z. Berlin „	—	10
					„	20.	Per Brief an Anwaltsch. d. Dtsch. Erw.- u. Wirthsch.-Genossenschaften .	—	10
					„	26	Per Postanw. an Faber Berlin . . . „	—	40
					„	31	Ausg.-Jrn. Nr. 9: „	—	80
					„	„	Per Bestand . . . „	7	20
			8	—				8	—
Febr.	1.	An Bestand	7	20					

Da wir die Portoausgaben erst am Monatsschluß unseren Kassenausgaben hinzufügen wollen, so haben wir in Folge dessen bei den inzwischen stattfindenden Kontrolen des Kassenbestandes den für Anschaffung der Marken aufgewendeten vollen Baarbetrag, wie er sich aus dem Eingang des Separatbuches ergiebt, zum Ist-Bestande zu zählen. Daher verzeichneten wir auch bei der Kassen-Kontrole am 6. Januar als „Porto-Marken: Mk. 5.“ Am 16. Januar sind für 3 Mk. Marken hinzugekauft. Von da ab wurde also der Betrag von 8 Mk. zum Kassen-Ist-Bestande für Portomarken gezählt. Ende des Monats stellen wir die gesammten Porti mit Mk. —.80 in Kassen-Ausgabe — Ausgabe-Journal Nr. 9 — und haben dann Mk. 7.20 als wirklichen Markenvorrath zum Baarbestande hinzu zu rechnen, den wir auch in dem Separatbuche auf den folgenden Monat im Eingang vortragen.

Um Porto und Stempelmarken nicht als Kassenbestand zu führen, ist eine andere recht praktische Einrichtung in Gebrauch. Dieselbe besteht darin, daß zunächst eine ausreichende Summe, angenommen 20 Mk., für Marken verausgabt wird auf Unkosten-Konto. Diese 20 Mk., in Marken theils, theils in barem Gelde bestehend, werden als besondere

Porto- und Stempel-Marken-Kasse

für sich verwaltet. Dieselbe dient zugleich zur Bestreitung kleiner Unkosten wie Bestellgeld für Postsendungen, Telegrammgebühren u. dgl. Alle derartige Ausgaben wie auch alle Porti werden in derselben Weise wie im Portobuche notirt. Die sich hieraus am Monatsschluß ergebende Summe buchen wir dann in Kassen-Ausgabe, und führen den Betrag dafür in baar an die Marken-Kasse ab, wodurch der Bestand der Letzteren immer wieder auf 20 Mk. gebracht wird. Für die entnommenen Wechselstempelmarken wird der dafür vom Wechseleinreicher gezahlte Betrag direkt der Marken-Kasse zugeführt, so daß sich ihr Bestand in diesem Falle gar nicht ändert. Das baare Geld wird nach Bedarf wieder zu Markenanschaffungen benutzt. Am Jahresschluß nimmt man die 20 Mk. wieder in die Haupt-Kasse hinein durch Vereinnahmung auf Unkosten-Konto, und Anfang des folgenden Jahres trennt man sie von derselben wieder durch Verausgabung, wie erst erwähnt. Nur am Jahresschluß zählt dann der Bestand der Marken- und Stempel-Kasse zum Kassen-Ist-Bestande.

Andere Hilfseinrichtungen für die Kasse finden hier und da Verwendung, zum Beispiel eine Ausgabeliste für Dividendenzahlungen, deren Gesammtsumme täglich oder wöchentlich oder monatlich in das Kassen-Journal übernommen wird. Die betreffende Liste enthält nur Rubriken für Datum, Namen der Empfänger, Skontro-Folio und Betrag.

Seltener noch ist ein Separat-Kassenbuch für Spareinlagen in Gebrauch. Eingerichtet wie ein einfaches Kassenbuch soll dasselbe hauptsächlich den Zweck erfüllen, Unterschriften als Bescheinigung der Einlagen und insbesondere der Abhebungen in einer besonderen Rubrik neben den betreffenden Buchungen aufzunehmen. Die zu wahrende, strengste Diskretion spricht gegen diese Einrichtung, deren Zweck durch einzelne Bescheinigungs-Formulare in gleicher Weise erreicht werden kann.

Die Einrichtung von Hilfsbüchern in solchen oder anderen Richtungen kann schließlich dem Ermessen der Genossenschaft überlassen bleiben, die Erfahrung in der Praxis wird in der Beziehung die beste Lehrmeisterin sein.

B. Das Hauptbuch.

Formular Nr. 7.

Der Zweck des Hauptbuches ist uns bekannt aus den Ausführungen über das Wesen der doppelten Buchhaltung. Es sollen im Hauptbuche die Geschäftsvorkommnisse nach ihren verschiedenen Arten so zusammengestellt werden, daß jederzeit der Bestand an Forderungen und Schulden der Genossenschaft, der Vermögensstand daraus zu ermitteln ist. Hierzu dienen die Konten, wie sie die folgende Hauptbuch-Einrichtung erkennen läßt — Seite 56—63 —.

Jedes Konto umfaßt zwei Seiten des Hauptbuches, die linke „Debet"- und die rechte „Kredit"-Seite. Auf jeder Konto-Seite sind zwei Betrag-Kolonnen. Die erste derselben dient zur Buchung der einzelnen Monatsumsätze, während die zweite Kolonne die Bestände am Jahresanfang, dann am Jahresschluß das Gesammtergebniß aus den in der ersten Kolonne enthaltenen Zahlen und schließlich noch die Abschlußbuchungen aufnimmt.

Zunächst errichten wir in dem Hauptbuche das Kassa-Konto, dann folgen die Konten der von unseren Geschäftsvorkommnissen berührten Wirthschaftsgebiete: Geschäftsantheil-Konto, Reservefond-Konto, Vorschuß-Konto, Bank-Konto, Effekten-Konto, Inventar-Konto, Spareinlagen-Konto, Depositen-Konto, Zinsen-Konto, Unkosten-Konto. Die weiter noch aufgeführten drei Hauptbuch-Konten: Dividenden-Konto, Gewinn- und Verlust-Konto und Bilanz-Konto gebrauchen wir erst bei dem Jahresabschlusse, wir nehmen daher einstweilen nur kurz Notiz von denselben. Auch sollen uns die Abschluß-Buchungen auf diesen wie auf den übrigen Konten jetzt nicht beschäftigen, wir kommen auf dieselben bei der Aufstellung der Jahresrechnung zurück.

In erster Linie haben wir die am 1. Januar das Vermögen bezw. die Schulden der Genossenschaft ausmachenden Beträge als Bestände der Bilanz — „Bilanz-Saldo" — auf den betreffenden Konten zu verzeichnen. Wir müssen daher nach unserer Eröffnungs-Bilanz vom 1. Januar 1900 — s. diese — 400 Mk. Kassenbestand auf Kassa-Konto, 100 Mk. Inventar-Werth auf

Inventar-Konto als Bilanz-Saldo und zwar auf der Debet-Seite buchen, dagegen 500 Mk. Geschäftsguthaben der Mitglieder auf der Kredit-Seite des Geschäftsantheil-Konto.

Ende Januar übertragen wir weiter ins Hauptbuch die aus den Kassen-Journalen sich ergebenden Summen. Es sind im Januar insgesammt Mk. 3958,30 eingenommen, die wir dem Kassa-Konto des Hauptbuchs — Seite 1 — belasten mit der Bezeichnung „An verschiedene Kreditoren", denn das Kassa-Konto ist diese Einnahme-Summe an die im Rubriken-Journal bezeichneten Konten schuldig geworden. Demgemäß übertragen wir auch auf die Kreditseiten der letzteren die auf sie nach dem Rubriken-Journal entfallenden Einnahme-Beträge. Dem Geschäfts-Antheil-Konto werden 120 Mk., dem Reservefond-Konto 6 Mk., dem Bank-Konto 1500 Mk. kreditirt u. s. w. Hierbei findet die Bezeichnung „Per Kassa-Konto" Anwendung, denn durch das — oder per — Kassa-Konto sind diese Konten Gläubiger geworden.

Die im Januar verausgabten Mk. 2749,80 bringen wir ins Kredit des Kassa-Konto mit dem Vermerk „Per verschiedene Debitoren", denn das Kassa-Konto ist dafür Gläubiger geworden durch die Belastung der Konten, auf die sich die Ausgaben nach dem Rubriken-Journal vertheilen. Wir stellen demgemäß 880 Mk. auf Vorschuß-Konto, 500 Mk. auf Effekten-Konto, 1000 Mk. auf Depositen-Konto u. s. w. ins Debet.*) In gleicher Weise wird dann mit den Februar-Buchungen Ende dieses Monats verfahren, und so fort bis Jahresschluß.

Sind die Dezember-Einnahmen und -Ausgaben übertragen, so werden die Eintragungen in der ersten Rubrik jeder Konto-Seite durch den Additionsstrich abgeschlossen, und der aus ihnen sich ergebende Gesammtbetrag — Jahresumsatz des Kontos — in der zweiten Kolonne ausgeworfen, wie das in den Konten unseres Formulars nach Andeutung der weiteren Monats-Buchungen zum Ausdruck gebracht ist.

*) Da jedes Konto für alle Beträge, die auf seiner Debet-Seite stehen, Schuldner an ein oder mehrere andere Konten ist, und für alle Beträge seiner Kreditseite Gläubiger durch die Belastung anderer Konten geworden ist, so beginnen dementsprechend alle Buchungen auf der Debet-Seite mit „An", auf der Kredit-Seite mit „Per". Das gilt für die Hauptbuch-Konten sowohl wie für die Konten in den Nebenbüchern.

Formular 7.

Haupt

1

Debet. **Kassa-**

1900							
Januar	1.	An Bilanz-Saldo				400	—
„	31.	„ verschiedene Kreditoren .	1	3 958	30		
Februar	28.	„ „ „	2	5 926	40		
		u s. w.					
						131 372	60
1901						131 772	60
Januar	1.	An Bilanz-Konto				837	45

2

Debet. **Geschäftsantheil-**

1900							
Dezember	31.	An Bilanz-Konto	M.-F.3			11 650	—
						11 650	—

3

Debet. **Reservefonds-**

1900							
Dezember	31.	An Bilanz-Konto	M.-F. 3			540	—
						540	—

4

Debet. **Vorschuß-**

1900							
Januar	31.	An Kassa-Konto	1	880	—		
Februar	28.	„ do.	2	1 230	—		
		u. s. w					
Dezember	31.	„ Prolongationen		54 534	—	104 249	—
1901						104 249	—
Januar	1.	An Bilanz-Konto				38 148	—

buch.

Konto. Kredit. 1

1900							
Januar	31.	Per verschiedene Debitoren . .	1	2 749	80		
Februar	28.	„ „ „	2	6 704	—		
		„ u. s. w.					
						130 935	15
Dezember	31.	„ Bilanz-Konto	M.-F.3			837	45
						131 772	60

Konto. Kredit. 2

1900							
Januar	1.	Per Bilanz-Saldo				500	—
„	31.	„ Kassa-Konto	1	120	—		
Februar	28.	„ do.	2	148	—		
		u. s. w.					
						11 150	—
						11 650	—
1901							
Januar	1.	Per Bilanz-Konto				11 650	—
Februar	10.	„ Dividenden-Konto . . .	M.-F.3	5	—		

Konto. Kredit. 3

1900							
Januar	31.	Per Kassa-Konto	1	6	—		
Februar	28.	„ do.	2	6	—		
		u. s. w.					
						324	—
Dezember	31.	„ Gewinn- und Verlust-Konto	M.-F. 3			216	—
						540	—
1901							
Januar	1.	Per Bilanz-Konto				540	—

Konto. Kredit. 4

				Prolongat.					
1900									
Februar	28.	Per Kassa-Konto .	2	150	—	630	—		
		u. s. w.							
Dezember	31.	„ Prolongationen		54 534	—	54 534	—	66 071	—
„	„	„ G.- u. V.-Konto	M.-F.1					30	—
„	„	„ Bilanz-Konto .	„ 3					38 148	—
								104 249	—

5

Debet. **Bank-**

1900							
Februar	28.	An Kassa-Konto	2	3000	—		
		„ u. s. w.					
		„					
		„				10 000	—
Dezember	31.	„ Zinsen-Konto	M.-F.2			30	75
1901						10 030	75
Januar	1.	An Bilanz-Konto				715	60

6

Debet. **Effekten-**

1900							
Januar	31.	An Kassa-Konto	1	500	—		
Februar	28.	„ do. ...	2	1420	—		
		„ u. s. w.					
						7 299	50
Dezember	31.	An Gewinn- und Verlust-Konto	M.-F.2			97	25
1901						7 396	75
Januar	1.	An Bilanz-Konto				5 851	10

7

Debet. **Inventar-**

1900							
Januar	1.	An Bilanz-Konto				100	—
„	31.	„ Kassa-Konto	1	300	—		
Februar	28.	„ do.	2	6	50	306	50
		„					
		„					
1901						406	50
Januar	1.	An Bilanz-Konto				365	85

8

Debet. **Spareinlagen-**

1900							
Februar	28.	An Kassa-Konto	2	20	—		
		„ u. s. w.					
		„					
		„				6 157	05
Dezember	31.	„ Bilanz-Konto ..	M.-F.3			25 976	20
						32 133	25

Konto. 5

Kredit.

1900							
Januar	31.	Per Kassa=Konto	1	1500	—		
Februar	28.	„ do.	2	1420	—		
		„ u s. w.				9299	50
Dezember	31.	„ Zinsen=Konto	M.=F.2			15	65
„	31.	„ Bilanz=Konto	„ 3			715	60
						10 030	75

Konto. 6

Kredit.

1900							
Februar	28.	Per Kassa=Konto	2	505	—		
		„ u. s. w.					
		„				1 530	25
Dezember	31.	„ Gewinn= u. Verlust=Konto	M.=F.2			15	40
„	31.	„ Bilanz=Konto	„ 3			5 851	10
						7 396	75

Konto. 7

Kredit.

1900							
Dezember	31.	Per Gewinn= u. Verlust=Konto	M.=F.2			40	65
„	31.	„ Bilanz=Konto	„ 3			365	85
						406	50

Konto. 8

Kredit.

1900							
Januar	31.	Per Kassa=Konto	1	325	—		
Februar	28.	„ do.	2	700	—		
		„ u. s. w.					
		„				31 908	55
Dezember	31.	„ Zinsen=Konto	M.=F.1			224	70
						32 133	25
1901							
Januar	1.	Per Bilanz=Konto				25 976	20

9

Debet. **Depositen-**

1900							
Januar	31.	An Kassa-Konto	1	1 000	—		
Februar	28.	„ do.	2	1 000	—		
		„ u. s. w.					
		„				2 450	—
Dezember	31.	„ Bilanz-Konto	M.-F.3			7 400	—
						9 850	—

10

Debet. **Zinsen-**

1900							
Februar	28.	An Kassa-Konto	2	5	65		
		u. s. w.					
						55	10
Dezember	31.	„ Spareinlagen-Konto . . .	M.-F.1			224	70
„	31.	„ Zinsen-Konto	„ 1			126	70
„	31.	„ do. (Neue Rechnung)	„ 1			20	70
„	31.	„ do.	„ 1			118	50
„	31.	„ Gewinn- u. Verlust-Konto .	„ 2			1 017	10
„	31.	„ Bank-Konto	„ 2			15	65
„	31.	„ Gewinn- u. Verlust-Konto	„ 2			15	10
„	31.	„ Bilanz-Konto	„ 3			245	20
1901						1 838	75
Januar	1.	An Bilanz-Konto				20	70

11

Debet. **Unkosten-**

1900							
Januar	31.	An Kassa-Konto	1	69	80		
Februar	28.	„ do.	2	21	85		
		„ u. s. w.					
		„				318	—
Dezember	31.	„ Unkosten-Konto	M.-F.3			20	—
„	31.	„ Bilanz-Konto	„ 3			20	—
						358	—

Konto. 9

Kredit.

1900							
Januar	31.	Per Kassa-Konto	1	2 000	—		
Februar	28.	„ do.	2	2 500	—		
		„					
		„				9 850	—
						9 850	—
1901							
Januar	1.	Per Bilanz-Konto				7 400	—

Konto. 10

Kredit.

1900							
Januar	31.	Per Kassa-Konto	1	7	—		
Februar	28.	„ do.	2	17	30		
		u. s. w.					
						1 127	30
Dezember	31.	„ Gewinn- u. Verlust-Konto	M.-F. 1			237	60
„	31.	„ Zinsen-Konto (Neue Rechnung)	„ 1			126	70
„	31.	„ Gewinn- u. Verlust-Konto	„ 1			156	50
„	31.	„ Zinsen-Konto	„ 1			20	70
„	31.	„ do. (Neue Rechnung)	„ 1			118	50
„	31.	„ Bank-Konto	„ 2			30	75
„	31.	„ Bilanz-Konto	„ 3			20	70
						1 838	75
1901							
Januar	1.	Per Bilanz-Konto				245	20

Konto. 11

Kredit.

1900							
Januar	31.	Per Kassa-Konto	1	—	30		
Februar	28.	„ do.	2	—	10		
		„ u. s. w.					
		„				12	—
Dezember	31.	„ Unkosten-Konto (N. Rechnung)	M.-F. 3			20	—
„	31.	„ Gewinn- u. Verlust-Konto	„ 3			326	—
						358	—
1901							
Januar	1.	Per Bilanz-Konto				20	—

12

Debet. **Dividenden-**

1900						
Dezember	31.	An Bilanz-Konto M.-F.3			25	—
					25	—
1901						
Februar	10.	An Geschäftsantheil-Konto . . M.-F.3	5	—		

13

Debet. **Gewinn- und**

1900						
Dezember	31.	An Zinsen-Konto — Spareinlage-Zinsen — M.-F.1	237	60		
„	31.	„ Zinsen-Konto — Depositen-Zinsen — . . . . . . „ 1	156	50		
„	31.	„ Vorschuß-Konto — Verlust — . . . . „ 1	30	—		
„	31.	„ Effekten-Konto — Koursverlust — . . . . . . „ 2	15	40		
„	31.	„ Inventar-Konto — Abschreibung — . . . . . „ 2	40	65		
„	31.	„ Unkosten-Konto — Geschäftsunkosten — . . . . . . „ 3	326	—	806	15
„	31.	„ Dividenden- und Reservefond-Konto . . . . . „ 3			241	—
„	31.	„ Bilanz-Konto . . . . . . „ 3			82	30
					1129	45

14

Debet. **Bilanz-**

1900						
Dezember	31.	An Kassa-Konto M.-F.3	837	45		
„	31.	„ Vorschuß-Konto . . . . . „ 3	38148	—		
„	31.	„ Bank-Konto . . . . . . „ 3	715	60		
„	31.	„ Effekten-Konto . . . . . . „ 3	5851	10		
„	31.	„ Inventar-Konto . . . . . „ 3	365	85		
„	31.	„ Zinsen-Konto . . . . . . „ 3	20	70	45938	70
					45938	70

Konto. 12

Kredit.

1900 Dezember	31.	Per Gewinn- u. Verlust-Konto	M.-F.3			25	—
						25	—
1901 Januar	1.	Per Bilanz-Konto				25	—

Verlust-Konto. 13

Kredit.

1900 Dezember	31.	Per Zinsen-Konto — Vorschuß-Zinsen	M.-F.2	1 017	10		
„	31.	„ Zinsen-Konto — Bank-Zinsen —	„ 2	15	10		
„	31.	„ Effekten-Konto — Kours-gewinn u. Effekten-Zinsen	„ 2	97	25	1 129	45
						1 129	45
1901 Januar	1.	Per Bilanz-Konto				82	30

Konto. 14

Kredit.

1900 Dezember	31.	Per Geschäftsantheil-Konto . .	M.-F.3	11 650	—		
„	31.	„ Reservefond-Konto . . .	„ 3	540	—		
„	31.	„ Spareinlagen-Konto . .	„ 3	25 976	20		
„	31.	„ Depositen-Konto . . .	„ 3	7 400	—		
„	31.	„ Zinsen-Konto	„ 3	245	20		
„	31.	„ Unkosten-Konto	„ 3	20	—		
„	31.	„ Dividenden-Konto . . .	„ 3	25	—		
„	31.	„ Gewinn- u. Verlust-Konto	„ 3	82	30	45 938	70
						45 938	70

Das Vorschuß-Konto enthält auf der Kredit-Seite noch eine besondere Rubrik für die Buchung der aus der Prolongations-Rubrik des Kassen-Einnahme-Journals sich für jeden Monat ergebenden Gesammtbeträge der Prolongationen. Auch diese Hauptbuch-Konto-Rubrik ist lediglich eine Notiz-Rubrik. Aus ihr können wir am Jahresschluß die Summen der Prolongationen für das ganze Jahr ermitteln. Indem wir alsdann diese den Umsätzen auf Vorschuß-Konto sowohl im Debet als auch im Kredit anfügen, erreichen wir so auf einfachste Weise den gewinnbringenden, das heißt den für den Zinsenertrag maßgebenden Gesammtumschlag der Vorschuß-Geschäfte, ohne die umständliche und schon bei der Behandlung der Kassen-Journale widerrathene Buchung der Prolongations-Beträge in Einnahme und Ausgabe dieser.

Bei jeder Uebertragung ins Hauptbuch wird die Seite des Kassen-Journals, aus dem dieselbe erfolgt, in der vor den Betrag-Kolonnen vorgesehenen Rubrik angemerkt.

Aus dem so geführten Hauptbuche fertigen wir monatlich eine Uebersicht der Forderungen der Genossenschaft — Aktiva — und der Schulden — Passiva — derselben an. Zu diesem Zwecke benutzen wir

das Bilanz-Buch.

Formular Nr. 8.

Für jene Uebersichten oder Monats-Bilanzen ist je eine Seite in diesem Buche bestimmt. Wir ermitteln zunächst die sogenannte Roh- oder Probe-Bilanz. Die Zusammenstellung der Summen aller Hauptbuch-Seiten wird hiermit bezeichnet. Wir addiren demnach auf jedem Konto die sämmtlichen Beträge der Debet-Seite sowohl wie der Kredit-Seite auf, unter Hinzurechnung der Bestände Anfang des Jahres zu den Umsätzen der betreffenden Seite, und verzeichnen dann die Konten unter einander, sowie in einer Debet- und einer Kredit-Rubrik dazu die so erhaltenen „Gesammtsummen" derselben. Diese beiden Zahlenreihen müssen bei Aufrechnung gleiche Endergebnisse liefern, wenn alles richtig übertragen worden ist. Ergiebt sich diese Uebereinstimmung, so setzen wir für jedes Konto aus dessen Seitensummen nach der Probebilanz den Saldo fest und verzeichnen die Debet-Saldi als Aktiva, die Kredit-Saldi als Passiva in zwei getrennten Kolonnen, die natürlich auch gleiche Endergebnisse liefern müssen. Hierbei kommen, wie uns bereits bekannt ist, alle Geschäftserträge — Zinsen — unter die Passiven, alle Geschäftslasten — Unkosten — unter die Aktiven. Die Ermittelung des Gewinnergebnisses aus diesen werden wir bei der Aufstellung der Jahresrechnung kennen lernen.

Um uns den Monatsumsatz zu vergegenwärtigen, enthält die folgende Einrichtung des Bilanzbuches noch ferner zwei Rubriken, über-

Formular 8.

Bilanz-Buch.

Monat Januar 1900.

Umsatz im Monat				Gesammtsumme				Konti	Saldo			
Debet		Kredit		Debet		Kredit			Aktiva		Passiva	
M	Pf	M	Pf	M	Pf	M	Pf		M	Pf	M	Pf
3958	30	2749	80	4358	30	2749	80	Kassa-Konto	1608	50	—	—
—	—	120	—	—	—	620	—	Geschäftsantheil-Konto	—	—	620	—
—	—	6	—	—	—	6	—	Reservefond-Konto . .	—	—	6	—
880	—	—	—	880	—	—	—	Vorschuß-Konto . . .	880	—	—	—
—	—	1500	—	—	—	1500	—	Bank-Konto	—	—	1500	—
500	—	—	—	500	—	—	—	Effekten-Konto . . .	500	—	—	—
300	—	—	—	400	—	—	—	Inventar-Konto . . .	400	—	—	—
—	—	325	—	—	—	325	—	Spareinlagen-Konto .	—	—	325	—
1000	—	2000	—	1000	—	2000	—	Depositen-Konto . .	—	—	1000	—
—	—	7	—	—	—	7		Zinsen-Konto . . .	—	—	7	—
69	80	—	30	69	80	—	30	Unkosten-Konto . . .	69	50	—	—
6708	10	6708	10	7208	10	7208	10		3458	—	3458	—

Monat Februar 1900.

Umsatz im Monat				Gesammtsumme				Konti	Saldo			
Debet		Kredit		Debet		Kredit			Aktiva		Passiva	
M	Pf	M	Pf	M	Pf	M	Pf		M	Pf	M	Pf
5926	40	6704	—	10284	70	9453	80	Kassa-Konto	830	90	—	—
—	—	148	—	—	—	768	—	Geschäftsantheil-Konto	—	—	768	—
—	—	6	—	—	—	12	—	Reservefond-Konto . .	—	—	12	—
1230	—	630	—	2110	—	630	—	Vorschuß-Konto . . .	1480	—	—	—
150	—	150	—	150	—	150	—	Prolongationen . . .	—	—	—	—
3000	—	1420	—	3000	—	2920	—	Bank-Konto	80	—	—	—
1420	—	505	—	1920	—	505	—	Effekten-Konto . . .	1415	—	—	—
6	50	—	—	406	50	—	—	Inventar-Konto . .	406	50	—	—
20	—	700	—	20	—	1025	—	Spareinlagen-Konto .	—	—	1005	—
1000	—	2500	—	2000	—	4500	—	Depositen-Konto . .	—	—	2500	—
5	65	17	30	5	65	24	30	Zinsen-Konto . . .	—	—	18	65
21	85	—	10	91	65	—	40	Unkosten-Konto . . .	91	25	—	—
12780	40	12780	40	19988	50	19988	50		4303	65	4303	65

schrieben mit „Umsatz im Monat" zur Aufnahme der im Laufe des Monats auf jedem Konto gebuchten Beträge. Links von den Konto-Bezeichnungen stehen zunächst diese Rubriken, dann die Rubriken für die Gesammtsummen, rechts davon die Saldo-Rubriken. Die Ermittelung der Gesammtsummen ist durch diese Einrichtung auch erleichtert, wir brauchen die Umsatzzahlen des jeweiligen Monats immer nur zu den Gesammtsummen des vorigen Monats zu zählen, um die neuen Gesammtsummen zu erhalten. Auf Kassa-Konto betrugen zum Beispiel

die Gesammtsummen für Januar . . .	im Debet	Mk.	4358.30,	im Kredit	Mk.	2749.80
die Umsätze im Februar	„	„	„ 5926.40,	„	„	„ 6704.—
mithin die Gesammtsummen für Februar	im Debet	Mk.	10284.70,	im Kredit	Mk.	9453,80

Mit Hilfe dieses Bilanz-Buches können wir außer für den Schluß jedes Monats auch zu jeder beliebigen anderen Zeit ohne große Mühe den Vermögensstand feststellen, wir brauchen nur zu den Zahlen der Roh-Bilanz des vergangenen Monats die Umsätze des laufenden Monats nach den Kassen-Journal-Rubriken hinzuzuzählen, und können danach ohne großen Zeitaufwand für jedes Konto den Saldo ermitteln.

Wir gehen nunmehr zur Besprechung der

Konto-Nebenbücher

über, in denen wir das geschäftliche Verhältniß der Genossenschaft zu den einzelnen Personen darlegen wollen, von denen dieselbe etwas zu fordern hat, oder denen sie etwas schuldig geworden ist. Die zu diesem Zwecke zu errichtenden Konten werden nach den verschiedenen Wirthschaftsgebieten von einander in besonderen Büchern abgetheilt.

Um das einzelne Konto schnell auffinden zu können, muß jedes Nebenbuch mit einem alphabetischen Register zur Einzeichnung der Namen der Kontoinhaber und der Seitenzahl des Kontos versehen werden.

Ferner sei im Voraus zu den folgenden Bücher-Einrichtungen bemerkt, daß es sich empfiehlt, die Geschäftsvorkommnisse täglich auf die Konten der Nebenbücher zu übertragen, so daß diese Arbeiten stets bis auf den laufenden Tag besorgt sind, oder wie man kurz zu sagen pflegt, daß die Bücher „à jour" sind.

C. Das Geschäftsantheil-Konto.

Formular Nr. 9.

Die Einzahlungen jedes Mitgliedes im Laufe des Jahres haben wir zunächst in die Beitrags-Liste eingetragen — s. Formular Nr. 5 —. Aus dieser bringen wir dieselben in einer Summe auf ein für das Mitglied errichtetes Konto, wobei wir auf diesem die Nummer der Beitragsliste, in letzterer die Seite des Kontos angeben.

Das Konto trägt als Ueberschrift den Namen des Mitgliedes. Es sind auf jedem Konto, solange der Inhaber desselben der Genossenschaft angehört, in der Regel nur Kreditposten zu buchen, da Rückzahlungen erst nach Beendigung der Mitgliedschaft erfolgen können. Wir benutzen aus diesem Grunde nur eine Seite für jedes Konto und versehen dieses mit einer Debet- und einer Kredit-Rubrik. In der Kredit-Rubrik vermerken wir die eingezahlten Summen und die gutgeschriebenen Dividenden, also alles, was Guthaben des Mitgliedes ist, und ferner auch den hieraus sich ergebenden Bestand am Anfang jeden Jahres. Die Debet-Rubrik dient zur Aufnahme des nach dem Ausscheiden des Mitgliedes zurückgezahlten Guthabenbetrages und zu etwa abzuschreibenden Theilbeträgen vom Guthaben, falls Verluste solche nöthig machen sollten.

Die Mitglieder bekommen für ihre Einzahlungen auf den Geschäftsantheil keine Zinsen von bestimmter Höhe, sondern eine Dividende aus dem Reingewinne, die nach Prozenten des Guthabens festgesetzt wird. Zum Nachweise dieser Dividendenvergütung enthält das Konto ferner Rubriken, die das Jahr, den Prozentsatz und den Betrag derselben bezeichnen. Es werden hierin sowohl die gutgeschriebenen wie die ausgezahlten Dividenden gebucht. Nur der Betrag der ersteren wird durch Einstellung in die Kredit-Rubrik dem Guthaben-Bestande zugeführt.*)

Es ist jedenfalls unthunlich, die zur Auszahlung kommenden Dividenden auch dem Guthaben zuzuführen, und sie dann als Guthaben-

*) Nach den Bestimmungen der meisten Genossenschaften werden, wie in unseren Beispielen, die Dividenden dem Geschäftsguthaben solange zugeschrieben, als der Geschäftsantheil noch nicht erreicht ist. Erst wenn dieser erfüllt ist, kommen sie zur Auszahlung. Verschiedentlich hat man auch eine niedrigere Guthabensumme bestimmt, nach deren Erreichung die Dividende schon abgehoben werden kann.

Formular 9.

Geschäftsantheil-Konto.

(Nebenbuch.)

a) Die Dividendenberechtigung beginnt mit dem 1. Januar des auf die Einzahlung folgenden Jahres.

Heinrich Arndt, Lehrer, hier.

Datum		Uebertragungs-Nr.	Gegenstand	Debet ℳ	Debet ₰	Kredit ℳ	Kredit ₰	Dividende Jahr	Dividende %	Dividende Betrag ℳ	Dividende Betrag ₰	Anmerkungen
1899												
Dezbr.	31.	—	Einzahlung bei der Begründung			50	—					bis Febr. 1904
1900												
Dezbr.	31.	1	desgl. im Jahre 1900 . .			100	—					„ Juni 1912
1901												
Januar	1.		Bestand			150	—					
Februar	10.	1	Dividenden-Gutschrift			2	50	1900	5	2	50	

Rob. Ehrhardt, Rentier, hier.

Datum		Uebertragungs-Nr.	Gegenstand	Debet ℳ	Debet ₰	Kredit ℳ	Kredit ₰	Dividende Jahr	Dividende %	Dividende Betrag ℳ	Dividende Betrag ₰	Anmerkungen
1899												
Dezbr.	31.		Einzahlung bei der Begründung			300	—					voller Geschäftsantheil.
1901												
Januar	26.	16	Dividendenzahlung					1900	5	15	—	
1902												
März	2.	126	desgl.					1901	5½	16	50	

b) Die Dividendenberechtigung beginnt mit Anfang des auf die Einzahlung folgenden Vierteljahres.

Buchhändler **C. Wilde**, hier.

Datum		Uebertragungs-Nr.	Gegenstand	Debet ℳ	Debet ₰	Kredit ℳ	Kredit ₰	Dividende Jahr	Dividende %	Dividende Betrag ℳ	Dividende Betrag ₰	Anmerkungen
1900								1900				
März	31.	6	Einzahlung			3	—	¾ J.	5	—	11	bis März 1900
Juni	30.	6	desgl.			3	—	½ „	„	—	7	„ Juni 1900
Septbr.	30.	6	desgl.			3	—	¼ „	„	—	4	„ Sept. 1900
Dezbr.	30.	6	desgl.			3	—	—	„	—	—	„ Dez. 1900
1901								1901		—	22	
Januar	1.		Bestand			12	—	1 J.	5½	—	66	
Februar	15.	6	Dividendengutschrift			—	22					scheidet Ende
Juni	30.	9	Einzahlung			18	—	½ J.	„	—	49	1901 aus.
1902										1	15	
Januar	1.		Bestand			30	22					
Februar	25.	9	Dividendengutschrift			1	15					
„	„	96	Rückzahlung	31	37							
				31	37	31	37					

Rückzahlung bei der Auszahlung zu behandeln. Einmal muß eine Erhöhung des eigenen Vermögens durch Guthaben, die den Geschäftsantheil übersteigen, ausgeschlossen bleiben, da nach § 7 Ziffer 2 des Gen.-Gesetzes der Geschäftsantheil eine auf eine ganz bestimmte Summe begrenzte Kapitalbetheiligung des Mitgliedes ist. Dann läßt sich ferner eine Rückzahlung auf Guthaben-Konto auch nur durch das erfolgte Ausscheiden des Mitgliedes rechtfertigen nach §§ 22, 73 des Gen.-Gesetzes.

Wir buchen deshalb die nach Erfüllung unseres Geschäftsantheils von 300 Mk. ausgezahlten Dividenden in dem Kassen-Ausgaben-Journal in der Rubrik für das zu errichtende „Dividenden-Konto" und stellen sie demzufolge auch im Nebenbuche lediglich in die Dividendenrubrik ein. Dies hat den Zweck, daß wir uns aus dem Konto überzeugen können, ob alle Dividenden abgehoben sind, oder ob dies theils noch nicht geschehen ist.

Auf dem in dem Formular zum Geschäftsantheil-Nebenbuche enthaltenen Konto des Lehrer Heinrich Arndt ist zuerst dessen Einzahlung de Mk. 50.— bei der Begründung der Genossenschaft laut Eröffnungsbilanz eingetragen, darauf ist unter dem 31. Dezember 1900 die in diesem Jahre zu verzeichnende Gesammt-Einzahlung des Arndt mit 100 M. gutgeschrieben — siehe Nr. 1 der Beitrags-Liste —, so daß am 1. Januar 1901 das Geschäftsguthaben 150 Mk. beträgt. Angenommen die Genossenschaft wird für 1900 eine Dividende von 5 % auf die Guthaben-Bestände zu Anfang des Jahres 1900 gewähren, so würden auf diesem Konto 50 Mk. dividendenberechtigt und demnach Mk. 2.50 gutzuschreiben sein, die wir in der Dividenden-Rubrik und in der Kredit-Kolonne vermerken.

Der Rentier Rob. Ehrhardt hat am 31. Dezember 1899 bereits den vollen Geschäftsantheil eingezahlt = 300 Mk., für die er Mk. 15 Dividende für 1900 am 26. Januar des Jahres 1901, und Mk. 16.50 Dividende für 1901 am 2. März 1902 ausgezahlt erhält. Diese Beträge finden wir nur in der Dividenden-Rubrik, da sie das Geschäftsantheil-Konto in seinem Bestande nicht berühren; in dem Kassen-Journal werden sie auf Dividenden-Konto verausgabt.

Bei Buchung von Dividendenzahlungen ist neben dem Datum, an dem diese erfolgen, als Uebertragungs-Notiz die Nummer des Ausgabe-Journals, bei Dividendengutschriften die Nummer der Dividenden-Berechnungs-Liste anzugeben. Die Einrichtung der letzteren werden wir später bei der Jahresrechnung darlegen.

Wir haben bisher angenommen, daß die Einlagen der Mitglieder immer erst vom 1. Januar des auf dieselben folgenden Rechnungsjahres ab an der Dividende theilhaben. Auf dieser bei den meisten Genossenschaften zutreffenden Voraussetzung beruht die Gutschrift der Jahresbeiträge in einer Gesammtsumme im Skontro. Gewährt eine Genossenschaft aber Theil-Dividende auf die im Laufe des Jahres geleisteten Einzahlungen — s. Vorschuß- und Kredit-Vereine als Volksbanken VI. Auflage Seite 215 und folgende —, indem solche vielleicht von Anfang des auf die Einzahlung folgenden Vierteljahres ab berechnet wird, so müssen dann die Einzahlungen vierteljährlich übertragen werden, damit in dem Skontro die verschiedenartige Dividendenberechtigung derselben ersichtlich wird, und zugleich auch die Berechnung für die einzelnen Beträge erfolgen kann. Nach dem dritten als Beispiel hierfür angeführten Konto hat der Buchhändler C. Wilde in jedem Vierteljahr 3 Mk. eingezahlt — s. Beitragsliste Nr. 6 —, auf die im ersten Vierteljahr gezahlten 3 Mk. werden für $^3/_4$ Jahr 5 % = Mk. —,11, auf die im zweiten Vierteljahr gezahlten 3 Mk. für $^1/_2$ Jahr 5 % = Mk. —,07 und auf die im dritten Vierteljahr gezahlten 3 Mk. für $^1/_4$ Jahr 5 % = Mk. —,04 Dividende gewährt, zusammen also Mk. —,22, die wir unter dem Additionsstrich vormerken, um sie dann dem Bestande Anfang 1901 de Mk. 12,— gutzuschreiben. Für Letzteren berechnen wir später die Dividende pro 1901 zu $5^1/_2$ % mit Mk. —,66. Es sind ferner im ersten Halbjahr 1901 Mk. 18,— eingezahlt, die demnach nur für das zweite Halbjahr, also zur Hälfte an der Jahresdividende theilnehmen.

Nach dem Ausscheiden aus der Genossenschaft hört die fernere Dividendenberechtigung des Guthabens auf, dasselbe wird nach Zuschrift der letztjährigen Dividende dem Kontoinhaber ausgezahlt. Der Buchhändler Wilde mag Ende 1901 in Folge Aufkündigung oder aus einem anderen Grunde ausscheiden; es wird hierüber im Konto eine Anmerkung in dem dafür vorhandenen Raume gemacht, damit im Fall der Guthabenbetrag nicht im folgenden Jahre abgehoben werden sollte, derselbe künftig von der Dividendenberechnung ausgeschlossen bleibt. In vorliegendem Falle erfolgt die Rückzahlung am 25. Februar 1902, nachdem zuvor die Dividende gutgeschrieben ist. Die danach gezahlten Mk. 31.37 sind als Rückzahlung in der Debet-Rubrik des Kontos zu buchen unter Angabe der Nummer des Ausgabe-Journals. Das Konto wird dann mit Abschlußstrichen versehen, zwischen denen die gleichen Summen der Debet- wie Kredit-Seite eingetragen werden.

Um zu wissen, in welchem Umfange jedes Mitglied seiner statutarischen Beitragspflicht genügt hat, vermerken wir auf dessen Konto bei jeder Einzahlung als Anmerkung Monat und Jahr, bis wohin durch dieselbe die Mindestbeiträge gedeckt sind. Heinrich Arndt würde durch seine erste Einzahlung von 50 Mk. den angenommenen monatlichen Mindestbeitrag von 1 Mk. auf 4 Jahre und 2 Monate, also bis einschließlich Februar 1904 entrichtet haben. Die ersten 3 Mk. auf dem Konto C. Wilde reichen auf 3 Monate, bis März 1900, die zweiten 3 Mk. auf weitere 3 Monate, bis Juni 1900 und so fort. Wir ergänzen hierdurch die Kontrole der Beitragsliste und ersehen ferner hieraus den Zeitpunkt, wann bei Vorauszahlungen die Beitragspflicht von neuem eintritt.

D. Das Vorschuß-Konto.

Der Einzelnachweis der aus dem Vorschuß-Konto des Hauptbuches sich ergebenden Gesammt-Außenstände der Genossenschaft erfordert ebenfalls ein Nebenbuch mit Personen-Konten; er wird aber ferner durch die Wechsel selbst erbracht, die bei den Ausleihungen von der Genossenschaft hereingenommen sind. Die Bestände der Wechsel sowie deren Fälligkeit, und die geleisteten Zinsenzahlungen für die einzelnen Vorschüsse erfordern einen besonderen bücherlichen Nachweis. Bei den Vorgängen auf diesem Geschäftsgebiete kommt auch noch die von den Geldempfängern zu leistende Sicherstellung in Betracht, worauf wir daher bei unseren bücherlichen Einrichtungen mit Rücksicht zu nehmen haben.

Wir wollen zunächst das Nebenbuch, in dem jedem Vorschußnehmer ein Konto errichtet wird, kennen lernen:

a) Das Vorschuß-Kontobuch.

Formular Nr. 10a und 10b.

Man bezeichnet dies Buch auch mit Belastungs-Liste oder Engagements-Buch, da dasselbe nicht nur die Schulden des Mitgliedes nebst der geleisteten Sicherheit, sondern auch die Bürgschaftsverpflichtungen desselben umfaßt. Die Konten sind demgemäß wie das folgende Formular erkennen läßt, derart auf zwei Seiten vertheilt, daß auf der linken Seite die eigenen Verpflichtungen des Kontoinhabers, auf der rechten Seite die von ihm übernommenen Bürgschaften gebucht werden. Außer den uns bereits bekannten

Formular 10a.

Vorschuß-Konto.

Eigene Verpflichtungen. **C. Wilde,**

Datum		Nummer des Wechsels	Nummer des Kassa-Journals	Betrag ℳ	Betrag ₰	fällig am	Bürge bezw. Pfandsicherheit	Erledigung Datum		Erledigung Journal-Nr.	durch Rückzahlung ℳ	durch Rückzahlung ₰	durch Prolongation ℳ	durch Prolongation ₰
1900						1900								
Januar	3.	1	1	100	—	3./4.	Heinrich Arndt	April	4.	164	—	—	100	—
März	20.	18	35	50	—	20./6.	Rudolf Lorentz	Juni	22.	302	—	—	50	—
April	4.	1	Prol.	100	—	3./7.	Heinr. Arndt	Juli	7.	376	—	—	100	—
Juni	22.	18	„	50	—	20./9.	Rudolf Lorentz	Septbr.	30.	581	50	—	—	—
Juli	7.	1	„	100	—	3./10.	Heinr. Arndt	Oktober	4.	612	20	—	80	—
						1901								
Oktober	4.	1	„	80	—	3./1.	derselbe							

Rudolf Lorentz,

1900								1900						
Januar	13.	2	4	180	—	13./2.	Sparbuch über 206 Mk. 50 Pf.	Februar	14.	22	30	—	150	—
Februar	14.	2	Prol.	150	—	14./5.	desgl.							

Konto-Rubriken enthalten beide Seiten noch solche zur Bezeichnung der Wechsel-„Nummer“, des „Fälligkeitstages“, des Bürgen bezw. Pfandes und der Erledigung.

Wir haben zu beachten, daß dieses Konto nicht nur erkennen lassen soll, wieviel der Inhaber desselben insgesammt nach Abzug der Kreditposten von den Debetposten schuldig ist, bezw. für welchen Gesammtbetrag er sich verbürgt hat, sondern daß wir auch die einzelnen Wechselforderungen, aus denen sich die Saldi zusammensetzen, übersichtlich zum Ausdruck bringen wollen. Zu dem Zwecke buchen wir jede Zahlung auf einen Wechsel diesem gegenüber in den Rubriken für die „Erledigung“; ist der Wechsel nicht oder nicht ganz bezahlt, sondern prolongirt, so dient die Vermerkung

Buch (Belastungsbuch).

Buchhändler, hier. **Bürgschaften.**

Datum		Nummer des Wechsels	Nummer des Kassa-Journals	Betrag ℳ	Betrag ₰	fällig am	Schuldner	Erledigung Datum		Journal-Nr.	durch Rückzahlung ℳ	durch Rückzahlung ₰	durch Prolongation ℳ	durch Prolongation ₰

Bäcker, hier.

Datum		Nummer des Wechsels	Nummer des Kassa-Journals	Betrag ℳ	Betrag ₰	fällig am	Schuldner	Erledigung Datum		Journal-Nr.	durch Rückzahlung ℳ	durch Rückzahlung ₰	durch Prolongation ℳ	durch Prolongation ₰
Februar	17.	5	15	30	—	17./5.	Aug. König	Mai	18.	245	—	—	30	—
März	20.	18	35	50	—	20./6.	C. Wilde	Juni	22.	302	—	—	50	—
Mai	18.	5	Prol.	30	—	17./8.	Aug. König	August	19.	475	5	—	25	—
Juni	22.	18	„	50	—	20./9.	C. Wilde	Sept.	30.	581	50	—	—	—
August	19.	5	„	25	—	17./11.	Aug. König							

des prolongirten Betrages zur vollständigen Erledigung des betreffenden Postens. Den prolongirten Vorschuß tragen wir in diesem Falle zugleich neu vor. Der Buchhändler C. Wilde erhielt am 3. Januar 100 Mk. unter Bürgschaft von Heinrich Arndt bis zum 3. April — s. Ausgabe-Journal Nr. 1 —. Wir nehmen an, derselbe empfängt am 20. März weitere 50 Mk. unter der Bürgschaft von Rudolf Lorentz bis zum 20. Juni. Beide Posten finden wir auf dem ersten Konto der Belastungsliste vermerkt. Am 4. April wird der erste, am 22. Juni der zweite derselben voll auf weitere 3 Monate prolongirt, unter diesen Daten werden demgemäß als „Erledigung“ die Beträge in der Prolongationsrubrik vermerkt und die Vorschüsse von neuem eingetragen, wobei an Stelle einer Kassen-Ausgabe-Nummer die Notiz „Prolongation", abgekürzt „Prol." gemacht wird. Der Vorschuß über 100 Mk. wird dann am 7. Juli bis zum 3. Oktober und am 4. Oktober bis zum 3. Januar des folgenden Jahres prolongirt, in letzterem Falle mit 20 Mk. Abzahlung, die in die Rückzahlungsrubrik gelangen, wonach 80 Mk. für die Prolongationsrubrik und zum Vortrag verbleiben. Inzwischen ist der zweite Vorschuß über 50 Mk. als ganz zurückgezahlt gebucht.

Auf dem Konto Rudolf Lorentz finden wir den nach unserem Ausgabe-Journal Nr. 4 gewährten zweiten Vorschuß über 180 Mk. und auch dessen am 14. Februar im Einnahme-Journal gebuchte Erledigung durch 30 Mk. Abzahlung und 150 Mk. Prolongation.

Wir ersehen hieraus, daß jede Vorschuß-Buchung bei eintretender Veränderung durch Abzahlung, Prolongation oder Rückzahlung mittelst eines Gegenpostens voll ausgeglichen wird, so daß immer die Posten, die noch ohne Gegenbuchung in den Erledigungs-Rubriken sind, die sogenannten „offenen Posten", als Schuld-Saldi in Betracht kommen. Es ist demgemäß auch kein jährlicher Abschluß des Kontos nöthig, da gewissermaßen jede einzelne Eintragung für sich durch ihren Gegenposten als abgeschlossen gilt.

Die gleiche Behandlung wie die eigenen Vorschüsse des Konto-Inhabers erfahren auch die Bürgschaftsverpflichtungen desselben auf der zweiten Kontoseite. Der Bäcker Rudolf Lorentz hat nach dem zweiten Konto Bürgschaft für den am 17. Februar an Aug. König gewährten Vorschuß von 30 Mk. übernommen — s. Kassen-Ausgabe Nr. 15 — und ferner nach unserer vorhergehenden Annahme auch für den Buchhändler Wilde wegen dessen Vorschusses vom 20. März über 50 Mk. Ersterer Posten ist am 18. Mai voll und am 19. August mit 5 Mk. Abzahlung prolongirt. Die Buchungen des zweiten Postens wiederholen sich hier in gleicher Weise wie auf dem vorhergehenden Konto des Schuldners C. Wilde. Es ist demzufolge also jeder durch Bürgschaft sichergestellte Vorschuß in der Belastungsliste zweimal zu buchen, einmal auf dem Konto des Schuldners auf der linken — Schuld- — Seite, einmal auf dem Konto des Bürgen auf der rechten — Bürgschafts- — Seite.

Eine andere Einrichtung der Belastungsliste enthält das Formular Nr. 10b. Während wir vorher Vorschuß- und Bürgschaftsbelastungen vollständig von einander trennten, haben wir hier nur für deren Beträge getrennte Rubriken, wohingegen für alle anderen

Vermerke gemeinsame Rubriken vorgesehen sind. Die Handhabung ist im Uebrigen vollständig gleich derjenigen nach Formular 10a. Wir finden den in Letzterem auf dem Konto C. Wilde gebuchten Vorschuß über 100 Mk. vom 3. Januar hier als Bürgschafts-Verpflichtung des Lehrers Heinrich Arndt nebst seinen Prolongationen vom 4. April, 7. Juli und 4. Oktober. Inzwischen ist zunächst der am 24. Januar

Formular 10b.

Vorschuß-Kontobuch — Belastungsliste —.

Heinrich Arndt, Lehrer, hier.

Datum		Nummer des Wechsels	Nummer des Kassen-Journals	Belastung durch Eigene Vorschüsse ℳ	₰	Belastung durch Bürgschaften ℳ	₰	fällig am	Bürge oder Sicherheit, bezw. Schuldner	Erledigt Datum		Journal-Nr.	durch Rückzahlung ℳ	₰	durch Prolongation ℳ	₰
1900								1900		1900						
Januar	3.	1	1			100	—	3./4.	*C. Wilde*	April	4.	164			100	—
„	24.	3	8	600	—			24./3.	Mk. 800 Mecklenb. Hyp.-Pfandbr.	Februar	24.	28	600	—	—	—
April	4.	1	Prol.			100	—	3./7.	*C. Wilde*	Juli	7.	376			100	—
Juli	7.	1	„			100	—	7./10.	*ders.*	Oktober	4	612	20	—	80	—
August	15.	104	321	300	—			15./11.	H. Krüger	Novbr.	15.	730			300	—
								1901								
Oktober	4.	1	Prol.			80	—	3./1.	*C. Wilde*							
Novbr.	15.	104	„	300	—			15./2.	H. Krüger							

von Arndt entnommene Betrag von 600 Mk. — s. Ausgabe-Journal Nr. 8 — und dessen Rückzahlung am 24. Februar — s. Einnahme-Journal Nr. 28 — gebucht, und ferner ein am 15. August gewährter und am 15. November prolongirter Vorschuß über 300 Mk.

Die in dem mittleren breiten Raum dieses Formulars angegebenen Bürgen und Schuldner sind, je nachdem es sich um Vorschüsse oder Bürgschaften des Kontoinhabers handelt, leicht als solche zu unterscheiden. Außer der Trennung ihrer Beträge kann man eventuell noch zur weiteren Unterscheidung beider Belastungsarten die Vorschüsse mit schwarzer, die Bürgschaften mit rother Tinte eintragen, was durch den schrägen Druck der Letzteren angedeutet ist.

Die Wahl unter beiden Formularen kann der Genossenschaft überlassen bleiben, es hat sich das eine wie das andere in der Praxis der Vereine bewährt.

b) Die Vorschußwechsel-Liste.

Formular Nr. 11.

Die Vorschußwechsel-Liste hat den Zweck, eine Kontrole zu gewähren über die zur Beurkundung der ausgeliehenen Darlehen in den Besitz der Genossenschaft gelangten Wechsel, sie soll deren Fälligkeit und Erledigung durch Prolongation oder Rückzahlung, sowie die auf jeden einzelnen Wechsel erfolgten Abzahlungen und Zinsenzahlungen nachweisen.

Wir tragen die Vorschußwechsel der Zeitfolge ihres Entstehens nach in die nach dem folgenden Formular eingerichtete Liste unter fortlaufender Nummer ein, die wir zugleich auf dem Wechsel selbst vermerken. Neben der Bezeichnung des Schuldners sowie des Bürgen oder der etwaigen sonstigen Sicherheiten befindet sich links davon eine mit „Debet", rechts eine mit „Kredit" überschriebene Rubriken-Abtheilung, die zur Aufnahme der Vorschüsse sowie Rückzahlungen dienen, so daß also unter „Debet" die verausgabten neuen Vorschüsse, unter „Kredit" die vereinnahmten Abzahlungen gebucht werden, erstere unter Angabe des Fälligkeitstages. Wir finden dementsprechend den am 3. Januar dem Buchhändler C. Wilde gewährten Vorschuß über 100 Mk. als ersten, die danach am 13. Januar dem Bäcker Lorentz gewährten 180 Mk. als zweiten Posten im Debet unserer Vorschuß-Liste. Von dem letzteren Betrage wurden am 14. Februar 30 Mk. zurückgezahlt — laut Einnahme-Journal Nr. 22 —, 150 Mk. auf 3 Monate aber verlängert. Wir haben diese prolongirte Summe in unserem Einnahme-Journal bei Buchung der Zinsen in der Notizrubrik vermerkt und tragen sie nun mit dem neuen Fälligkeitstage des Vorschusses — 13. Mai — in die entsprechenden Rubriken der Vorschuß-Liste ein. Schließlich werden in dieser auch die sämmtlichen Zinseneinnahmen für die Vorschüsse und Prolongationen gebucht. Am 3. Januar sind für Vorschuß Nr. 1 Mk. 1.25, am 13. Januar für Vorschuß Nr. 2 Mk. —.75, am 14. Februar für die Prolongation des Vorschusses Nr. 2 Mk. 1.90 Zinsen eingenommen. Wir finden diese Beträge mit den betreffenden Einnahme-Journal-Nummern in den Rubriken für „gezahlte Zinsen".

Zu jedem Vorschuß ist ein ausreichender Raum vorgesehen, um die auf denselben im Laufe des ganzen Jahres erfolgenden Abzahlungen, seine Prolongationen und Zinsen aufzunehmen. Da in der Regel die Vorschüsse auf 3 Monate gewährt und auf gleiche Fristen verlängert werden, so genügt es meistens vier Zeilen für jene Buchungen vorzusehen. Es entsteht dadurch gewissermaßen für jeden Vorschuß eine Art Abrechnungs-Konto. Aus diesem ergiebt sich durch Abzug der Kredit-Beträge von den Debet-Beträgen der jeweilige Bestand der Wechselforderung, der auch dem letztprolongirten Betrage derselben entspricht. Den Bestand am Jahresschlusse notiren wir in der Saldo-Rubrik neben der letzten Prolongationsbuchung, um dann alsbald nach Jahresschluß hiernach die Wechsel-Liste für das folgende Jahr aufzustellen. Es werden zu dem Zwecke die vorhandenen Wechsel mit ihrer ursprünglichen Nummer, die sie stets beibehalten, nach einander, wie die Saldi in der alten Liste auf einander folgen, im Debet vorgetragen. Dabei wird als „Datum" der 1. Januar des neuen Jahres und an Stelle einer Kassen-Journal-Nummer in der Rubrik für diese das Wort „Saldo" vermerkt. Bezahlte Wechsel fallen mit ihrer Nummer natürlich in der neuen Liste aus. Da der Wechsel Nr. 3 am 24. Februar ganz zurückgezahlt ist — Einnahme-Journal Nr. 28 —, so wird demnach in der neuen Liste auf Wechsel Nr. 2 der Wechsel Nr. 4 gleich folgen. Die neugewährten Vorschüsse schließen sich der Nummerfolge des alten Jahres an, so daß wenn in diesem 126 Vorschüsse gewährt waren, der erste Vorschuß des neuen Jahres die Nummer 127 erhält.

Etwa rückvergütete Zinsen für vor Fälligkeit bezahlte Wechsel notiren wir mit rother Tinte unter den Zinszahlungen und Additionen dieser, um bei Feststellung aller Zinsen-Einnahmen am Jahresschluß, auch hierüber einen Nachweis zu haben und danach den wirklichen Zinsenertrag des Vorschußgeschäftes aus der Wechsel-Liste ermitteln zu können. Hierzu ist weiter erforderlich, daß wir etwaige restirende Zinsen und ebenso für das folgende Jahr vorauserhobene Zinsen berechnen. Die beiden Vorschüsse Nr. 4 und 5 in unserer Liste zeigen ihren Verlauf bis zum Jahresschlusse. Der erstere Vorschuß ist am 9. November in Höhe von 1000 Mk. bis zum 7. Februar des nächsten Jahres verlängert worden, wobei bis zu diesem Tage auch die Zinsen gezahlt sind. Vom 1. Januar ab bis 7. Februar gehören die Zinsen offenbar dem Ertrage des alten Jahres nicht an, sondern dem des neuen Jahres. Dagegen blieb der folgende Vorschuß in Höhe von

Formular 11.

Vorschuß-
19

Laufende Nr.	Debet: Datum		Kassa-Jrn.-Nr.	Betrag ℳ	₰	Fälligkeit		Name des Schuldners	Name des Bürgen bezw. Sicherheit
	1900					1900			
1.	Januar	3.	1	100	—	April	3.	Wilde, C., Buchhändler, hier	Heinrich Arndt
2.	Januar	13.	4	180	—	Februar	13.	Lorentz, Rudolf, Bäcker, hier	Spareinlagebuch der städt. Sparkasse de Mk. 206.50 Depot Nr. 1.
3.	Januar	24.	8	600	—	März	24.	Arndt, Heinrich, Lehrer hier	Effekten de Mk. 800.— Depot Nr. 2.
4.	Februar	7.	12	1200	—	Mai	7.	Becker, G., Tischlermstr., hier	Hypothek de Mk. 1500.— Depot Nr. 3.
5.	Februar	17.	15	30	—	Mai	17.	König, August, Arbeiter	Rud. Lorentz
6.									
7.									
8.									
				49715					Summen am Jahresschlusse

Wechsel-Liste.

00.

Kredit Datum		Kassa-Jrn.-Nr.	Betrag M	Pf	Prolongation Betrag M	Pf	Fälligkeit		Kassa-J.-Nr.	Gezahlte Zinsen Betrag M	Pf	Saldo am Jahresschlusse M	Pf	Tage	Zinszahlen für voraus erhobene Zinsen	restierende Zinsen
									4	1	25					
									9	—	75					
Februar	14.	21	30	—	150	—	Mai	13.	22	1	90					
									14	5	—					
Februar	24.	27	600	—			Rückvergütet		18	2	50					
										2	50					
									19	15	—					
Mai	20.		—	—	1200	—	August	7.	257	15	—					
August	10.	436	200	—	1000	—	Novbr.	7.	436	12	50					
Novbr.	9.	702	—	—	1000	—	Februar	7.	702	12	50	1000	—	37	370	
									27	—	40					
Mai	18.		—	—	30	—	August	17.	245	—	35					
August	19.	475	5	—	25	—	Novbr.	17.	475	—	25	25	—	44		11
										1127	30					
										12	40					
			11 537	—	54 534	—				1114	90	38178	—		8532	1490
							Verlust: Wechsel Nr. 48					30	—	Zu 5% =	M 118.50	M 20.70
												38148	—			
												= H.-B. Fol. 4				

25 Mk. seit seinem letzten Fälligkeitstage — 17. November — unerledigt. Die Genossenschaft hat daher am 31. Dezember an den Schuldner außer der Wechselforderung noch eine Forderung an Zinsen für die Zeit vom 17. November bis 31. Dezember, also für 44 Tage. Um beide Arten von Zinsen zu berechnen, vermerken wir zu jedem Saldo in den mit „Zinszahlen" überschriebenen Rubriken zunächst die Zahl der Tage, die zwischen dem Fälligkeitstage und dem Jahresschlusse liegen, und danach in getrennten Rubriken die Zinszahlen der für das nächste Jahr „vorauserhobenen" und der für das laufende Jahr „restirenden" Zinsen. Die Zinszahl ist das durch 100 dividirte Produkt aus dem Saldo und der Zahl jener Tage. Auf die Zinsenberechnung mittelst solcher Zinszahlen werden wir in einem besonderen Abschnitte am Schlusse des ersten Theiles näher eingehen. Die Verwerthung der für die Vorschüsse vorauserhobenen — Antecipando — Zinsen und der Restzinsen lernen wir beim Jahresschluß kennen. Vorläufig ist lediglich die Verwendung des vorliegenden Formulars von Wichtigkeit. Von wesentlichem Nutzen ist es, daß wir darin immer gleich bei der Buchung solcher Posten, deren Fälligkeitstag über den Jahresschluß hinausreicht, die Zinszahlen der vorauserhobenen Zinsen berechnen und vermerken können. Am 9. November buchen wir z. B. die Prolongation des Vorschusses Nr. 4 mit dem 7. Februar als künftigen Fälligkeitstag. Dabei vermerken wir dann gleich die Zahl der Tage über den Jahresschluß hinaus = 37 und die Zinszahl für 1000 Mk. dazu $= \frac{1000 \times 37}{100} = 370$. Auf diese Weise können wir für die Jahresrechnung vorarbeiten. Die Berechnung der Zahlen der Restzinsen, ist natürlich erst nach Jahresschluß möglich.

Jede Seite der Vorschuß-Wechsel-Liste wird, nachdem alle Buchungen bis zum Jahresschluß bewirkt sind, in sämmtlichen Betrag-Kolonnen aufaddirt, um wieder durch Zusammenstellung dieser Seiten-Summen das Gesammtergebniß der Vorschußgewährungen, der Rückzahlungen, Prolongationen und Zinszahlungen ermitteln zu können. So bietet uns die Vorschuß-Wechsel-Liste eine werthvolle Kontrole des ganzen Vorschuß-Geschäftes.

c) Der Fälligkeits-Kalender.

Formular Nr. 12.

Die Vorschüsse werden auf eine bestimmte Zeit, in der Regel nicht über 3 Monate hinaus gewährt. Erst nach Ablauf dieser Frist kann die Genossenschaft die nun fällige Forderung wieder zu den flüssigen Mitteln rechnen, insofern natürlich mit der Zahlungsfähigkeit des Schuldners zu rechnen ist. Ein sachgemäßer und nutzbringender Geschäftsbetrieb erfordert, daß der Vorstand sich stets darüber unterrichtet hält, welche Vorschüsse von Tag zu Tag fällig werden. Er

Fälligkeits-Kalender.

Formular 12.

13. Februar 1900.

2	Rud. Lorentz	Pfand	180	—

14. Februar, 15. Februar u. s. w.

24. März 1900.

3	Heinr. Arndt	Pfand	600	—

25. März u. s. w.

3. April 1900.

1	C. Wilde	Heinr. Arndt	100	—

4. April, 5. April u. s. w.

wird danach für pünktliche Erledigung der Wechsel sorgen und ferner über etwaige Anschaffung von Mitteln oder Anlage flüssiger Bestände richtige Entschlüsse fassen — richtig disponiren — können. In der Vorschußwechsel-Liste haben wir die Vorschüsse der Zeitfolge nach, wie sie gewährt sind, eingetragen; zu obigem Zwecke müssen wir dieselben nun auch ihrer Fälligkeit nach zusammenstellen. Das geschieht durch den sogenannten „Fälligkeitskalender“.

In dem nach dem Formular Nr. 12 eingerichteten Kalender ist für jeden Tag des Jahres ein genügender Raum vorgesehen. Jeder gewährte wie prolongirte Vorschuß wird unter dem Datum, an dem er fällig ist, nach Nummer, Schuldner, Bürge bezw. Pfand und Betrag vermerkt. Das geschieht am Besten nach den Wechseln selbst, bevor sie dem übrigen Bestande wieder eingereiht werden. Bei den Prolongationen wird zu diesem Behufe auf dem Wechsel sowohl der neue Fälligkeitstag wie auch die etwaige Abzahlung und zwar auf einem überstehenden breiteren Papierrande des Wechsels angegeben.

Die Erledigung des Vorschusses durch Prolongation oder Rückzahlung kann am einfachsten durch Unterstreichen des Betrages desselben im Fälligkeits-Kalender angedeutet werden.

Hierbei mag noch die Aufbewahrungsart der Wechsel erwähnt werden. Dieselbe findet theils nach den laufenden Nummern, also in der Reihenfolge der Vorschuß-Wechsel-Liste statt, theils wohl auch nach dem Namen der Schuldner in alphabetischer Folge dieser. Am praktischsten und daher zu empfehlen ist jedoch die Anordnung der Wechsel nach dem Fälligkeitstage, so daß sie so auf einander folgen, wie sie im Fälligkeitskalender verzeichnet sind. Auf diese Weise hat der Vorstand in den fälligen Papieren stets auch die etwaigen Reste zur Hand, und wird dadurch ein äußerer Anlaß mit zur Sorge für pünktliche Erledigung gegeben. Der Fälligkeitskalender wird bei dieser Anordnung natürlich nicht überflüssig, es können bei Letzterer Irrthümer unterlaufen, die alsdann durch den Kalender sich herausstellen und korrigirt werden.

d) Das Depot-Buch.

Formular Nr. 13.

Die für gewährte Vorschüsse hinterlegten Pfänder — börsengängige Werthpapiere, Sparkassenbücher, Hypotheken-Dokumente u. dgl. — sind zwar keine Vermögensstücke, die zu den Aktiven zählen, sie kommen vielmehr nur als Sicherheiten für solche Vermögens-Objekte — Vorschüsse — in den Besitz der Genossenschaft. Es ist aber für diese und desgleichen für etwa zur Aufbewahrung der Genossenschaft übergebene Werthe ebenfalls ein bücherlicher Nachweis nothwendig und auch gesetzlich vorgeschrieben. Das Depotgesetz vom 5. Juli 1896 bestimmt, daß

ein Kaufmann, welchem im Betriebe seines Handelsgewerbes Aktien, Kuxe, Interimsscheine, Erneuerungsscheine (Talons), auf den Inhaber lautende oder durch Indossament übertragbare Schuldverschreibungen, oder vertretbare andere Werthpapiere, mit Ausnahme von Banknoten und Papiergeld, unverschlossen zur Verwahrung oder als Pfand übergeben sind, verpflichtet ist:

1. . . . .
2. ein Handelsbuch zu führen, in welches die Werthpapiere jedes Hinterlegers oder Verpfänders nach Gattung, Nennwerth, Nummern oder sonstigen

Unterscheidungsmerkmalen der Stücke einzutragen sind; der Eintragung steht die Bezugnahme auf Verzeichnisse gleich, welche neben dem Handelsbuche geführt werden. Die Eintragung kann unterbleiben, insoweit die Werthpapiere zurückgegeben sind, bevor die Eintragung bei ordnungsmäßigem Geschäftsgange erfolgen konnte.

Für das hiernach zu führende Depot-Buch benutzen wir die auf der folgenden Seite veranschaulichte Einrichtung. Jedem Deponenten — Pfandgläubiger — wird ein mit seinem Namen überschriebenes Konto eröffnet, das in seiner Ueberschrift ferner noch die fortlaufende Kontonummer und die Bezeichnung der beiden Haupttheile des Kontos, des „Eingangs" und „Ausgangs" von Depôts enthält.

Die Pfänder tragen wir darin einer Nummernfolge nach ein, die für jedes Konto mit 1 beginnt. Es folgt dann das „Datum" der Hinterlegung, die „Bezeichnung des Depots" nebst dem „Betrage" — Nominalbetrage — desselben. Für Effekten-Depots ist die Angabe der „Littera", „Serie" und „Nummer" der Stücke nöthig. Auf dem Konto Nr. 1 und 2 sind die von Rudolf Lorentz und von Heinrich Arndt für ihre Vorschüsse hinterlegten Werthe — ein Spareinlagebuch und 800 Mk. Effekten — eingetragen, — s. auch Vorschuß-Liste Nr. 2 und 3 —. Wegen ihrer Nummernbezeichnung sind die Effektenbeträge immer nur nach den über gleiche Summen lautenden Stücken zusammenzufassen, die 800 Mk. Mecklenb. Hypotheken-Pfandbriefe bestehen in einem Stück über 300, einem über 500 Mk.; die auf Konto Nr. 2 eingetragenen 3 Stück Preußische $3^1/_2$ $^0/_0$ige Konsols sind in einer Summe = Mk. 1500 benannt, da sie über je 500 Mk. lauten. Die Angabe der Nummernbezeichnung bei den Effekten ermöglicht zugleich eine Kontrole etwaiger Verloosung solcher.

Ferner ist unter den Spezialrubriken für Effekten eine solche für die „Zinstermine" vorgesehen, es werden darin die Fälligkeitstage der Koupons notirt. Dies hat den praktischen Werth, daß der Vorstand nur das Depot-Buch durchzusehen braucht, um zu wissen, bei welchen Hinterlagen Koupons fällig sind, deren Trennung er im Interesse der Kundschaft rechtzeitig bewirken wird.

In der letzten Eingangsrubrik ist angegeben, wie hoch die Pfänder beliehen sind. Dadurch wird bei Prüfung derselben eine leichte Kontrole in Hinsicht auf die Kreditgewährung ermöglicht, insofern zum Beispiel für gewisse Werthpapiere bestimmte Beleihungs-

Formular 13. **Depot-**

Eingang. **Nr. 1.** **Rudolf Lorentz,**

Laufende Nr.	Datum		Bezeichnung des Depots	Betrag		Effekten Litt.	Serie	Nummer	Zins-Termine
	1900								
1	Jan.	13.	Ein Spareinlagenbuch der städtischen Sparkasse — Nr. 1245 —	ℳ	206 50				

Nr. 2. **Heinrich Arndt,**

1	Jan.	24.	2 Mecklenburg. Hypoth.-Pfandbriefe	ℳ „	300 — 500 —	C D	III III	1220 718	1./4. 1./10.
2	April	1.	3 St. $3^1/_2$ % Preußische Konsols	ℳ	1500 —	G	von 1891	~~1518~~ 68120 179	1./1. 1./7.
3									

Nr. 24. **Konto für**

			G. Becker, Tischlermstr., hier						
1	Febr.	7.	Hypothek auf Wohnhaus in der . . . . . str. Nr. . . . über an II. Stelle eingetragene ℳ 1000, Grundbuch Bd. 10, Blatt 46; nebst Sicherheits-Cession.	ℳ	1500 —				
			Rob. Ehrhardt, Rentier, hier						
2	Febr.	10.	Ein Preußischer Staats-schuldschein.	ℳ	500 —	G	I	785	1./1. 1./7.

Buch.

Bäcker, hier. **Ausgang.**

Beliehen mit Mark	Datum		Betrag		Quittung	Anmerkungen
180						Gekündigt zum 15. Mai 1900

Lehrer, hier.

Beliehen mit Mark	Datum		Betrag		Quittung	Anmerkungen
600	Febr.	24.	ℳ 800	—	Nebenstehende Depots zurückempfangen zu haben bescheinigt: Heinrich Arndt	Mit Pfandschein
—	Nov.	15.	ℳ 500	—	Heinrich Arndt	Zur Aufbewahrung

Verschiedene.

Beliehen mit Mark	Datum		Betrag		Quittung	Anmerkungen
1200						
—						Zur Aufbewahrung

grenzen von der Genossenschaft festgesetzt sind, oder die Beurtheilung der Flüssigkeit der Mittel eine Berücksichtigung der Hypotheken Beleihungen erfordert.

Bei Rückgabe von Effekten dienen die Ausgangs-Rubriken zur Buchung des Datums der Rückgabe und des Betrages der Stücke, sowie zur Quittungsunterschrift des Empfängers. Wird von mehreren unter einer Nummer aufgeführten Effektenstücken nur ein Theil zurückgezogen, dann bleibt durch Angabe des Betrags im Ausgang und Durchstreichung der Nummern der zurückgegebenen Stücke der verbliebene Bestand weiter übersichtlich zu erkennen. Auf Konto Nr. 2 ist von den unter Nr. 2 deponirten 3 Stück Preußischen Konsols über 1500 Mk., ein Stück Nr. 1518 über 500 Mk. am 15. November zurückgegeben, es bleiben mithin die Nr. 68120 und 179 über zusammen 1000 Mark im Besitze der Genossenschaft.

Die letzte Rubrik soll zu Anmerkungen dienen. Wir geben darin an, zu welchem Termine eine dem Vereine verpfändete Spareinlage gekündigt ist — s. Konto Nr. 1 — ob über ein Depot dem Deponenten ein Pfandschein ausgefertigt ist, auf dessen Rückgabe bei der Wiederaushändigung des Pfandes zu achten sein wird — s. Konto Nr. 2 Ziffer 1 —, daß eingetragene Werthe nur zur Aufbewahrung übergeben sind — s. Konto Nr. 2 Ziffer 2 und Konto Nr. 24 Ziffer 2 — u. s. w.

Die Einrichtung des Depot-Buches kann auch so erfolgen, daß man die Depots der Reihenfolge ihres Eingangs nach unter fortlaufender Nummer verzeichnet. Es ist dann nur eine Rubrik für den Namen des Deponenten vor derjenigen der Depotbezeichnung einzuschalten. Bei ganz geringen derartigen Beständen mag das genügend sein. Im Allgemeinen ist jedoch die Kontoeinrichtung vorzuziehen, sie ermöglicht, mehrere zu verschiedenen Zeiten von einem Mitgliede gegebene Pfänder sofort zu übersehen, ohne sie erst unter verschiedenen Nummern und auf verschiedenen Seiten des Depot-Buches suchen zu müssen, wie es bei Aufzeichnung der Depots in chronologischer Reihenfolge nöthig sein würde. Für Einzel-Pfandstücke oder für nur vorübergehend hinterlegte Werthobjekte kann man auch ein allgemeines Konto errichten, auf dem dieselben unter Ueberschreibung mit dem Namen des Eigenthümers der Reihe nach eingetragen werden. Das in unserem Formulare aufgenommene „Konto für Verschiedene Nr. 24" läßt diese Einrichtung erkennen.

Die Aufbewahrung der Depots geschieht stets genau in der

Reihenfolge, wie dieselben im Depot-Buche verzeichnet stehen. Ist dieses in Konten eingetheilt, so hat das auch den Vortheil, daß man alle Depots eines Mitgliedes bei einander liegen hat. Man verwahrt dieselben in einem mit der Nummer des Kontos versehenen Umschlage. In demselben werden die Stücke nach der Nummernfolge des Kontos wieder unter sich geordnet. Es ist hierdurch möglich, das Gesammtdepot jedes Mitgliedes aus den Beständen leicht herauszugreifen und ebenso auch jedes Pfand einzeln.

E. Das Bank-Konto.

Formular Nr. 14a und b.

Zur Buchung der Vorgänge im Geschäftsverkehr mit anderen Geldinstituten haben wir das „Bank-Konto" im Hauptbuche vorgesehen. Auch den Verkehr mit anderen Genossenschaften pflegt man

Bank-Skontro. Formular 14a.

Deutsche Genossenschaftsbank von Sörgel, Parrisius & Co., Berlin (Frankfurt a. M.).

Debet. Kredit.

Datum		Jrn.-Nr.		Valuta per	Betrag ℳ	₰	Datum		Jrn.-Nr.		Valuta per	Betrag ℳ	₰
1900							1900						
Febr.	14.	14	An Kassa-Konto .	15./2.	1000	—	Januar	24.	13	Per Kassa-Konto .	23./1.	1500	—
„	24.	19	„ do. .	25./2.	2000	—	Febr.	28	29	„ do. f. Effekten	27./2.	1420	—
April	16.	123	„ do .	17./4.	3500	—	Mai	6.	243	„ do. „ „	5./5.	2492	50
August	9.	246	„ do. .	10./8.	2000	—	Juli	1.	364	„ do.	30./6.	1000	—
Novbr.	22.	461	„ do. .	23./11.	1500	—	Novbr.	21.	21	„ do. f. Effekten	20./11.	2887	—
Dezbr.	31.		„ 3% Zinsen .		30	75	Dezbr.	31.		„ 4% Zinsen u.			
										Provision .	31./12.	15	65
							„	31.		„ Saldo . . .		715	60
					10030	75						10030	75
1901													
Januar	1.		An Saldo-Vortrag	1./1.	715	60							

über dieses Konto zu führen, das aus dem Grunde dann wohl auch mit „Konto für Banken und Vereine" benannt wird.

Zum Spezial-Nachweise der Umsätze und Bestände auf dem Bank-Konto benutzen wir ein Skontro mit einer einfachen Kontoeinrichtung, wie sie obiges Formular zeigt. Jedem Bank- oder ähnlichen Institute, mit dem die Genossenschaft in Verbindung steht, errichten wir ein Konto, mit einer Debet-Seite und einer Kredit-Seite. Die in unserem Kassen-Ausgabe-Journal verzeichneten Baarsendungen an die Deutsche Genossenschaftsbank vom 14. Februar über 1000 Mk. und vom 24. Februar über 2000 Mk. sind auf dem Konto derselben belastet, die Einnahme vom 24. Januar de Mk. 1500 und vom 28. Februar de Mk. 1420 dagegen erkannt. Da wir für letztere Summe Effekten erhielten, fügen wir der Buchungs-Notiz „Per Kassa-Konto" die Erläuterung „für Effekten" an.

Bei jeder Eintragung wird neben dem Datum die Kassen-Journal-Nummer, neben dem Betrage ferner noch der sogenannte „Valuta-Tag" vermerkt; das ist der Tag, von welchem ab die Zinsrechnung für den einzelnen Posten beginnt. Den am 24. Januar empfangenen Baarbetrag von 1500 Mk. hat die Genossenschaftsbank am 23. Januar bereits abgesendet, für diesen Tag belastete sie uns damit und wir haben ihr von da ab auch Zinsen zu gewähren. Dagegen gingen die von uns am 14. Februar abgesandten 1000 Mk. erst am nächsten Tage bei der Bank ein, wir werden daher am 15. Februar dafür von derselben erkannt.

Der Geschäftsverkehr mit der Bank stellt sich als eine laufende Rechnung dar, deren einzelne Posten stets am Jahresschlusse, in der Regel aber auch am Schlusse jedes Halbjahrs, zu einer einzigen Forderung bezw. Schuld der Bank zusammengezogen werden, durch Aufrechnung der Debet- und Kredit-Seiten und Ermittelung des Saldos. Hierbei werden dann auch nach dem Valuta-Tage die Zinsen berechnet. Wir bedürfen in unseren Büchern keiner besonderen Zinsberechnungs-Einrichtung, da die Genossenschaft von der Bank am Semesterschluß mit dem Kontoauszuge auch eine Zinsenstaffel erhält. Die sich hieraus ergebenden Zinsbeträge werden nach Prüfung und Richtigbefund dem Bank-Konto auf Grund einer Memorial-Buchung, die wir nach Jahresschluß vornehmen, gutgeschrieben bezw. belastet.

Den nach Buchung der Zinsen sowie der Provision sich ergebenden Saldo bringen wir zur Ausgleichung des Kontos auf die Seite, welche die kleinere Summe ergiebt, schließen das Konto ab und tragen dann unter dem 1. Januar den Saldo auf der entgegengesetzten Seite wieder vor, daher „Saldo-Vortrag."

Der Vorstand der Genossenschaft wird sich im Laufe der Abrechnungs-Periode auch über den Tages-Saldo auf dem einzelnen Bank-Konto unterrichtet halten müssen, sei es um zu wissen, wie weit der eingeräumte Kredit jeweilig ausgenutzt ist, oder sei es zur Disposition über günstigere Anlage etwaiger Guthaben der Genossenschaft. Um nun die zu diesem Zweck erforderliche jedesmalige Aufrechnung der Debet- und Kredit-Seite des Kontos zu ersparen, benutzt man auch eine Konto-Einrichtung, aus der bei jeder Buchung zugleich der sich hiernach ergebende Saldo ersichtlich wird. Das folgende Formular 14b veranschaulicht dies. Alle Geschäfte werden unter einander vermerkt unter Trennung der Beträge in Debet- und Kredit-Kolonnen. Zwei weitere Kolonnen, die von diesen durch die

Bank-Skontro. Formular 14b.

Deutsche Genossenschaftsbank von Sörgel, Parrisius & Co., Berlin (Frankfurt a. M.).

Datum		Journal-Nr.	Buchungs-Vermerk	Umsatz Debet ℳ	₰	Umsatz Kredit ℳ	₰	Valuta per	Saldo Debet ℳ	₰	Saldo Kredit ℳ	₰
1900												
Januar	24.	18	Per Kassa-Konto			1500	—	23./1.			1500	—
Februar	14.	14	An do.	1000	—			15./2.			500	—
"	24.	19	" do.	2000	—			25./2.	1500	—		
"	28.	29	Per do. f. Effekten			1420	—	27./2.	80	—		
April	16.	123	An do.	3500	—			17./4.	3580	—		
Mai	6.	243	Per do. f. Effekten			2492	50	5./5.	1087	50		
Juli	1.	364	" do.			1000	—	30./6.	87	50		
August	9.	246	An do.	2000	—			10./8.	2087	50		
Novbr.	21.	741	Per do. f. Effekten			2887	—	20./11.			799	50
"	22.	461	An do.	1500	—			23./11.	700	50		
Dezbr.	31.		Per 5% Zinsen u. Provision			15	65		684	85		
"	31.		An 3% Zinsen	30	75				715	60		
"	31.		Per Saldo			715	60					
				10030	75	10030	75					
1901												
Januar	1.		An Saldo	715	60			1./1.	715	60		

Rubrik für den Valuta-Tag getrennt sind, dienen dazu, die jeweiligen Saldi bei jeder Buchung anzugeben. Durch die Einnahme von 1500 Mk. am 24./1. entsteht ein Kredit-Saldo für die Bank, die Ausgabe vom 14./2. de Mk. 1000 vermindert ihn auf 500 Mk., durch unsere Sendung von 2000 Mk. vom 24./2. werden nicht nur diese 500 Mk. gedeckt, es entsteht vielmehr noch ein Guthaben der Genossenschaft von 1500 Mk., die also die Bank schuldet, die Einnahme für Effekten vom 28./2. de Mk. 1420 ermäßigt diesen Debet-Saldo wieder auf Mk. 80 und so fort. Da die Bank in der Regel für ihre Guthaben höhere Zinsen erhält, als sie solche für Guthaben der Genossenschaft gewährt, so werden, falls beiderlei Guthaben und Schulden-Saldi während der Abrechnungsperiode vorkommen, die Zinsen dafür auch getrennt berechnet, und haben wir dementsprechend der Bank für ihr Guthaben 5 % Zinsen mit Mk. 15.65 gutgeschrieben, für unser Guthaben aber 2 % Zinsen mit Mk. 30.75 belastet.

Häufig wird eine Genossenschaft nur mit einer Bank oder einer andern Genossenschaft in Verbindung stehen: es ist dann gleichwohl ein solches Spezial-Konto nach dem einen oder anderen Formulare zu führen.

F. Das Effekten-Konto.

Formular Nr. 15.

Die Vermögensbestände an Effekten können wir aus diesen selbst ermitteln, und durch Vergleich des Werthes mit dem Hauptbuch-Konto für Effekten läßt sich der Gewinn oder Verlust daran feststellen. Wir wollen aber auch einen bücherlichen Spezialnachweis der Umsätze und Bestände der einzelnen Werthpapier-Sorten haben, und ferner wissen, was für Kurs-Gewinne oder -Verluste sowie Zinserträge jeder derselben brachte. Diesem Zwecke dient das Effekten-Skontro.

Wir errichten in diesem Buch nach dem folgenden Formulare für jede Art von Effekten ein Konto und überschreiben es mit der Benennung derselben. Die Debet-Seite bezeichnen wir ferner mit „Eingang", die Kredit-Seite mit „Ausgang", um anzudeuten, daß der Effektenbestand durch jede Belastung des Kontos erhöht, durch jede Gutschrift ermäßigt wird. Von wem die Effekten gekauft sind, wird im Eingang, an wen sie verkauft sind, im Ausgang vermerkt.

Es ist nun zunächst zu beachten, daß bei jedem Effekten-An- oder Verkauf außer dem nach „Nennwerth" und „Kurs" berechneten Kurswerthe auch Provision, Kourtage — Maklergebühr — und eventuell Stempel, ferner Zinsen in Anrechnung kommen. Alles das betrachten wir aber als eine Erhöhung bezw. Verminderung des Effekten-Werthes, für den wir bei Anschaffungen und Veräußerungen entweder Zahlung zu leisten oder solche zu empfangen haben. Daher buchen wir im Kassen-Journal die für jedes Effekten-Geschäft in Betracht kommende endgiltige Zahlung ungetrennt auf Effekten-Konto und führen dann im Effekten-Skontro den Nachweis des Zinsertrages sowie des aus dem Werthpapier selbst sich ergebenden Gewinn= oder Verlust=Resultates. Hierzu dienen die vor der Hauptbetrag=Rubrik „Summa" befindlichen beiden Kolonnen, auf der linken Seite für den „Anschaffungswerth" und die „Zinsen", auf der rechten Seite für den „Verkaufs=Erlös" und die „Zinsen."

Am 6. Januar erhielt die Genossenschaft von Kaufmann Scheller einen Preußischen Staatsschuldschein über 500 Mk. und zahlte dafür 500 Mk. — s. Ausgabe=Journal Nr. 3 —. Dieser Betrag ergiebt sich aber aus folgender Abrechnung:

Mk. 500. — Preußischer Staatsschuldschein à 100.20 =	Mk.	501.—
davon ab Provision ¼ %	„	1.25
	Mk.	499.75
Zinsen vom 1./1.—6./1.	„	—.25
	Mk.	500.—

Der Kurswerth ist demnach Mk. 501, die Genossenschaft rechnet aber für sich hiervon 1 Mk. 25 Pfg. Provision ab und zahlt nur 499 Mk. 75 Pfg. für das Werthpapier selbst, ferner 25 Pfg. für Zinsen als Theilbetrag für den anhängenden vom 1. Januar ab geltenden Zinskoupon. Wir finden dementsprechend die Buchung im ersten Konto des Formulars hierzu.

Dieser Staatsschuldschein ist am 10. Februar an Rob. Ehrhardt verkauft zum Kurse von 100.30,

der Kurswerth würde	Mk.	501.50
daher ausmachen, hierzu rechnet die Genossenschaft		
Kourtage ½ %	„	—.25
Provision ¼ %	„	1.25
3½ % Zinsen vom 1./1.—10./2 . =	„	2.—
so daß Ehrhard insgesammt zu zahlen hat:	Mk.	505.—

— s. Einnahme Nr. 20 —. Der Verkaufserlös ist in diesem Falle einschließlich der Provision und Kourtage Mk. 503.—, und die Zinsenvergütung = Mk. 2.—, woraus sich die Summe Mk. 505 ergiebt.

Ueber die am 27. Februar zum Kurse von 117.45 gekauften 1200 Aktien der Deutschen Genossenschaftsbank von Sörgel, Parrisius & Co. erhält die Genossenschaft von Letzterer folgende Abrechnung:

Mk. 1200 Aktien à 117.45 =	Mk.	1409.40
Zinsen 4 % vom 1./1.—27./2. =	„	7.60
Kourtage ½ ‰	„	—.60
Provision ⅛ %	„	1.80
Stempel	„	—.60
	Mk.	1420.— — s. Ausg. Nr. 20 —

Formular 15.

Effekten-

Eingang.

3½% Preußische

Datum		Journal-Nr.	Gekauft von:	Nennwerth Währung	Nennwerth Summe	Kurs	Anschaffungswerth ℳ	Anschaffungswerth ₰	Zinsen ℳ	Zinsen ₰	Summa ℳ	Summa ₰
1900												
Januar	6.	3	Scheller, Fr., Kaufmann	ℳ	500	100 20	499	75	—	25	500	—
Dezbr.	31.		Kursgewinn u. Zinsen				3	25	1	75	5	—
				ℳ	500		503	—	2	—	505	—

Deutsche Genossen-

Datum		Journal-Nr.	Gekauft von:	Nennwerth Währung	Nennwerth Summe	Kurs	Anschaffungswerth ℳ	Anschaffungswerth ₰	Zinsen ℳ	Zinsen ₰	Summa ℳ	Summa ₰
1900												
Februar	28.	20	Deutsche Genossenschaftsbank, Berlin	ℳ	1200	117.45	1412	40	7	60	1420	—
Novbr.	21.	452	do.	„	2400	116.50	2801	60	85	40	2887	—
Dezbr.	31.		Kursgewinn und Zinsen				7	—	51	—	58	—
				ℳ	3600		4221	—	144	—	4365	—
1901												
Januar	1.		Bestand	ℳ	3600		4221	—	144	—	4365	—

3½% Deutsche

Datum		Journal-Nr.	Gekauft von:	Nennwerth Währung	Nennwerth Summe	Kurs	Anschaffungswerth ℳ	Anschaffungswerth ₰	Zinsen ℳ	Zinsen ₰	Summa ℳ	Summa ₰
1900												
Mai	6.	166	Deutsche Genossenschaftsbank, Berlin	ℳ	2500	99.20	2484	—	8	50	2492	50
Dezbr.	31.		Zinsen						34	25	34	25
				ℳ	2500		2484	—	42	75	2526	75
1901												
Januar	1.		Bestand	ℳ	1500	98.20	1473	—	13	10	1486	10

Die Aktie kostet der Genossenschaft außer 1409 Mk. 40 Pfg. noch 3 Mk. für Kourtage, Provision und Stempel, zusammen also 1412 Mk. 40 Pfg. und ferner sind 7.60 Zinsen vom 1. Januar ab zu vergüten, wofür die Genossenschaft die Dividendenberechtigung der Aktie für das laufende Jahr mit erwirbt. Diese Vertheilung der Ausgabesumme finden wir im ersten Debetposten des zweiten Kontos unter dem 28. Februar gebucht. In gleicher Weise ergiebt sich die Buchung der am 21. November gekauften weiteren Mk. 2400 dieser Aktien.

Bei **Ankauf** von Effekten erhöhen also die bezahlten Spesen

Skontro. 1

Staatsschuldscheine. Ausgang.

Datum		Journal-Nr.	Verkauft an:	Nennwerth		Kurs	Verkaufs-Erlös		Zinsen		Summa	
				Währung	Summe		ℳ	₰	ℳ	₰	ℳ	₰
1900 Februar	10.	21	Ehrhardt, Rob., Rentier	ℳ	500	100.30	503	—	2	—	505	—
				ℳ	500		503	—	2	—	505	—

schaftsbank-Aktien. 2

Datum		Journal-Nr.	Verkauft an:	Währung	Summe	Kurs	ℳ	₰	ℳ	₰	ℳ	₰
1900 Dezbr.	31.		Bestand	ℳ	3600	117.25	4221	—	144	—	4365	—
				ℳ	3600		4221	—	144	-	4365	—

Reichsanleihe. 3

Datum		Journal-Nr.	Verkauft an:	Währung	Summe	Kurs	ℳ	₰	ℳ	₰	ℳ	₰
1900 Mai	6.	266	Lenzmann, R.	ℳ	1000	99.20	995	60	3	40	999	—
Septbr.	30.	528	Kassa-Konto für Zinsen	„					26	25	26	25
Dezbr.	31.		Kursverlust	„			15	40			15	40
„	„		Bestand	„	1500	98.20	1473	—	13	10	1486	10
				ℳ	2500		2484	—	42	75	2526	75

die Anschaffungskosten, die verdienten Spesen ermäßigen dieselben, bei **Verkäufen** ermäßigen die gezahlten Spesen den Erlös, die verdienten erhöhen ihn. So erhalten wir die Summe für den „Anschaffungswerth" und den „Verkaufserlös."

Werden von den im Besitze der Genossenschaft befindlichen Effekten fällige Koupons getrennt, so sind diese ebenfalls auf Effekten-Konto in Einnahme zu stellen, und sie werden dementsprechend ins Kredit desjenigen Spezial-Kontos im Nebenbuche übertragen, dessen Effekten-Gattung sie angehören.

Von den nach dem dritten Konto unseres Formulars am 6. Mai gekauften 2500 Mk. $3^1/_2$ % Deutsche Reichsanleihe sind 1000 Mk. an R. Lenzmann weiter verkauft. Restliche 1500 Mk. behielt die Genossenschaft. Am 30. September sind die Koupons derselben für das Halbjahr vom 1. April ab fällig; wir trennen sie daher an diesem Tage vom Kouponbogen und buchen den Betrag mit Mk. 26.25 in Einnahme auf Effekten-Konto. Demgemäß ist hier im Skontro dieser Betrag dem Konto für $3^1/_2$ % Deutsche Reichsanleihe zu kreditiren unter Einfügung desselben in die Zinsen-Kolonne.

Der Bestand vorhandener Effekten wird durch den Debet-Saldo der Nennwerthe nachgewiesen. Wieviel an diesen vorhandenen und an den verkauften Effekten gewonnen oder verloren worden ist, erfahren wir, indem wir zunächst den Kurswerth des Bestandes am Tage der Abrechnung ermitteln, und dazu die für etwa verkaufte Stücke erzielten Beträge aus der Kolonne für den Verkaufserlös rechnen; übersteigt das Ergebniß hieraus die für den Ankauf der Effekten aufgewendete Summe, die wir aus der Rubrik „Anschaffungswerth“ feststellen, so ist der Ueberschuß ein Gewinn, bleibt jedoch der Verkaufs-Erlös bezw. der Werth vorhandener Effekten hinter dem Anschaffungswerth zurück, so ist der Unterschied Verlust. Die vereinnahmten Zinsen finden wir in der Zinsenrubrik auf der Kreditseite, die verausgabten Zinsen in derjenigen auf der Debetseite, aus den Summen beider Rubriken ergiebt sich der Zinsertrag. Dabei ist zu berücksichtigen, daß, wenn ein Bestand an Effekten auf dem Konto zu verzeichnen ist, zu den Kreditzinsen noch der Betrag gerechnet werden muß, welchen wir bei einem etwaigen Verkaufe des Bestandes am Abrechnungstage als Theilbetrag für den laufenden, noch nicht fälligen Koupon erhalten würden.

Am Jahresschlusse wird diese Berechnung für alle Konten des Nebenbuches aufgestellt, und es werden diese alsdann, wie unsere Beispiele zeigen, abgeschlossen.

Auf dem Konto für Preußische Staatsschuldscheine haben wir keinen Bestand. 500 Mk. sind für 499 Mk. 75 Pfg. angekauft = s. Eingang — und für 503 Mk. wieder verkauft — s. Ausgang —. Daraus ergiebt sich also der Gewinn von Mk. 3.25; nach der Zinsenrubrik sind dem Verkäufer Mk. —.25 vergütet, vom Käufer aber 2 Mk. gezahlt, so daß die Genossenschaft einen Zinsenertrag von Mk. 1.75 hat. Zur Ausgleichung des Kontos finden wir diese Beträge im Debet.

Das Konto „Deutsche Genossenschaftsbank-Aktien“ weist den Ankauf von 3600 Mk. nach, die am Jahresschluß den Bestand bilden, sie haben Mk. 4214.— zusammen gekostet, am Jahresschluß sind sie zum Kurse von 117¼ Mk. 4221.— werth, mithin ist ein Gewinn von 7 Mk. daran zu verzeichnen. Man pflegt für Aktien, deren Dividende erst zu einer späteren Zeit festgesetzt und vergütet wird, einen bestimmten Prozentsatz an Stelle der Dividende beim Handel zu berechnen — sog. Usance-Zinsen —, diese sind für die Genossenschaftsbank-Aktien 4 %. Am Jahresschlusse haben unsere Aktien also außer dem Kurswerth noch einen Zinsenwerth von 144 Mk., da wir bei dem Ankauf Zinsen mit 93 Mk. zahlten, so ist ein Zinsertrag erzielt von 51 Mk. Diese Erträge finden wir im Debet zum Ausgleich des Kontos, nachdem die Bestände auf der Kreditseite notirt sind. Die Letzteren tragen wir unter dem 1. Januar des neuen Jahres auf der „Eingangs-“ oder „Debet-“Seite wieder vor.

Die auf dem dritten Konto im Eingang gebuchten 2500 Mk. 3½ % deutsche Reichsanleihe kosteten der Genossenschaft Mk. 2484, für verkaufte 1000 Mk. erhielt sie Mk. 995.60, so daß ihr danach die verbliebenen 1500 Mk. noch Mk. 1488.40 kosten, dieselben sind am Jahresschlusse aber nur Mk. 1473.— werth, so daß ein Verlust daran in Höhe von Mk. 15.40 zu verzeichnen ist. Zinsen sind für die verkauften 1000 Mk. in Höhe von Mk. 3.40 vereinnahmt, ferner durch die getrennten Koupons mit Mk. 26.25 und schließlich waren solche am Jahresschlusse für die Zeit vom 1. Oktober bis zum 31. Dezember aus den am 1. April nächsten Jahres erst fälligen Koupons zur Hälfte dieser mit Mk. 13.10 zu berechnen. Von diesen Beträgen über zusammen Mk. 42.75, gehen die beim Ankauf aufgewendeten Zinsen de Mk. 8.50 ab, so daß ein Zinsertrag verbleibt von Mk. 34.25. Diesen Ertrag stellen wir wieder ins Debet in die „Zinsen-“ und in die „Summa-“Kolonne, den Verlust von Mk. 15.40 aber stellen wir in die Kredit-Rubriken für den Verkaufserlös und die Summa ein. Mit dem Kurswerth und Zinsenwerth des Bestandes, sowie deren Summa ergeben alsdann die Rubriken der Kreditseite die gleichen Summen wie die korrespondirenden Rubriken der Debet-Seite. Auch auf diesem Konto tragen wir den Bestand vor.

Für seltener vorkommende Effekten-Sorten kann auch ein gemeinsames Konto mit der Bezeichnung „Konto für verschiedene Effekten“ eingerichtet werden, dann ist dafür ein ausreichender Raum auf jeder Seite vorzusehen, in dem das betreffende Werthpapier benannt wird.

Das Effekten-Stück-Konto.

Formular Nr. 16.

Das Buch ist gewissermaßen als ein Lagerbuch zu betrachten, in dem wir jedes einzelne der Genossenschaft gehörige Werthpapier mit

Formular 16.

Effekten-Stück-Konto.

$3^1/_2$ % Preußische Staatsschuldscheine.

Eingang. Ausgang. 1

Datum		Empfangen von	Nennwerth		Litt.	Serie	Nummer	Zins-Termine	Datum		Gegeben an	Anmerkungen
1900												
Jan.	6.	Fr. Scheller, hier	M	500	G		785	1./1.; 1./7.	Febr.	10.	Rob. Ehrhardt	

Deutsche Genossenschaftsbank-Aktien.

Eingang. Ausgang. 2

1900						von						
Febr.	28.	Dtsch. Genossenschaftsbank.	M	1200		1897	21416	1./1.				
Nov.	21.	do.	„	1200		„	23008	„				Depot bei der Deutsch. Genossenschaftsbank
„	„	do.	„	1200		„	23060	„				

$3^1/_2$ % Deutsche Reichs-Anleihe.

Eingang. Ausgang. 3

1900												
Mai	6.	Dtsch. Genossenschaftsbank.	M	500	F	VIII	1712	1./4.; 1./10.	Mai	6.	R. Lenzmann	
„	„	do.	„	500	F	VIII	3817	„				
„	„	do.	„	500	F	VIII	5203	„	Mai	6.	R. Lenzmann	
„	„	do.	„	1000	E	VIII	802	„				

Betrag, Nummer u. s. w. verzeichnen, sobald dasselbe von der Genossenschaft hereingenommen wird bezw. auf Grund des Nummernverzeichnisses der Bank, wenn das Papier in deren Verwahrsam bleibt. Ebenso gelangt jeder Verkauf zur Vermerkung bei dem betreffenden Stücke.

Wir eröffnen in diesem Buche daher, wie unser Formular zeigt, jeder Werthpapier-Gattung wieder ein Konto mit „Eingang"- und „Ausgang"-Rubriken. Erstere umfassen das Datum, die Bezeichnung der Person oder Lieferstelle, von der wir die Effekten empfangen, den Nennwerth der Letzteren, sowie ihre Littera-Serie, Nummer und Zinstermine. Beim Ausgang von Effekten wird lediglich das Datum und der Empfänger zu dem betr. Stücke vermerkt.

Auf dem ersten Konto finden wir den am 6. Januar von Kaufmann Fr. Scheller empfangenen Preußischen Staats-Schuldschein in Eingang und ebenso wieder in Ausgang zufolge des Verkaufs am 10. Februar an Rob. Ehrhardt. Von den gekauften 3 Genossenschaftsbank-Aktien blieben die zuletzt erworbenen beiden in Verwahrung der Bank, wir nehmen hiervon, wie das zweite Konto zeigt, Anmerkung in dem dafür vorgesehenen Raum. Die am 6. Mai angekauften 2500 Mk. 3 $^1/_2$ Deutsche Reichsanleihe mögen sich aus 3 Stücken zu je 500 Mk. und einem Stück zu 1000 Mk. zusammensetzen — s. Kontro 3 —. Die davon sogleich an R. Lenzmann weiter gegebenen Mk. 1000 betreffen die Nummern 1712 und 5203, die wir daher mit den Ausgangsvermerken versehen. So bleibt deutlich zu übersehen, aus welchen Stücken sich der nach dem Effekten-Skontro am Jahresschluß vorhandene Bestand von 1500 Mk. Reichsanleihe zusammensetzt.

Dieses Stück-Konto, oder wie man es noch zu nennen pflegt „Nummern-Verzeichniß", „Effekten-Kontrole" hat ferner den Zweck, daß bei stattfindenden Effekten-Ausloosungen und Kündigungen leicht festgestellt werden kann, ob hiervon Effekten des Vereins betroffen sind.

Durch die Angabe der Zinstermine wird auf die an diesen Tagen fälligen Koupons hingewiesen. Es läßt sich demnach aus diesem Buche an den üblichen Zinsterminen leicht feststellen, von welchen Effekten Koupons zu trennen sind. Für die von der Kundschaft deponirten Effekten geschieht dies sowie auch die Verloosungs-Kontrole, wie wir bereits früher sahen, nach dem Depot-Buche.

G. Das Spareinlagen-Konto.

Formular Nr. 17.

Jeder Einleger von Spargeldern erhält ein Abrechnungsbuch, worin der Vorstand alle Einzahlungen wie Abhebungen desselben vermerkt und durch Unterschrift bescheinigt. Diese Abrechnungsbücher versieht man mit fortlaufenden Nummern. In den Büchern der Genossenschaft ist eine entsprechende Einrichtung zum Nachweise der Guthaben der einzelnen Spareinleger durch das folgende Formular 17 veranschaulicht. Die einzelnen Konten werden außer mit dem Namen des Gläubigers noch mit der Nummer des Abrechnungsbuches in ihrer Ueberschrift versehen; sie behalten dieselben Nummern auch dann, wenn sie auf andere Seiten hin übertragen werden.

Einnahmen und Ausgaben werden auf diesen Spezial-Konten unter einander mit ihren Daten gebucht. Dabei kommen die Beträge der ersteren mit der Einnahme-Journal-Nummer in die „Kredit"-Kolonne, die Beträge der letzteren mit der Ausgabe-Journal-Nummer in die „Debet"-Kolonne. Insofern ist also dies Nebenbuch der Einrichtung des Bank-Skontros nach dem zweiten Formulare desselben (10 b) ähnlich. Wir haben im Spareinlagen-Verkehr nur mit Gläubigern der Genossenschaft zu thun, aus den Einlagen und Abhebungen ergeben sich stets Kredit-Saldi. Diese vermerken wir nach jeder Buchung in der Rubrik „Saldo" oder „Bestand".

Die auf dem Konto Nr. 1 Karl Fischer gebuchte erste Einzahlung vom 3. Januar — Einnahme-Journal Nr. 2 — über 50 Mk. ist zugleich der Bestand, durch die Rückzahlung vom 3. Februar — Ausgabe-Journal Nr. 11 — über 20 Mk. wird derselbe auf 30 Mk. ermäßigt, eine weitere Einzahlung würde ihn wieder erhöhen.

Für die Spareinlagen vergütet die Genossenschaft Zinsen, die am Jahresschlusse nach Betrag und Zeit für die verschiedenen Einlagen unter Berücksichtigung der wieder erfolgten Abhebungen berechnet werden, wobei meistens nur volle Mark und volle Monate in Betracht kommen, so daß eingezahlte Beträge erst von Anfang des darauf folgenden Monats ab verzinst werden, während für abgehobene Einlagen die Verzinsung mit dem Schlusse des ihnen voraufgehenden Monats aufhört. Innerhalb des Jahres werden Zinsen nur dann berechnet, wenn die ganze Spareinlage abgehoben wird, und das Konto erlischt. Dann gelangen sofort mit dem Kapital auch die Zinsen als solche zur Auszahlung, sie werden also getrennt vom Kapital in die Zinsenrubrik des Kassa-Kontos und dann bei Uebertragung der Ausgabe ins Nebenbuch auch in der nach der Saldo-Rubrik folgenden „Zins-Kolonne" notirt. Die Jahreszinsen pflegt man meist dem Kapital-

Formular 17.

Spareinlagen-Konto.

Nr. 1. **Carl Fischer, hier.**

Datum		Gegenstand	Debet - Abhebung - Journ. Nr.	Betrag ℳ	₰	Kredit — Einlage — Journ. Nr.	Betrag ℳ	₰	Saldo — Bestand — ℳ	₰	Zinsen-Zahlung bezw. Gutschrift ℳ	₰	Zahl der Monate	Zinszahlen Debet ℳ	₰	Zinszahlen Kredit ℳ	₰
1900																	
Januar	3.	Einzahlung . . .				2	50	—	50	—			11			550	—
Februar	3.	Rückzahlung . . .	11	20	—				30	—			11	220	—		

Nr. 2. **Martin Arnold in Z . . . .**

Datum		Gegenstand	Debet Journ. Nr.	Betrag ℳ	₰	Kredit Journ. Nr.	Betrag ℳ	₰	Saldo ℳ	₰	Zinsen ℳ	₰	Zahl der Monate	Zinszahlen Debet ℳ	₰	Zinszahlen Kredit ℳ	₰
1900																	
Januar	17.	Einzahlung . . .				10	250	—	250	—			11			2750	—
Februar	8.	desgl. . . .				17	400	—	650	—			10			4000	—
Dezbr.	31.	Saldo		650	—						16	85		6750	—		
				650	—		650	—			16	85		6750	—	6750	—
1901																	
Januar	1.	Saldo-Vortrag . .					666	85	666	85			12			7992	—

Nr. 4. **Hermann Röder, hier.**

Datum		Gegenstand	Debet Journ. Nr.	Betrag ℳ	₰	Kredit Journ. Nr.	Betrag ℳ	₰	Saldo ℳ	₰	Zinsen ℳ	₰	Tage	Zinszahlen Debet ℳ	₰	Zinszahlen Kredit ℳ	₰
1900																	
Februar	21.	Einzahlung . . .				26	300	—					309			927	—
August	2.	Rückzahl. u. Zinsen	231	300	—						4	—	149	447	—		
				300	—		300	—			4	—	Zahl.:	480	—		
														927	—	927	—

Bestande zuzuschreiben — zu kapitalisiren — und bei späterer Abhebung demzufolge als abgehobene Spareinlage zu buchen. Eine andere Handhabung besteht darin, die Zinsen nach Jahresschluß als solche auf Zinsen-Konto auszuzahlen und erst nach einer bestimmten Zeit die nicht abgehobenen Beträge zu kapitalisiren. Die sofortige Gutschrift aller Zinsen ist jedoch weit praktischer, da sie das Rechnungswerk vereinfacht, und hierauf ist bei dem gewöhnlich sehr umfangreichen Spareinlagen-Verkehr besonders Werth zu legen.

Die Einrichtung des Kontos nach dem vorliegenden Muster ermöglicht es nun, schon im Laufe des Jahres die Zinsberechnung für den Jahresschluß vorzubereiten; es sind dafür die drei letzten Kolonnen vorgesehen. Für jeden eingezahlten Betrag berechnen wir nach den vollen Monaten bis zum Jahresschlusse die Zinszahlen und bringen diese in die Zinszahlen-Kredit-Rubrik, da der Kontoinhaber die Zinsen hieraus gut hat; bei jeder Abhebungs-Buchung müssen wir demgemäß die Zinszahlen auch bis zum Jahresschlusse ermitteln und sie in die Zinszahlen-Debet-Rubrik schreiben. In letzterem Falle wird der Monat, in dem die Abhebung erfolgt, für voll gerechnet, denn es werden für ihn gar keine Zinsen mehr auf den abgehobenen Betrag gewährt. Demgemäß sind für die im Januar auf Konto Nr. 1 eingezahlten 50 Mk. und auf Konto 2 eingezahlten 250 Mk. vom 1. Februar ab, also auf 11 Monate bis Jahresschluß, für die im Februar auf Konto Nr. 2 eingezahlten Mk. 400 vom 1. März ab, also auf 10 Monate Zinszahlen zu kreditiren. Für die im Februar auf Konto Nr. 1 abgehobenen 20 Mk. sind aber vom 1. Februar ab, also auf 11 Monate Zinszahlen zu debitiren; der Monat, an dem die Auszahlung stattfindet, wird also stets mitgezählt, der Monat der Einzahlung dagegen nicht. Wegen Berechnung der Zinsen mit Hülfe der Zinszahlen und des Zinsdivisors wird auf die besondere Anleitung am Schlusse des ersten Theiles verwiesen.

Den Abschluß der Konten am Jahresschlusse und den Saldo-Vortrag vergegenwärtigt uns das Konto Nr. 2. Der Bestand des Spareinlagen-Guthabens — Mk. 650 — wird als Saldo in der Debet-Kapital-Kolonne vermerkt und zugleich der Saldo der Zinszahlen in der Zinszahlen-Debet-Rubrik. Letzterer Saldo setzt sich aus den beiden Zahlen 2750 und 4000 zusammen = 6750. Die Zinsen betragen dafür zu 3 %, auf 5 Pfennige abgerundet, Mk. 16,85, die in der Zinsrubrik notirt werden. Der Abschluß des Kontos erfolgt wie gewöhnlich und danach geschieht unter dem 1. Januar des neuen Jahres der Saldo-Vortrag, indem wir den Kapital-Saldo mit den Zinsen zusammenfassen — Mk. 650 + Mk. 16,85 — und die Summe = Mk. 666,85 in der Kredit- und in der Bestand-Kolonne eintragen; dabei berechnen wir gleich wieder die Zinszahl hierfür auf das folgende Jahr = 7992.

Die Spareinlage auf Konto Nr. 4 über 300 Mk. ist im August ganz zurückgezogen. Der Zahlensaldo ist = 480, es sind danach 4 Mk. Zinsen ausgezahlt. Hier sind zum Unterschied von der Zinsberechnung nach Monaten die Zinsen vom Tage ab berechnet, für die Einzahlung am 21. Februar vom 22. Februar bis 31. Dezember auf 309 Tage und für die Abhebung am 2. August von diesem Tage ab bis 31. Dezember auf 149 Tage. Mit der übertragenen Ausgabebuchung gleichen sich die Kapitalrubriken aus, mit dem Zahlensaldo im Debet auch die Zinszahlenrubriken.

H. Das Depositen-Konto.

Formular Nr. 18.

Außer Spareinlagen, die in jedem Betrage von 1 Mk. an eingezahlt werden können, nimmt die Genossenschaft Kapitalien zu einem vorher zu vereinbarenden Zinsfuß und mit einer möglichst langen Kündigungsfrist auf. Es sind Anlehen, Darlehen oder Depositen, wie wir sie bezeichneten. Dieselben unterscheiden sich von den Spareinlagen dadurch, daß sie aus größeren runden Summen bestehen, die der Genossenschaft längere Zeit unverändert verbleiben, und daß die Zinsen hierfür nicht kapitalisirt werden sondern zur Auszahlung jährlich oder auch halbjährlich kommen. Bis zur Auszahlung bleiben sie als Saldo auf dem Zinsen-Konto bestehen.

Wie im Spareinlagen-Skontro so sind auch in dem Nebenbuche für das Depositen-Konto die den verschiedenen Gläubigern zu eröffnenden Konten eingerichtet, insoweit sich's um Buchung der Kapital-Einzahlungen, -Rückzahlungen und -Bestände handelt.

Die Berechnung der Zinsen erfolgt hier nach dem jeweiligen Kapital-Bestande für die Zeit, während welcher dieser der Genossenschaft unverändert geblieben ist. Zu dem Zwecke haben wir zunächst bei jedem Bestande den Termin zu notiren, von welchem ab derselbe zu verzinsen ist. Für die auf dem ersten Konto unseres Formulars am 6. Januar eingezahlten 2000 Mk. gilt der 7. Januar als Zins- oder Valuta-Termin. Diese 2000 Mk. sind, da am 20. Januar 1000 Mk. davon zurückgezahlt wurden, bis einschließlich 19. Januar — auf 13 Tage zu verzinsen. Für den nach der Rückzahlung verbleibenden Bestand von 1000 Mk. setzt die Verzinsung am 20. Februar ein. Es gilt für den durch Einzahlung entstehenden oder erhöhten Bestand immer der hierauf folgende Tag, für den durch Rückzahlung ver-

Formular 18.

Depositen-Konto.

Nr. 1. **J. Scheller, Kaufmann, hier.**

Datum		Gegenstand	Debet - Abhebung - Journ. Nr.	Debet Betrag M	Debet Betrag Pf	Kredit — Einlage — Journ. Nr.	Kredit Betrag M	Kredit Betrag Pf	Saldo — Bestand — M	Saldo — Bestand — Pf	Val. per	Tage	Zinszahlen	Zinsen Debet M	Zinsen Debet Pf	Zinsen Kredit M	Zinsen Kredit Pf
1900																	
Januar	6.	Einzahlung . . .				5	2000	—	2000	—	7./1.	13	260				
"	20.	Rückzahlung . .	7	1000	—				1000	—	20./1.	31	310				
Februar	21.	Zinsen à 2 % . .											570			3	15
"	"	Rückzahlung . .	16/17	1000	—				—	—	20./2.			3	15		
				2000	—		2000	—						3	15	3	15

Nr. 2. **Friedrich Wagner, Hausbesitzer, hier.**

Datum		Gegenstand	Debet Journ. Nr.	Debet Betrag M	Debet Betrag Pf	Kredit Journ. Nr.	Kredit Betrag M	Kredit Betrag Pf	Saldo M	Saldo Pf	Val. per	Tage	Zinszahlen	Zinsen Debet M	Zinsen Debet Pf	Zinsen Kredit M	Zinsen Kredit Pf
1900																	
Februar	14.	Einzahlung . . .				23	2500	—	2500	—	15./2.	276	6900				
Novbr.	20.	desgl.				492	500	—	3000	—	21./11.	40	1200				
Dezbr.	31.	Zinsen à 4 % . .											8100			90	—
"	"	Saldo		3000	—						31./12.			90	—		
				3000	—		3000	—						90	—	90	—
1901																	
Januar	1.	Saldo-Vortrag .					3000	—	3000	—						90	—

minderten Bestand der Tag, an dem die Rückzahlung stattfindet, als „Valuta-Termin." Bei jeder Buchung bezw. am Jahresschluß werden für den vorhergehenden Bestand die Zinstage und Zinszahlen ermittelt.

Am Jahresschlusse oder im Falle vollständiger Rückzahlung während des Jahres wird die Summe der Zinszahlen und aus dieser mittelst des Zinsdivisors der Zinsenbetrag ermittelt, den wir in der „Kredit-"Rubrik der für die Zinsabrechnung vorgesehenen beiden Kolonnen notiren. Die Auszahlung solcher Zinsen geschieht auf Zinsen-Konto, wir übertragen sie auf das bezügliche Konto des Nebenbuches, indem wir den Betrag in der „Debet"-Kolonne für die Zinsen buchen.

Das erste Konto ist durch die Rückzahlung von Kapital und Zinsen am 21. Februar ganz erloschen. Zunächst berechneten wir für den letzten Bestand von 1000 Mk. vom 20./1. bis einschließlich

20. Februar, dem Tage vor der Rückzahlung, die Zinszahl. Die Summe der Zinszahlen ist 570, wofür wir 2 % = Mk. 3.15 Zinsen vergüten. Mit dem Kapital von 1000 Mk. haben wir diese Mk. 3.15 verausgabt — Ausgabe-Journal-Nummern 16 und 17 —. Nach Uebertragung dieser Kassa-Buchungen auf das Konto gleichen sich dann die Kapitalrubriken in ihren Gesammtsummen und desgleichen die Zinsen-Rubriken aus.

Das zweite Konto — Fr. Wagner — zeigt am Jahresschlusse einen Bestand von 4000 Mk. für den bis zum 31./12. Zinszahlen berechnet werden. Aus der Summe der Zinszahlen — 8100 — ergiebt sich dann zu 4 % ein Zinsenbetrag von 90 Mk. für die Kredit-Zinsen-Rubrik. Da dieser Betrag bis zum Jahresschlusse nicht abgehoben wurde, so blieb die Genossenschaft Schuldnerin dafür. Zugleich mit dem Kapitalsaldo wird deshalb auch ein Zinsen-Saldo gebucht und unter dem 1. Januar des neuen Jahres vorgetragen. Auf diese Weise ermöglicht uns das Konto eine leichte Kontrole darüber, ob der Konto-Inhaber noch Zinsen-Guthaben besitzt, bezw. ob und wann die Zinsen abgehoben worden sind.

Die im Vorstehenden dargelegten Büchereinrichtungen haben den Zweck, uns einen Ueberblick über die Vermögenslage der Genossenschaft im Ganzen, wie über die Schuld- und Forderungs-Verhältnisse derselben im Einzelnen zu gewähren. Wie das End-Resultat des ganzen Geschäfts-Betriebes sich hieraus ergiebt, zeigt uns die Jahresrechnung.

III. Die Jahresrechnung.

Schon bei Eröffnung des Geschäftes haben wir einen das Verhältniß des Vermögens und der Schulden darstellenden Abschluß gemacht — die Eröffnungs-Bilanz —. Eine solche Bilanz ist nach den Bestimmungen des § 39 Abs. 2 des Handelsgesetzbuches jährlich aufzustellen. Dabei sind die Vermögensbestände zu dem Werthe anzusetzen, der ihnen zur Zeit der Aufnahme beizulegen ist, uneinziehbare Forderungen sind abzuschreiben, zweifelhafte nur nach ihrem wahrscheinlichen Werthe anzusetzen. Wir müssen uns, um diesen Forderungen gerecht zu werden, in erster Linie davon überzeugen, welche Vermögensbestände vorhanden sind, müssen dieselben sowohl auf ihre Vollständigkeit wie auf ihren Werth hin prüfen, und ebenso müssen wir die Schulden der Genossenschaft nachweisen. Die monatliche Roh-Bilanz, die auch für Dezember also für den Jahresschluß aufgestellt wird, giebt uns die Soll-Bestände der verschiedenen Arten von Aktiven und Passiven an, die einmal durch die wirklichen Ist-Bestände und dann durch die aus den Nebenbüchern ermittelten einzelnen Posten nachgewiesen werden, so daß dadurch auch eine Kontrole der richtigen korrekten Buchführung ausgeübt wird. Zu ersterem Zwecke haben wir die Inventur vorzunehmen, zu letzterem die Bücher abzuschließen und die Konto-Auszüge anzufertigen.

A. Die Inventur.

Die Rechnung der Genossenschaft soll zum Jahresschluß gelegt werden. Demgemäß werden Vorstand und Aufsichtsrath sich am 31. Dezember, dem letzten Tage des Geschäftsjahres, nachdem die an diesem Tage erledigten Geschäfte in den Kassa-Journalen vollständig gebucht sind, von den vorhandenen Vermögensobjekten als Kassa, Wechsel, Werthpapiere rc. überzeugen müssen. Es ist das die **Inventur**. Dieselbe kann keineswegs auf eine spätere Zeit aufgeschoben werden, denn es soll ja durch sie der Bestand am Jahresschlusse und nicht zu einer anderen Zeit nachgewiesen werden. Keinesfalls dürfen auch Geschäfte im neuen Jahre noch nachträglich unter dem 31. Dezember des Rechnungsjahres gebucht werden, der thatsächliche Vermögensbestand würde dadurch verändert werden und nicht wahrheitsgemäß in der Bilanz zum Ausdruck kommen. Schuldet z. B. ein Mitglied am 31. Dezember 10 Mk. Zinsen, die dasselbe am 3. Januar des folgenden Jahres bezahlt, so würde durch Buchung dieser 10 Mk. in der Einnahme des alten Jahres der Kassenbestand um 10 Mk. höher erscheinen als er thatsächlich am 31. Dezember war, während allein richtig ist, jene Zinsenschuld als Forderung der Genossenschaft unter den Aktiven aufzuführen. Desgleichen würden für das Rechnungsjahr noch zu leistende Ausgaben keinesfalls vom Kassenbestande des 31. Dezember gekürzt werden können, sondern als Schulden der Genossenschaft zu den Passiven gehören. Die thatsächliche Einnahme bezw. Ausgabe darf stets nur an demjenigen Tage ins Kassenbuch eingetragen werden, an dem sie stattfand. Das erfordert die Treue und Zuverlässigkeit, mit der die Bücher alle Geschäfte genau so darstellen sollen, wie sie in der That vor sich gehen.

Die Inventur ist nun keine so überaus umfangreiche Arbeit, wie man es zuweilen annimmt. Es gehört dazu nur, daß der Vorstand die Verzeichnisse der Wechsel und Effekten gehörig vorbereitet, indem er darin schon vor dem 31. Dezember, soweit als möglich, die vorhandenen Werthe einzeichnet, so daß dann am Jahresschlusse nur die Vervollständigung dieser Listen nöthig ist. Es läßt sich auf solche Weise die Inventur-Aufnahme in wenigen Stunden bewerkstelligen und zwar selbst bei umfangreicherem Geschäftsbetriebe, wie die bestehenden größeren und größten Genossenschaften es beweisen.

Die Ausführung der Inventur wird sich nun in folgender Weise in der Regel vollziehen:

Am 31. Dezember nach Schluß der Geschäftszeit erfolgt zunächst der wirkliche Abschluß der Kassenbücher, indem unter der letzten Eintragung jedes Journals der Additionsstrich gezogen und die Summe der Einnahmen wie der Ausgaben darunter festgestellt wird. Auf diese Weise wird zunächst eine etwaige Abänderung oder nachträgliche Ergänzung der Grundbuchungen verhindert. Mit Hülfe der Einnahme- und Ausgabesummen ermitteln wir sodann den Soll-Bestand der Kasse und überzeugen uns durch Nachzählung des baaren Geldes von der Uebereinstimmung des Ist-Bestandes mit jenem. Hierüber wird das Erforderliche in gleicher Weise, wie es bei der Kassen-Kontrol-Einrichtung besprochen ist — s. Formular Nr. 4 —, auf einem besonderen Bogen vermerkt.

Für die Wechsel-Inventur fertigt der Vorstand nach dem folgenden Schema Listen an, in der die einzelnen Abschnitte nach Nummer, Namen der Schuldner, Sicherheit, Betrag und Fälligkeitstag notirt werden, wobei etwaige Pfänder mit der auf dem Wechsel ebenfalls anzugebenden Nummer des Depotbuchs vermerkt werden. Zweckmäßig ist es für die im Januar, Februar, März des neuen Jahres fälligen Wechsel je ein besonderes Verzeichniß einzurichten, ebenso ein solches für etwaige im alten Jahr fällige, noch unerledigte Wechsel. Nachdem die ersteren Wechsel möglichst schon vor dem 31. Dezember verzeichnet sind, lassen sich die danach bis Jahresschluß hereinkommenden Abschnitte bequem nach der Monatsordnung anreihen. Der Aufsichtsrath vergleicht dann die Bestände mit jenen Aufzeichnungen des Vorstandes. Dabei gewährt die Theilung der Listen nach Monaten den Vortheil, daß mehrere Aufsichtsrathsmitglieder zu gleicher Zeit sich mit dieser Vergleichung beschäftigen können, die dadurch wesentlich abgekürzt wird.

Formular 19.

Die Wechsel-Inventur-Liste

im Monat **Januar 1900** fällige Wechsel.

Wechsel-Nr.	Schuldner	Sicherheit	Betrag ℳ	Betrag ₰	Fällig am	
12	Krüger, Wilh.	E. Seifert . . .	100	—	1.	Januar
16	Schmidt, Reinh. . . .	Depot Nr. 7/1 . .	65	—	2.	"
1	Wilde, C.	Heinrich Arndt . .	100	—	3.	"
8	Fiedler, Erich	Depot Nr. 5/2 . .	390	—	5.	"
5	König, August	Rudolf Lorentz . .	25	—	8.	"
	u. s. w.					
	Zusammenstellung:					
	Wechsel im Januar fällig		14825	—		
	" " Februar "		12170	—		
	" " März "		9303	—		
	Vor dem 1. Januar fällige, noch unerledigte Wechsel		1880	—		
	Summa:		38178	—		
	Als uneinbringlich sind abzusetzen:					
48	Flan, Herm.		30	—		
	Bilanz-Saldo =		38148	—	s. Hauptb. Fol. 2.	

. . . ., den 31. Dezember 1900.

Der Vorstand: (Unterschriften.)　　　Der Aufsichtsrath: (Unterschriften.)

Die Summen der Wechsellisten sowie das Endergebniß des Vorschuß-Wechsel-Bestandes sind schließlich zu ermitteln.

Bei dieser Inventur können die einzelnen Posten zugleich auf ihre Bonität geprüft werden. Unbedingt nöthig ist das jedoch nicht, es läßt sich diese Prüfung auch später vornehmen auf Grund der Inventur-Liste und der Sicherstellungen. Die Faustpfänder sind jedenfalls bei der Inventur auf ihr Vorhandensein nach dem Depotbuche festzustellen. Erweist sich irgend eine Forderung schließlich als werthlos, so ist diese vom Gesammtergebniß der Inventur wieder abzusetzen, wie es bezüglich des Wechsels Nr. 48 de Mk. 30 in unserem Inventurabschluß geschehen ist.

Die vorhandenen eigenen Effekten werden in einfacher Weise nach dem Nennwerth verzeichnet. Befinden sich solche im Depot irgend einer Bank zur Zeit der Inventur-Aufnahme, so werden diese auf Grund der vorhandenen Bescheinigungen hierüber oder erst später nach den betreffenden Depotauszügen der Banken festgestellt. Als eigene Effekten unserer Genossenschaft am 31. Dezember, von denen 2 St. Genossenschaftsbank-Aktien in Berlin bei der Bank lagern, sind zu verzeichnen:

Mk. 1200,— Aktien der Deutschen Genossenschaftsbank,
„ 1500,— 3½ % Deutsche Reichsanleihe
im Depot der Genossenschaftsbank in Berlin,
Mk. 2400,— Aktien der Deutschen Genossenschaftsbank.

Der Werth dieser Papiere läßt sich erst nach Eingang der Kursnotiz vom 31. Dezember ermitteln. Wenn der Ankaufswerth niedriger ist als der Kurswerth vom 31. Dezember, so nimmt man wohl auch ersteren als maßgebend für die Bilanz an, um nicht den in Folge eines zufällig höheren Kursstandes sich ergebenden buchmäßigen Ueberschuß als Gewinn zu vertheilen. Keinesfalls darf man aber die Effekten zu einem höheren Werth als dem Kurswerth am Jahresschlusse inventarisiren.

Die etwaigen Kontoguthaben des Vereins lassen sich natürlich effektiv erst nachweisen, wenn die Genossenschaft den Bank-Konto-Auszug erhält oder eine Bestätigung ihres Guthabens.

Schwieriger als die Vermögensnachweise ist die Kontrole der einzelnen Schulden der Genossenschaft, der Spareinlagen und Depositen. Die hierüber Aufschluß gebenden Abrechnungsbücher befinden sich in den Händen der Einleger und können unmöglich zum 31. Dezember beigeholt werden. Man hilft sich demgegenüber am besten so aus, daß in den ersten Tagen des Januar von einigen Aufsichtsrathsmitgliedern während der Geschäftsstunden die vorkommenden Abrechnungs-Bücher mit den Büchern der Genossenschaft verglichen werden. Das ist eine unschwer zu handhabende und ziemlich ausreichende Kontrole.

Das Inventur-Ergebniß wird in einem Protokoll, in dem die Gesammt-Summen der vorgefundenen Vermögens-Bestände angegeben werden, niedergeschrieben.

Zu beachten sind die Bestimmungen des Handelsgesetzbuches im § 41 desselben. Danach sind das Inventar — die Vermögensnachweise — und die Bilanz von dem Kaufmanne zu unterzeichnen; sie können in ein dazu bestimmtes Buch eingeschrieben oder jedesmal besonders aufgestellt werden. Im letzteren Falle sind sie zu sammeln und in zusammenhängender Reihenfolge geordnet aufzubewahren.

Demgemäß werden also außer dem Protokoll auch die Inventurlisten vom Vorstand und Aufsichtsrath zu unterzeichnen sein. Aus praktischen Gründen entschließen wir uns, alle auf die Inventur und Jahresrechnung Bezug habenden Listen, Bücherauszüge und Aufstellungen mit der schließlich sich ergebenden Bilanz in einem Aktenheft zu vereinigen, das mit der Aufschrift: „Jahresrechnung für 1900“ versehen wird. Solches Aktenheft wird dann für jede Jahresrechnung besonders angelegt.

B. Der Bücher-Abschluß und die Konto-Auszüge.

Alsbald nach Jahresschluß werden die erforderlichen Abschluß-Arbeiten vorzunehmen sein. Nachdem die Umsätze des Monats Dezember ins Hauptbuch übertragen sind, fertigen wir wie nach jedem Monatsschluß so auch nach dem Jahresschluß eine Roh-Bilanz an. Dieselbe mag folgendes Resultat ergeben:

Roh-Bilanz für den 31. Dezember 1900.

Umsatz im Monat				Gesammtsummen				Seite des Hauptbuchs	Konti	Saldo			
Debet		Kredit		Debet		Kredit				Aktiva		Passiva	
ℳ	₰	ℳ	₰	ℳ	₰	ℳ	₰			ℳ	₰	ℳ	₰
11857	50	11740	60	131772	60	130935	15	1	Kassa-Konto . .	837	45	—	—
—	—	1071	50	—	—	11650	—	2	Geschäftsantheil-Konto . . .	—	—	11650	—
—	—	30	—	—	—	324	—	3	Reservefond-Konto . . .	—	—	324	—
4790	—	1041	-	49715	—	11537	—	4	Vorschuß-Konto .	38178	—	—	—
5494	—	5494	—	54534	—	54534	—	5	Prolongationen .	—	—	—	—
—	—	—	—	10000	—	9299	50	6	Bank-Konto . .	700	50	—	—
—	—	—	—	7299	50	1530	25	7	Effekten-Konto .	5769	25	—	—
—	—	—	—	406	50	—	—	8	Inventar-Konto .	406	50	—	—
1201	25	3280	60	6157	05	31908	55	9	Spareinlagen-Konto . . .	—	—	25751	50
200	—	750	—	2450	—	9850	—	10	Depositen-Konto .	—	—	7400	—
26	35	189	50	55	10	1127	30	11	Zinsen-Konto . .	—	—	1072	20
29	—	—	90	318	—	12	—	12	Unkosten-Konto .	306	—	—	—
23598	10	23598	10	262707	75	262707	75			46197	70	46197	70

Um die Positionen dieser Bilanz nachzuweisen und die Richtigkeit der Buchungen zu prüfen, müssen wir die Konten in den verschiedenen Nebenbüchern abschließen, und deren Saldi in Auszügen zusammenstellen. Hierbei ist jedoch Verschiedenes zu berücksichtigen. Vorerst wird die Berechnung der Spareinlagen- und Depositen-Zinsen, die wir den Gläubigern zu vergüten haben, nöthig sein, und wir werden uns dann in erster Reihe mit dem Auszuge aus den Spareinlagen- und Depositen-Kontobüchern beschäftigen, um diese, wie im ersten Bande der Handbibliothek Seite 60 empfohlen ist, zur Einsicht der Kontoinhaber möglichst bald bereit zu haben.

Die Kontoabschlüsse nehmen wir in Wirklichkeit erst dann vor, wenn wir durch den Kontoauszug die Uebereinstimmung der Gesammtsumme der Einzel-Saldi mit dem Saldo des entsprechenden Hauptbuch-Kontos festgestellt haben.

Wir deuten inzwischen die Zinsen, Umsatzsummen und Saldi mittelst Bleifedernotiz in den Nebenbüchern an. Zum Zeichen der Richtigkeit des Konto-Auszuges wird später unter der Bestand-Summe desselben die Seite des Hauptbuchs vermerkt, mit deren Saldo jene Summe übereinstimmt.

Sobald die Zinsen für alle Spareinlagen-Konten berechnet sind, fertigen wir nach folgendem Formulare aus diesen einen Auszug an, in dem die Nummer des Kontos, der Bestand zu Anfang des Jahres, — der hier im ersten Jahre noch nicht in Betracht kommt —, ferner die Summen der Debet- und Kredit-Umsätze, die gutzuschreibenden Zinsen, die gezahlten Zinsen und schließlich der Bestand nach der Zinsengutschrift angegeben werden. Auf Beifügung des Namens der Kontoinhaber ist Verzicht geleistet mit Rücksicht auf die schon erwähnte Offenlegung dieser Liste zur Einsicht der Gläubiger, und der hierbei zu wahrenden Diskretion.

Die in dem Formular vermerkten Beträge ergeben sich aus unseren Beispielen im Formular des Spareinlagen-Nebenbuches — Nr. 17 —. Die im Laufe des Jahres gezahlten Zinsen sind auf jedem Konto bei Anfertigung des Auszugs leicht zu erkennen, denn in der Zinsen-Rubrik des Kontos werden im Laufe des Jahres ausschließlich nur Zinsenzahlungen vermerkt.

Die Bestände am Jahresanfang, die Beträge der Kreditrubrik und der Zinsengutschriften müssen zusammen nach Abzug der Debetsummen die Bestände am Jahresschlusse ergeben. Die Spareinlagen betrugen nun nach unserem Auszuge Mk. 25976.20 am Jahresschlusse.

Formular 20.

Der Rechnungsauszug zum Spareinlagen-Konto.

Nummer	Bestand am 1./1. 1900		Umsatz				Zinsen				Saldo am 31. 12. 1900 mit Zinsen	
			Debet		Kredit		Gutschrift		Zahlung			
	M	₰	M	₰	M	₰	M	₰	M	₰	M	₰
1	—	—	20	—	50	—	—	82	—	—	30	82
2	—	—	—	—	650	—	16	85			666	85
3	—	—	46	—	171	—	3	30			128	30
4	—	—	300	—	300	—			4	—	—	—
					u. s. w.							
Summa	—	—	6157	05	31908	55	224	70	12	90	25976	20

= Hauptbuch Fol. 8.

Der Saldo der Rohbilanz von Mk. 25751.50 ergiebt unter Zuziehung der noch zu buchenden Zinsen von Mk. 224.70 denselben Betrag mit Mk. 25976.20.

Ist diese Uebereinstimmung nicht vorhanden, so müssen die Uebertragungen in dem Nebenbuche mit den Grundbuchungen des Kassabuchs verglichen — kollationirt — werden. Es darf nicht die kleinste Differenz geduldet werden, da diese ja das Resultat mehrerer Irrthümer sein kann, die sich summarisch ziemlich ausgleichen, aber doch auf einzelnen Konten vielleicht größere Abweichungen verursachten. Eine solche Prüfung wird durch unseren Auszug wesentlich insofern erleichtert, als dessen Debet- und Kredit-Kolonnen genau dieselben Gesammtsummen ergeben müssen, wie die Umsätze auf dem Hauptbuch-Konto — s. a. Roh-Bilanz — es ist daher sofort zu sehen, ob ein Fehler auf dieser oder jener Seite, in den Uebertragungen der Einnahmen oder Ausgaben zu suchen ist.

Die Zusammenstellung der Resultate aus den Depositen-Konten erfolgt in der folgenden Form. Wir vermerken auch hier den Bestand am Jahresanfang zuerst, dann die Umsätze und den hieraus sich ergebenden Kapitalbestand am Jahresschlusse, der nach der verschiedenartigen Verzinsung rubrizirt wird, damit hierüber später im Geschäftsbericht nähere Angaben gemacht werden können.

Formular 21.

Der Rechnungsauszug zum Depositen-Konto.

Nr.	Saldo am 1. Jan. 1900		Umsatz in 1900				Kapital-Saldo am 31. Dezember 1900				Zinsen							
			Debet		Kredit		4 %		3½ %		Saldo am 1. 1. 1900		für 1900		Davon sind gezahlt		Rest am 31.12.1900	
	M	Pf	M	Pf	M	Pf	M	Pf	M	Pf	M	Pf	M	Pf	M	Pf	M	Pf
1	—	—	2000	—	2000	—	—	—	—	—	—	—	3	15	3	15	—	—
2	—	—	—	—	3000	—	3000	—	—	—	—	—	90	—	—	—	90	—
3	—	—	300	—	1500	—	—	—	1200	—	—	—	13	25	4	50	8	75
			u. s. w.															
Summa	—	—	2450	—	9850	—	5100	—	2300	—	—	—	156	50	29	80	126	70
							Mk. 7400 = Hauptbuch Fol. 9										= Hauptbuch Fol. 12	

Für Zinsen sind von den Kapitalsummen vollständig getrennte Rubriken nöthig. Zunächst haben wir etwaige am Jahresanfang bestehende Zinsenreste, noch nicht abgehobene Zinsen früherer Jahre, zu notiren, dann die für das laufende Rechnungsjahr zu vergütenden Zinsen. Beide Summen geben die gesammte Zinsenschuld des Vereins an. Was hiervon ausgezahlt ist, und was alsdann noch Rest blieb am Jahresschlusse wird in den beiden folgenden Rubriken vermerkt.

Auf dem ersten Konto unseres Nebenbuchs — s. Formular Nr. 18 — ist das Kapital de Mk. 2000 gänzlich zurückgezahlt, es bleibt also kein Kapitalsaldo, die Zinsen sind mit 3 Mk. 15 Pfg. gezahlt, dieser Betrag erscheint als Zinsenlast des laufenden Jahres in der zweiten, als Zahlung in der dritten Rubrik für die Zinsen. Auf dem zweiten Konto wird für den Bestand von 3000 Mk. am Jahresschluß der Zinsenbetrag mit 90 Mk. ermittelt, und da er nicht abgehoben ist, vorgetragen, es ist ein Zinsen-Rest. Bei dem dritten Beispiel in unserem Auszuge ist angenommen worden, daß eingezahlte 300 Mk., nach einem halben Jahre abgehoben sind, nebst 3 % Zinsen mit 4 Mk. 50 Pfg., aber weitere 1200 Mk. wieder eingezahlt sind, die den Bestand bilden. Hierfür sind 8 Mk. 75 Pfg. zu 3½ % zu vergüten, so daß die gesammte Zinsvergütung 4 Mk. 50 Pfg. + 8 Mk. 75 Pfg. = Mk. 13.25 beträgt, wovon 4 Mk. 50 Pfg. gezahlt sind und 8 Mk. 75 Pfg. als Rest bleiben.

Vielfach pflegt man die Depositen-Zinsen schon in den letzten Tagen des Jahres auszuzahlen, um am Jahresschlusse möglichst wenig oder keine Zinsen-Saldi zu haben; das vereinfacht die Zinsrechnung. Rathsam ist es, wenigstens dafür zu sorgen, daß die restlichen Zinsen im folgenden Jahre zur Auszahlung kommen.

Der Auszug aus dem Geschäftsantheil-Konto verlangt ähnliche Feststellungen wie die früheren Auszüge. Während wir dort nur die Seiten oder Nummern der Konten angaben, verzeichnen wir hier außerdem die Namen der Kontoinhaber, um bei den häufig vorkommenden gleichen Beträgen, z. B. bei vollen Antheilen, Verwechselungen auszuschließen. Wir verbinden mit diesem Auszuge zugleich die Dividendenliste. Nachdem das Ergebniß der Jahresrechnung festgestellt ist, werden zunächst die an der Dividende theilnehmenden Guthaben ermittelt, die den vollen Mark-Beträgen des Bestandes zu Anfang des Jahres entsprechen. Hiervon werden nach dem beschlossenen Prozentsatz die Dividenden berechnet, die entweder den Mitgliedern gutgeschrieben oder ausgezahlt und hiernach in der Liste getrennt werden. Die thatsächliche Zahlung bezw. Gutschrift wird schließlich durch Angabe des Datums und bei der Zahlung auch durch Angabe der Ausgabe-Journal-Nummer bezeichnet. Diese Liste kann auch getrennt vom Guthaben-Konto-Auszuge angefertigt werden.

Ein Rechnungsauszug für das Vorschuß-Konto ist bereits in unserer Vorschuß-Liste in ausreichendstem Maße gegeben. Wir stellen die Beträge der laufenden Wechsel in die Rubrik „Saldo am Jahresschlusse" derselben ein und summiren dann sämmtliche Betrag-Kolonnen auf. Die Debet-Seite ergiebt den Gesammtbetrag der Ausleihungen in Höhe von Mk. 49 715, derselbe muß gleich sein der aus dem Vorschuß-Konto im Hauptbuche im Debet sich ergebenden Gesammtsumme. Die Kredit-Seite der Wechsel-Liste ergiebt die Summe der Rückzahlungen Mk. 11 537, die gleich der Summe auf der Kredit-Seite des Hauptbuch-Kontos sein muß. Hieraus resultirt dann der Bestand der Vorschüsse am Jahresschlusse Mk. 38 178 übereinstimmend mit dem Roh-Bilanz-Saldo und ebenso mit dem Inventur-Ergebnisse. Der Verlustposten von 30 Mk. wird, wie in

Formular 22.

Rechnungs-Auszug
zum Geschäftsantheil-Konto mit Dividenden-Liste.

Fol.	Namen	Guthaben am 1. Jan. 1900 ℳ ₰	In 1900 sind zurückgezahlt ℳ ₰	In 1900 sind eingezahlt u. gutgeschrieben ℳ ₰	Guthaben am 31. Dez. 1900 ℳ ₰	Dividenden-berechtigtes Guthaben ℳ	5 % Dividende pro 1900 gutzuschreibende ℳ ₰	5 % Dividende pro 1900 auszuzahlende ℳ ₰	Zahlung und Gutschrift erfolgte am	Kassen-Nr.
1.	Heinr. Arndt .	50 —	— —	100 —	150 —	50	2 50		10./2. 1901	
2.	Rob. Ehrhardt .	300 —	— —	— —	300 —	300		15 —	15./2. 1901	87
3.	C. Wilde . . .	— —	— —	12 —	12 —		— —	— —	—	
			u. s. w.							
		500 —	— —	11150 —	11650 — = H.-B. Fol. 2	500	5 —	20 —		

der Inventur-Liste so auch nachträglich in der Vorschuß-Wechsel-Liste vom Bestande auf Grund der noch folgenden bezüglichen Memorial-Buchung abgesetzt.

Die Vorschuß-Wechsel-Liste liefert ferner in ihren Gesammtergebnissen den Nachweis der Vorschuß-Zinsen, sowie der sämmtlichen Prolongationsbeträge.

Eine dritte Kontrole der Vorschuß-Außenstände würde die Zusammenstellung des Engagements jedes Mitgliedes nach der Belastungsliste — Formular 10 — sein. Unbedingt nöthig ist solche Zusammenstellung aber nicht, da sich die Buchungen in der Belastungs-Liste auf Grund der Uebertragungen aus der Vorschuß-Wechsel-Liste von Vierteljahr zu Vierteljahr kontroliren.

Indem wir in der Vorschuß-Wechsel-Liste die einzelnen Bestände vermerken, ermitteln wir zugleich zu denjenigen Posten, die im alten Jahre fällig waren, aber unerledigt blieben, die Zinszahlen für die Zeit bis zum Jahresschlusse, um, wie wir bereits bei der Besprechung jener Liste nach Formular 11 sahen, neben den für das folgende Jahr vorauserhobenen Zinsen auch die Restzinsen festzustellen und unter Berücksichtigung beider den richtigen Zinsenertrag. Da für die Vorschüsse 5% erhoben werden, so haben wir auch die Summe unserer Zinszahlen 8532 und 1490 durch den Zinsdivisor für 5% = 72 zu theilen und es ergeben sich daraus am Jahresschlusse Mk. 118.50 für 1901 voraus erhobene und Mk. 20.70 rückständige Zinsen für 1900, die wir später für Rechnung des Geschäftsjahres noch zu buchen haben.

Formular 23.

Rechnungsauszug aus dem Bank-Konto.

Fol.	Namen	Zinsen				Saldo am 31./12. 1900			
		Debet		Kredit		Debet		Kredit	
		ℳ	₰	ℳ	₰	ℳ	₰	ℳ	₰
1	Deutsche Genossenschaftsbank von Sörgel, Parrisius & Co., Berlin	30	75	15	65	715	60		

Wir hatten bisher nur mit einer Bankverbindung zu thun, und muß sich daher aus dem dafür geführten Spezial-Konto Uebereinstimmung mit dem Endresultate des Hauptbuch-Kontos ergeben. Unser Konto ergiebt einen Debet-Saldo von Mk. 715.60. Die Roh-Bilanz weist einen solchen von Mk. 700.50 auf, der nach Hinzurechnung der die Bank zu belastenden Zinsen „ 30.75

Mk. 731.25 und nach Abrechnung der derselben zu vergütenden Zinsen „ 15.65 mit Mk. 715.60 dasselbe Resultat ergiebt.

Haben wir mehrere Bank-Konten zu führen, so sind hieraus die Zinsen und Saldi in der in obigem Formulare veranschaulichten Weise zusammenzustellen. Da im Bankverkehr an einer Stelle Guthaben des Vereins, an anderer Schulden desselben vorkommen können, ebenso wie Zinsengutschriften und Belastungen, so sind auch solche Saldi im Auszuge zu trennen, ihre Differenz ergiebt dann den Roh-Bilanz-Saldo.

Wenn die Ergebnisse auf den Konten der einzelnen Effekten-Sorten in der Weise ermittelt worden sind, wie das bei Erläuterung des Formulars zum Effekten-Skontro — Nr. 15 — besprochen ist, so stellen wir diese Ergebnisse in nachfolgender Liste zusammen. Zunächst werden die Gesammt-Beträge der Effekten-Umsätze aus der letzten Rubrik des Skontros verzeichnet, aus deren Summen ergiebt sich nach unseren Beispielen der Saldo von Mk. 5769.25 übereinstimmend mit dem Roh-Bilanz-Saldo. Ferner haben wir die Summe der Kurs-Verluste und Kurs-Gewinne zu ermitteln, um erstere ist der wirkliche Effektenwerth niedriger, um letztere höher als jener Saldo.

Formular 24.

Rechnungs-Auszug zum Effekten-Konto.

Fol.	Bezeichnung	Gesammtsummen Debet ℳ	₰	Gesammtsummen Kredit ℳ	₰	Kurs- Verlust ℳ	₰	Kurs- Gewinn ℳ	₰	Zinsen-Ertrag ℳ	₰	Bestand am Jahresschlusse Nennwerth		Kurs-Werth		Zinsen	
1	3½ % Preußische Staatsschuldscheine	500	-	505	—	—	—	3	25	1	75		—	—	—	—	—
2	Deutsche Genossenschaftsbank-Aktien	4307	—	—	-	—	—	7	—	51	—	ℳ	3600	4221	—	144	—
3	3½ % Deutsche Reichs-Anleihe	2492	50	1025	25	15	40	—	—	34	25	„	1500	1478	—	13	10
	ℳ	7299	50	1530	25	15	40	10	25	87	-	ℳ	5100	5694	—	157	10
	Kredit-Summe „	1530	25			10	25	Gewinn						157	10		
	Rohbilanz Saldo = ℳ	5769	25			5	15	Netto Verlust						5851	10		
	Verlust	5	15											= Hauptbuch Fol. 6			
	ℳ	5764	10														
	Zins-Ertrag „	87	—														
	Bilanz-Saldo ℳ	5851	10														

Da die Verluste Mk. 15.40, die Gewinne Mk. 10.25 betragen, ist also dieser Saldo um Mk. 5.15 zu ermäßigen. Die Zinsen buchten wir mit den Effektenbeträgen zusammen, daher haben wir auch die Summe der Zinserträge — Mk. 87 — zum Rohbilanz-Saldo hinzuzurechnen, um danach auf den wirklichen Werth unseres Effektenbestandes einschließlich des Zinswerthes desselben mit Mk. 5851.10 zu kommen. Diesen Bestand verzeichnen wir schließlich nach dem Nennwerth, Kurswerth und dem Werthe der Theilzinsen bis Jahresschluß.

Wir haben durch diese Rechnungs-Auszüge den Spezial-Nachweis der Vermögensbestände und Schulden geführt und alles das dazu festgestellt, was für die Bilanz und Gewinn- und Verlust-Berechnung zu berücksichtigen ist. Unberührt blieben die Saldi des Kassa-Konto, Reservefond-Konto und Inventar-Konto, die ferner noch als Bilanz-Positionen in Betracht kommen.

Der Saldo des Kassa-Konto von Mk. 837.45 wird durch den Abschluß der Kassenbücher, sowie ferner durch die Inventur-Aufnahme in gleichem Betrage nachgewiesen.

Dem Reservefond-Konto werden im Laufe des Jahres die Eintrittsgelder neuer Mitglieder zugeführt. Den Nachweis der hierdurch bewirkten Zunahme des Reserve-Bestandes aber ergiebt die als Hülfskassenbuch dienende Beitragsliste über Einzahlungen auf dem Geschäftsantheil — Formular Nr. 5 —, aus deren erster Kolonne wir die Summe der Eintrittsgelder mit Mk. 324 entsprechend dem Ergebniß des Hauptbuch-Kontos ermitteln. Zuwendungen vom Gewinn des Rechnungsjahres erhöhen später den Reservefond, vorläufig bilden jene 324 Mk. seinen Bestand.

Das Inventar, welches hauptsächlich in Mobilien und Utensilien besteht, verzeichnen wir den einzelnen Bestandtheilen nach in einer Liste, ohne besondere Werthangabe. Als Werth desselben betrachten wir den Anschaffungswerth, der sich aus der Rohbilanz ergiebt, nachdem wir hiervon für Abnutzung bestimmte Prozente — 10 % jährlich — absetzten. Es würden dann von unserem Saldo de Mk. 406.50 abzusetzen sein: Mk. 40.65, so daß Mk. 365.85 als Vermögenswerth des Inventars verbleiben.

Schließlich haben wir uns noch davon zu überzeugen, ob der Zinsen-Saldo durch unsere Aufstellungen richtig nachgewiesen ist. Die Gesammtsumme der Kreditseite des Zinsen-Kontos finden wir mit Mk. 1127.30 als Vorschuß-Zinsen-Einnahme durch die Vorschuß-Wechsel-Liste nachgewiesen.

Die Debetsumme des Zinsen-Kontos setzt sich zusammen aus den Ausgaben

von Mk.	12.40	für rückvergütete Vorschuß-Zinsen laut Vorschuß-Wechsel-Liste.
" "	12.90	für gezahlte Spareinlage-Zinsen laut Auszug der Spareinlagen.
" "	29.80	für gezahlte Depositen-Zinsen laut Auszug der Depositen.

Summa: Mk. 55.10. Der Saldo hieraus ist demnach gleich Mk. 1072.20 entsprechend dem Saldo der Roh-Bilanz.

Zum Unkosten-Saldo von Mk. 306.—, dessen Richtigkeit wir lediglich durch Prüfung der Belege mit den einzelnen Kassaposten feststellen, ist zu berücksichtigen, daß für das Rechnungsjahr noch einige Ausgaben zu leisten sind, es mögen rund 20 Mk. sein, die demnach eine Schuld der Genossenschaft bilden.

Haben wir so die Richtigkeit unserer Roh-Bilanz vollkommen und damit auch die Richtigkeit der Buchführung festgestellt, so liegt uns nur ob, alles dasjenige noch zu buchen, was wir auf den einzelnen Geschäftsgebieten zu berücksichtigen haben, um die richtigen Geschäfts-Erträge und -Lasten, sowie die wirklichen Forderungen und Schulden der Genossenschaft für den Jahresschluß zu erhalten.

C. Die Abschluß-Buchungen.

Formular Nr. 25.

Alle Geschäftsvorkommnisse sind bisher durch die Kassen-Journale gebucht. Diese haben wir bei der Inventur abgeschlossen, um nachträgliche Eintragungen darin im Interesse der Zuverlässigkeit des Kassenabschlusses zu verhindern. Wollen wir also zum Zwecke der Bilanz-Aufstellung weitere Buchungen vornehmen, so müssen wir uns dazu eines anderen Buches, des Memorials bedienen, das wir bei Besprechung des Systems der doppelten Buchführung kennen lernten.

Die Memorial-Abschlußbuchungen bezwecken den Abschluß sämmtlicher Hauptbuch-Konten vermittelst eines Gewinn- und Verlust-Kontos, auf das wir alle Geschäftserträge — Zinsen, Kursgewinne — sowie alle Geschäftslasten — Zinsen, Koursverluste, Unkosten, Abschreibungen — buchen, sowie eines Bilanz-Kontos zur Buchung aller Forderungen und Schulden.

Spareinlagen.

Wir haben in erster Linie die den Spareinlegern am Jahresschlusse zu ihren Einlagen zuzuschreibenden Zinsen auf dem Spareinlagen-Konto im Kredit zu buchen und zwar zu Lasten des Zinsen-Konto. Es ist hierbei nicht erforderlich die einzelnen Zinsbeträge nochmals bei der Buchung im Memorial anzuführen, da wir diese bereits in dem Auszug zum Spareinlagen-Konto zusammengestellt haben, und hiernach auf den einzelnen Konten im Nebenbuche die Gutschrift vornehmen können. Wir buchen daher nur den Gesammt-Betrag von Mk. 224.70 unter Hinweis auf den Rechnungsauszug — s. Buchung 1 Formular 25.

Auf Spareinlagen zahlten wir somit Mk. 12.90 Zinsen
und schrieben gut: „ 224.70 „

mithin ist die Gesammt-Zinsenlast = Mk. 237.60, die sich im Debet des Zinsen-Konto befinden. Wir stellten uns zur Erklärung dieser Belastung des Zinsen-Konto vor, daß dasselbe die Mitglieder der Genossenschaft vertrete, die für alle Zinsenlasten aufzukommen und an alle Zinsengewinne Anspruch haben. Solche Pflichten und Rechte der Mitglieder ergeben sich auch noch aus anderen Konten, wir stellen sie jetzt auf dem Gewinn- und Verlust-Konto zusammen. Dieses haben wir uns daher wieder als das Abrechnungs-Konto für die Gesammtheit der Mitglieder vorzustellen, dem wir alle Lasten ins Debet, alle Gewinne ins Kredit schreiben. Die Spareinlagen-Zinsen von Mk. 237.60 würden daher dem Gewinn- und Verlust-Konto zu belasten, dem Zinsen-Konto gutzuschreiben sein, womit die bezüglichen Debetposten des Letzteren ihre Ausgleichung erfahren. Es ist also die Buchung 2 im Memorial erforderlich.

Depositen.

Der Rechnungsauszug zum Depositen-Konto zeigt an, daß im Laufe des Jahres 29 Mk. 80 Pfg. Zinsen gezahlt, also auch dem Zinsen-Konto belastet sind, daß aber am Jahresschlusse noch Mk. 126.70 Zinsen zu zahlen waren. Letztere gehören also zu den Zinsenlasten und wir müssen sie deshalb ins Debet des Zinsen-Konto bringen. Den Depositen-Kapitalien aber kreditiren wir dieselben nicht, wie das bezüglich der Spareinlagen-Zinsen geschah, sondern wir wollen diese Zinsen als Zinsenguthaben für die Depositen-Gläubiger bestehen lassen. Demzufolge schreiben wir sie einem Zinsen-Konto neue Rechnung gut, sie bilden darauf als Kreditsaldo eine Schuld des Vereins — s. Buchung 3 im Memorial —. Auch diese Buchung weist auf den Rechnungs-Auszug hin, aus dem wir die einzelnen Zinsbeträge auf die Nebenbuch-Konten bringen.

Die dem Zinsen-Konto belasteten Zinszahlungen sowie Zinsreste für Depositen von zusammen Mk. 156.50 haben wir nun ebenso wie die Spareinlagen-Zinsen dem Gewinn- und Verlust-Konto zu belasten dem Zinsen-Konto gutzuschreiben, wie es durch die Buchung 4 im Memorial geschehen ist.

Vorschüsse.

Bei der Inventur bezw. der Werthschätzung der Außenstände haben wir ermittelt, daß ein Vorschuß über 30 Mk. uneinziehbar ist. Den Bestand der Wechsel bezw. die Forderung der Genossenschaft auf Vorschuß-Konto ist entsprechend geringer geworden, wir haben deshalb das Vorschuß-Konto für 30 Mk. zu erkennen und dafür, da es sich um einen Verlust handelt, das Gewinn- und Verlust-Konto zu belasten — s. Buchung 5 im Memorial —.

Der Ertrag des Vorschuß-Geschäfts ist, wie wir bereits sahen, nicht identisch mit der Einnahme an Zinsen für Vorschüsse. Wir müssen von dieser vielmehr diejenigen Beträge abrechnen, die für das nächste Rechnungsjahr voraus erhoben sind, nach unserer Vorschußwechsel-Liste sind es Mk. 118.50. Dagegen haben wir hinzuzurechnen, was die Vorschußnehmer an Zinsen am Jahresschluß und zwar bis zu diesem schuldig waren = Mk. 20.70. Da die Zinseinnahmen sich auf der Kreditseite des Zinsen-Konto befinden, so würden demgemäß diesem Konto Mk. 20.70 noch zu kreditiren, Mk. 118.50 zu belasten sein. Dagegen ist erstere Summe dem Zinsen-Konto neue Rechnung zu belasten, sie ist eine Forderung, die durch die künftigen betreffenden Zinseingänge gedeckt wird, letztere Summe dagegen demselben gutzuschreiben, sie bildet einen Gewinn-Anspruch der Mitglieder, der bei der nächsten Jahresrechnung zu ihrer Verfügung sein wird — s. Buchung 6 und 7 —.

Es sind danach auf dem Zinsen-Konto, nach dem Ausweis der Vorschußwechsel-Liste gebucht:

im Kredit:	Mk. 1127.30	Einnahmen,	
	„ 20.70	Restzinsen	Sa. Mk. 1148.—
ferner			
im Debet:	Mk. 12.40	Ausgaben,	
	„ 118.50	vorauserhobene Zinsen	Sa. „ 130.90,

so daß der wirkliche Ertrag des Vorschuß-Geschäfts Mk. 1017.10 beträgt, die wir zur Ausgleichung jener Kredit- und Debetposten des Zinsen-Kontos diesem zu belasten und dagegen dem Gewinn- und Verlust-Konto gutzuschreiben haben, entsprechend der Buchung 8 im Memorial.

Unserem Bank-Konto sind, wie wir aus dem betreffenden Konto-Auszuge der Bank bezw. unserem Rechnungsauszuge entnehmen, Mk. 15.65 Zinsen zu vergüten, dagegen Mk. 30,75 Zinsen zu belasten, für erstere wird daher das Zinsen-Konto zum Schuldner, für letztere wird es Gläubiger, was die Buchungen 9 und 10 im Memorial bewirken. Da wir hierdurch Mk. 30.75 weniger Mk. 15.65 = Mk. 15.10 Ueberschuß im Kredit des Zinsen-Konto erhalten, so führen wir diesen Betrag dem Gewinn- und Verlust-Konto auch als Geschäftsertrag zu, indem wir das Zinsen-Konto dafür belasten, das Gewinn- und Verlust-Konto erkennen — Buchung 11 im Memorial. Bank-Konto.

Bei der Behandlung der Einrichtung des Effekten-Skontros sahen wir, daß Kurs-Verluste ins Kredit, Kurs-Gewinne und Zinserträge dagegen ins Debet der Konten zu stellen sind, denn der Werth Effekten.

der Effekten geht aus der Kontoschuld — Debetseite — hervor, und derselbe wird durch Gewinn erhöht — Zugang im Debet —, durch Verluste ermäßigt — Zugang im Kredit —. Demgemäß haben wir, um den wirklichen Vermögenswerth der Effekten im Saldo des Effekten-Kontos zu erhalten, durch die beiden Memorialbuchungen 12 und 13 diesem Konto auf Grund der Ergebnisse des Rechnungsauszuges Mk. 15.40 Koursverluste gutzuschreiben, Mk. 10.25 Koursgewinne und Mk. 87 Zinsgewinne zu belasten. Die Verluste hat das Gewinn- und Verlust-Konto zu tragen, es wird Schuldner, auf die Gewinne hat es Anspruch, es wird Gläubiger.

Die Buchung auf den Einzel-Konten im Nebenbuche geschieht an der Hand des Rechnungs-Auszuges, auf den die Memorialbuchung hinweist.

Inventar.

Zum Kassa-Konto und Reservefond-Konto sind keinerlei Buchungen zur Richtigstellung des Saldos erforderlich und auch keine Erträge oder Lasten zu buchen. Dagegen erfordert das Inventar-Konto die Abschreibung von 10 %. Den Schuldsaldo desselben von Mk. 406.50 ermäßigen wir daher durch Gutschrift von Mk. 40.65 auf Inventar-Konto zu Lasten des Gewinn- und Verlust-Kontos — Buchung 14 im Memorial.

Zinsen-Konto.

Das Zinsen-Konto ist durch die bisherigen Buchungen vollständig zum Ausgleich gebracht worden. Dagegen würde das Zinsen-Konto für neue Rechnung folgende Eintragungen enthalten:

Debet. **Zinsen-Konto für neue Rechnung.** Kredit.

1900					1900				
Dez.	31.	An Zinsen-Konto — Vorschuß-Rest-Zinsen	20	70	Dez.	31.	Per Zinsen-Konto — Noch zu zahlende Depositen-Zinsen —	126	70
					„	„	Per Zinsen-Konto — vorauserhobene Vorschuß-Zinsen — . .	118	50

Sämmtliche Posten bilden Bilanz-Saldi. Die Debet-Zinsen — Mk. 20.70 — sind Forderungen der Genossenschaft an die Vorschußschuldner, von den Kreditzinsen sind Mk. 126.70 Schulden an die Vereinsgläubiger, Mk. 118.50 Zinsgewinne, die für das nächste Jahr reservirt sind. In Wirklichkeit werden wir dieses Zinsen-Konto, neue Rechnung, ganz entbehren können, wenn wir dessen

Buchungen auf dem Zinsen-Konto selbst vornehmen, und jene Beträge also auch hierauf als Saldi später vortragen. Zur deutlichen Kennzeichnung geben wir denselben den Vermerk „neue Rechnung", was aus unserem Hauptbuch-Konto Fol. 10 zu ersehen ist.

Das Unkosten-Konto ergiebt einen Debet-Saldo von 306 Mk. Da noch 20 Mk. Unkosten am Jahresschlusse zu zahlen waren, so erhöht sich hierdurch die wirkliche Geschäftslast des Jahres auf 326 Mk. Wir haben daher das Unkosten-Konto für 20 Mk. noch zu belasten, das Konto selbst wird in neuer Rechnung wieder Gläubiger für diese Schuld der Genossenschaft, die durch Ausgabe im nächsten Jahre gedeckt wird. Wir erkennen demnach das Unkosten-Konto für den Betrag mit dem Vermerk „neue Rechnung" — Buchung 15 im Memorial —. Unkosten.

Die Gesammt-Unkostenlast von 326 Mk. wird auf dem Unkosten-Konto sodann durch Gutschrift getilgt zu Lasten des Gewinn- und Verlust-Kontos mittelst der Memorial-Buchung 16.

Jedes Hauptbuch-Konto ergiebt nach Uebertragung dieser 16 Buchungs-Posten den für den Vermögens- und Schulden-Nachweis maßgebenden Saldo. Der Ueberschuß der Aktiva — Debet-Saldi — über Passiva — Kredit-Saldi — ist der Reingewinn, der sich auch auf dem Gewinn- und Verlust-Konto als Kredit-Saldo ergiebt. Zählen wir ihn zu den Schulden hinzu, so erhalten wir folgende Uebersicht aller Debet- und Kredit-Saldi der Hauptbuch-Konten:

Debet-Saldi.				Kredit-Saldi.			
Fol. 1	Kassa-Konto . ℳ	837	45	Fol. 2	Geschäftsantheil-Konto . . . ℳ	11 650	—
„ 4	Vorschuß-Konto „	38 148	—	„ 3	Reservefond-Konto „	324	—
„ 5	Bank-Konto . „	715	60	„ 8	Spareinlagen-Konto . . . „	25 976	20
„ 6	Effekten-Konto „	5 851	10	„ 9	Depositen-Konto . „	7 400	—
„ 7	Inventar-Konto „	365	85	„ 10	Zinsen-Konto . . „	245	20
„ 10	Zinsen-Konto „	20	70	„ 11	Unkosten-Konto . „	20	—
				„ 13	Gewinn- u. Verlust-Konto . . „	323	30
	Summa ℳ	45 938	70		Summa ℳ	45 938	70

Die Bilanz der Aktiva und Passiva ist damit hergestellt. Bevor wir nun aber diese Saldi selbst zwecks Abschluß der

Hauptbuch-Konten buchen, vergegenwärtigen wir uns wieder, daß das Resultat des Gewinn- und Verlust-Kontos einen Anspruch der Mitglieder in Höhe des Kredit-Saldos von Mk. 323.30 ergiebt. Dieser Geschäfts-Gewinn wird entweder zur Erhöhung des eigenen Vermögens der Genossenschaft verwendet, indem den Mitgliedern eine bestimmte Summe als Dividende auf ihre Geschäftsguthaben zufällt und der Reservefond erhöht wird, oder theils zu bestimmten Ausgaben und Bewilligungen zurückgestellt, oder schließlich auch zum Theil für das folgende Geschäftsjahr als Gewinn-Reserve vorgetragen.

Wir nehmen an, daß die Vertheilung des Gewinnes von Mk. 323.30 in folgender Weise stattfindet.

Mk.	62.30	sind zunächst für Tantièmen und Verbandsbeiträge zu reserviren, sodann werden
„	25.—	als Dividende zu 5 % auf die Anfang des Jahres 1900 vorhandenen 500 Mk. Geschäftsguthaben gewährt,
„	216.—	fließen dem Reservefond zu und
„	20.—	kommen als Aufwendungen für gemeinnützige Zwecke zur Auszahlung.
Sa. Mk.	323.30.	

Die Dividende führen wir nicht dem Geschäfts-Antheil-Konto direkt zu, da deren Gutschrift, wie wir bereits bei Besprechung des Geschäftsantheil-Nebenbuches sahen, nur insoweit stattfinden darf, als das Geschäftsguthaben der Mitglieder noch nicht den vollen Geschäftsantheil von 500 Mk. erreicht hat. Wir errichten daher zunächst das „Dividenden-Konto" im Hauptbuche, für dessen Beträge die Eintragungen in den Dividenden-Rubriken im Geschäfts-Antheil-Skontro als Spezial-Nachweis dienen. Diesem Konto wird das Gewinn- und Verlust-Konto nun Mk. 25.— Dividende pro 1900 schuldig. Ebenso schuldet Letzteres dem Reservefond-Konto seine Zuweisung pro 1900 von Mk. 216.—. Die Abgabe dieser beiden Summen an jene Konten erfolgt durch die Memorialbuchung Nr. 17.

Wir errichten nunmehr im Hauptbuche ein **Bilanz-Konto**, belasten diesem alle Debet-Saldi der einzelnen Konten zu Gunsten der Letzteren und schreiben ihm alle Kredit-Saldi der einzelnen Konten gut zu Lasten dieser vermittelst der Memorial-Buchungen 18 und 19. Danach müssen sich die sämmtlichen Hauptbuch-Konten in ihren Debet- und Kreditsummen ausgleichen. Wir schließen dieselben daher ab, indem wir diese Summen zwischen den Abschlußstrichen vermerken, und tragen danach die Beträge des Bilanz-Kontos auf den einzelnen Konten wieder vor, indem wir die zur Ausgleichung im Kredit derselben gebuchten Saldi — Aktiva — den Konten wieder belasten, die zur Ausgleichung im Debet gebuchten Saldi — Passiva — ihnen wieder gutschreiben. Dies kann ohne besondere Memorialbuchung vorgenommen werden, da eine Gegenbuchung, die nach dem Grundsatze der doppelten Buchführung auf „Bilanz-Konto" erfolgen müßte, keinen besonderen Werth hat, es würden dadurch auf dem Bilanz-Konto lediglich dieselben Zahlen doppelt erscheinen, nur umgekehrt als zuerst: die Aktiva im Kredit, die Passiva im Debet.

Auf dem Gewinn- und Verlust-Konto ist dann also ein Kredit-Saldo von Mk. 82.30 vorzutragen. Dieser Gewinn-Rest setzt sich aus den im Jahre 1901 voll zur Auszahlung kommenden Tantièmen, Verbandsbeiträgen und gemeinnützigen Zuwendungen zusammen. Die betreffenden Kassen-Ausgaben werden wir demzufolge auf Gewinn- und Verlust-Konto belasten, wodurch dessen Kredit-Saldo im neuen Jahre beglichen wird.

Der Saldo des Dividenden-Konto von Mk. 25.— wird sich im Laufe des nächsten Jahres folgendermaßen erledigen. Sobald die Dividende festgesetzt ist, und wir nach dem Rechnungsauszuge zum Geschäfts-Antheil-Konto — Formular 22 — die gutzuschreibenden Dividenden — zusammen Mk. 5 — ermittelt haben, führen wir diese durch die Memorial-Buchung 20 auf die Kreditseite des Geschäftsantheil-Kontos zu Lasten des Dividenden-Kontos über. Die übrigen Mk. 20 sind auszuzahlende Dividenden, die durch die 1901er Kassen-Ausgabe dem Dividenden-Konto belastet werden. Es empfiehlt sich hierbei, möglichst Sorge zu tragen, daß alle Dividendenzahlungen bis Ende des folgenden Rechnungsjahres ausgeführt werden, damit bis dahin das Dividenden-Konto sich vollkommen ausgleicht, und wir mit Beständen nicht abgehobener Dividenden auf demselben nicht zu rechnen haben.

Auf Grund der Abschlüsse der Hauptbuch-Konten können die Konten der Nebenbücher ebenfalls definitiv abgeschlossen werden, so wie es bei den Einrichtungen derselben besprochen ist.

Die Abschlußbuchungen im Memorial mit der nächstjährigen Buchung der Dividenden-Gutschrift auf Geschäftsantheil-Konto folgen hiernach:

Formular 25.

Das Memorial.

Die Abschluß-Buchungen.

Dezember 1900.

	31.	**Buchung 1.**				
H.-B. Fol. 10		Zinsen-Konto Soll				
" " 8		An Spareinlagen-Konto				
		Gutzuschreibende Zinsen für 1900 laut Rechnungsauszug	224	70	224	70
		Buchung 2.				
H.-B. Fol. 13	"	Gewinn- u. Verl.-Konto Soll				
" " 10		An Zinsen-Konto				
		Summe der Spareinlagen-Zinsen für 1900	237	60	237	60
		Buchung 3.				
H.-B. Fol. 10	"	Zinsen-Konto Soll				
" " 10		An Zinsen-Konto — Neue Rechnung —				
		Für 1900 noch zu zahlende Depositen-Zinsen laut Rechnungsauszug	126	70	126	70
		Buchung 4.				
H.-B. Fol. 13	"	Gewinn- u. Verl.-Konto Soll				
" " 10		An Zinsen-Konto				
		Summe d. Depositen-Zinsen f. 1900	156	50	156	50
		Buchung 5.				
H.-B. Fol. 13	"	Gewinn- u. Verl.-Konto Soll				
" " 4		An Vorschuß-Konto				
		Verlust auf Wechsel Nr. 48 . .	30	—	30	—
		Buchung 6.				
H.-B. Fol. 10	"	Zinsen-Konto — Neue Rechnung — Soll				
" " 10		An Zinsen-Konto				
		Für 1900 rückständige Vorschuß-Zinsen laut Vorschuß-Wechsel-Liste	20	70	20	70

Dezember 1900.

	31.	**Buchung 7.**				
H.-B. Fol. 10		Zinsen-Konto Soll				
" " 10		An Zinsen-Konto — Neue Rechnung —				
		Für 1901 vorauserhobene Zinsen, laut Vorschuß-Wechsel-Liste . .	118	50	118	50
		Buchung 8.				
H.-B. Fol. 10	"	Zinsen-Konto Soll				
" " 13		An Gewinn- u. Verl.-Konto				
		Zinsertrag des Vorschuß-Geschäftes	1017	10	1017	10
		Buchung 9.				
H.-B. Fol. 10	"	Zinsen-Konto Soll				
" " 5		An Bank-Konto				
		Schuldige Bank-Zinsen laut Rechnungsauszug	15	65	15	65
		Buchung 10.				
H.-B. Fol. 5	"	Bank-Konto Soll				
" " 10		An Zinsen-Konto				
		Bank-Zinsen-Forderung laut Rechnungsauszug	30	75	30	75
		Buchung 11.				
H.-B. Fol. 10	"	Zinsen-Konto Soll				
" " 13		An Gewinn- u. Verl.-Konto				
		Ertrag aus Bank-Zinsen für 1900	15	10	15	10
		Buchung 12.				
H.-B. Fol. 13	"	Gewinn- u. Verl.-Konto Soll				
" " 6		An Effekten-Konto				
		Kursverluste laut Rechnungsauszug	15	40	15	40
		Buchung 13.				
H.-B. Fol. 6	"	Effekten-Konto Soll				
" " 13		An Gewinn- u. Verl.-Konto				
		Koursgew. laut Rechnungsauszug	10	25		
		Zinserträge " "	87	—	97	25

Dezember 1900.

	31.	**Buchung 14.**				
H.-B. Fol. 13		Gewinn- u. Verl.-Konto Soll				
„ „ 7		An Inventar-Konto				
		10% Abschreibung am Inventarwerth	40	65	40	65
		Buchung 15.				
H.-B. Fol. 11	„	Unkosten-Konto Soll				
„ „ 11		An Unkosten-Konto — Neue Rechnung —				
		Für 1900 noch zu zahlende diverse Kosten	20	—	20	—
		Buchung 16.				
H.-B. Fol. 13	„	Gewinn- u. Verl.-Konto Soll				
„ „ 11		An Unkosten-Konto				
		Geschäftsunkosten für 1900 . .	326	—	326	—
		Buchung 17.				
H.-B. Fol. 13	„	Gewinn- u. Verl.-Konto Soll				
		An Folgende:				
„ „ 12		An Dividenden-Konto				
		5% Dividende auf Mk. 500.— Guthaben der Mitglieder .	25	—		
„ „ 3		An Reservefond-Konto				
		Ueberweisung	216	—	241	—
		Buchung 18.				
H.-B. Fol. 14	„	Bilanz-Konto Soll — Aktiva —				
		An Folgende:				
„ „ 1		An Kassa-Konto	837	45		
„ „ 4		„ Vorschuß-Konto	38 148	—		
„ „ 5		„ Bank-Konto	715	60		
„ „ 6		„ Effekten-Konto	5 851	10		
„ „ 7		„ Inventar-Konto	365	85		
„ „ 10		„ Zinsen-Konto	20	70	45 938	70
		Buchung 19.				
	„	Folgende Sollen				
H.-B. Fol. 14		An Bilanz-Konto — Passiva —				
„ „ 2		Geschäftsantheil-Konto . . .	11 650	—		
		Übertrag	11 650	—		

Dezember 1900.

		Übertrag:	11650	—		
H.-B. Fol. 3		Reservefond-Konto	540	—		
" " 8		Spareinlagen-Konto	25976	20		
" " 7		Depositen-Konto	7400	—		
" " 10		Zinsen-Konto	245	20		
" " 11		Unkosten-Konto	20	—		
" " 12		Dividenden-Konto	25	—		
" " 13		Gewinn- u. Verlust-Konto . . .	82	30	45 938	70
		1901				
Februar	15.	**Buchung** 20.				
H.-B. Fol. 12		Dividenden-Konto Soll				
" " 2		An Geschäftsantheil-Konto				
		Gutzuschreib. Dividende pro 1900	5	—	5	—

D. Die Bilanz und der Geschäftsbericht.

Die Vermögensverhältnisse der Genossenschaft bringt zunächst die Uebersicht der Debet- und Kredit-Saldi der Hauptbuch-Konten, welche wir vor der Buchung der Gewinnvertheilung aufstellten — s. in Vorstehendem —, zum Ausdruck, und ferner das Bilanz-Konto des Hauptbuchs.

Die Ergebnisse aller Geschäftsvorgänge im Jahre sind in der ersten Bilanz zu einem Bilde vereinigt. Wir finden hier als **Aktiva** die Außenstände: Vorschüsse, Bankguthaben und Zinsenforderungen —

sowie die sonstigen Vermögenswerthe: Kassa, Effekten, Inventar —

ferner als **Passiva** zunächst die eigenen Kapitalien der Genossenschaft, die von den Mitgliedern in den Geschäftsbetrieb hineingesteckten Mittel: Geschäftsantheile bezw. Geschäftsguthaben und Reserven —

dann die Schulden der Genossenschaft: Spareinlagen, Depositen, schuldige Zinsen und Kosten —

und schließlich die für den nächsten Jahresgewinn zurückgestellten Zins-Einnahmen und den Gewinn des Rechnungsjahres selbst.

Man nennt diese den vollen Gewinnbetrag enthaltende Bilanz die „**Brutto-Bilanz**“. Die durch unser Bilanz-Konto im Hauptbuche veranschaulichte Bilanz, die sich nach der Gewinnvertheilung und der hierdurch bewirkten Aenderung der Passiva ergiebt, heißt die „**Netto-Bilanz**".

In Letzterer erscheint an Stelle des Reingewinns von Mk. 323.30
die Dividende mit . . . . Mk. 25.—
der Reservefond um Mk. 216 höher, also mit „ 540.—
und schließlich der Gewinn-Rest von . . . „ 82.30.

Für die Mitglieder der Genossenschaft sowohl wie für die Gläubiger derselben ist die Brutto-Bilanz in erster Linie von Bedeutung. Sie bringt das Ergebniß der ganzen Rechnungslegung zum Ausdruck, und ist die Grundlage für die Vertheilung von Gewinn und Verlust. Es kommt in ihr ferner der Vermögensstand am Jahresschlusse zur Darstellung. Mit der Veranschaulichung der Vermögenslage ist dagegen der Zweck der Netto-Bilanz für die Außenwelt erschöpft. Letztere Bilanz dient uns aber in den Büchern als Eröffnungs-Bilanz für das nächste Rechnungsjahr.

Eine Anzahl von Genossenschaften schließt dagegen mit den Brutto-Bilanz-Zahlen ihre Hauptbuch-Konten ab, bringt dann also den ganzen Reingewinn auf Gewinn- und Verlust-Konto zum Vortrag. In diesem Falle würde die Gewinnvertheilungs-Buchung — Memorialbuchung 17 — zu den Geschäftsvorgängen des neuen Jahres und also die Dividenden- und Reservefond-Gutschrift zu den Umsätzen der Letzteren gehören. Solche Buchungsart ist wiederholt schon auf den Genossenschaftstagen als nicht korrekt bezeichnet worden, da der Gewinn in den Büchern noch in demjenigen Jahre auf die einzelnen Konten vertheilt werden soll, in dem er erzielt worden ist.

Ueber die Genehmigung der Bilanz haben die Mitglieder der Genossenschaft in der Generalversammlung zu beschließen und ebenso über Vertheilung des Gewinns oder Verlustes, insoweit es sich hierbei um Festsetzung des auf die Genossen selbst entfallenden Betrages, also auch um Dividende handelt — § 48 des Gen.-Gesetzes — und soweit das Statut hierüber noch sonst Bestimmung trifft. Im Hinblick hierauf bestimmt das Gesetz betr. die Erwerbs- und Wirthschaftsgenossenschaften vom 1. Mai 1889 in § 48 weiter:

> Die Bilanz, sowie eine den Gewinn und Verlust des Jahres zusammenstellende Berechnung (Jahresrechnung) sollen mindestens eine Woche vor der Versammlung in dem Geschäftslokale der Genossenschaft oder an einer anderen, durch den Vorstand bekannt zu machenden, geeigneten Stelle zur Einsicht der Genossen ausgelegt oder sonst denselben zur Kenntniß

gebracht werden. Jeder Genosse ist berechtigt, auf seine Kosten eine Abschrift der Bilanz, sowie der Jahresrechnung zu verlangen. Es sollen sich auf solche Weise die Theilnehmer der Generalversammlung schon vorher über die Aufstellungen der Genossenschafts-Organe informiren können. Zu diesem Zwecke ist daher die Bilanz und eine Gewinn- und Verlust-Berechnung besonders anzufertigen, und es ist schon, um dem gesetzlichen Zwange der Abschriftsertheilung vorzubeugen, meist üblich, einen gedruckten Jahresbericht mit jenen Aufstellungen bereits vor der Generalversammlung den Mitgliedern zugänglich zu machen. Dies entspricht auch dem Beschlusse des Allgemeinen Genossenschaftstages in Karlsruhe — 1885 —, durch den allen Genossenschaften empfohlen ist:

> zeitig vor der nach Schluß des Geschäftsjahres stattfindenden General-Versammlung, in welcher über die Vertheilung des Reingewinnes zu beschließen ist, den Mitgliedern einen eingehenden Rechenschaftsbericht durch Druck zugänglich zu machen, und die darin eingestellten Zahlennachweise mit Erläuterungen zu den einzelnen Geschäftszweigen und Mittheilungen über die Ausdehnung des Geschäftes, Mitgliederzahl und Mitgliederbewegung und wichtigere Vorkommnisse aus dem Geschäft zu begleiten.

Am Schlusse dieser Ausführungen finden wir einen solchen Geschäftsbericht über unser erstes Geschäftsjahr. Nach einem Allgemeinen Theil über Geschäftseinrichtungen, wichtige Vorkommnisse 2c. enthält derselbe zunächst eine „Geschäftsübersicht". Dieselbe giebt den Inhalt der Hauptbuch-Konten bis zu den Abschlußbuchungen wieder; es sind darin drei Debet- und drei Kredit-Kolonnen enthalten, zwischen denen wir die Hauptbuch-Konten verzeichnen. In den ersten Rubriken befinden sich die Bestände zu Anfang des Jahres, hier also die Bestände unserer Eröffnungs-Bilanz; dann folgen links die Debet-Umsätze, rechts die Kredit-Umsätze nach den Summen, die wir aus den Monatsbuchungen im Hauptbuch ermittelt haben, und schließlich sind in der dritten Rubrik jeder Seite die Summen aus den Zahlen der ersten beiden Rubriken angegeben, dadurch erhalten wir unsere Roh-Bilanz zu Ende des Jahres.

Die zweite rechnerische Uebersicht „Gewinn- und Verlust-Berechnung" giebt die einzelnen Posten des Gewinn- und Verlust-

Kontos mit entsprechender Herleitung aus den Zahlungen und den späteren Abschlußbuchungen an.

An dritter Stelle ist die „Brutto-Bilanz" wiedergegeben, der sich die „Gewinn-Vertheilung" mit den bezüglichen Vorschlägen von Vorstand und Aufsichtsrath anschließt. Aus der Brutto-Bilanz und der Gewinnvertheilung ergiebt sich dann vorbehaltlich der Genehmigung der letzteren durch die Generalversammlung die „Netto-Bilanz". Die unter Nr. VI enthaltene Aufstellung betr. Mitgliederzahl, Guthaben und Haftsummen beruht auf der gesetzlichen Bestimmung über Veröffentlichung solcher, worauf wir noch zurückkommen.

Die Jahresrechnung muß natürlich die Unterschriften des Vorstandes tragen, und eine Bescheinigung des Aufsichtsrathes über die Prüfung der Rechnung. Die Unterzeichnungen erfolgen in der statutarisch dafür vorgeschriebenen Form.

Schließlich enthält der Geschäftsbericht noch weitere Erläuterungen und Mittheilungen, welche dem im ersten Bande der Handbibliothek S. 233 wiedergegebenen Beschlusse des Allg. Vereinstages zu Stuttgart (1879) und den dort im Anschluß hieran gemachten weiteren Vorschlägen entsprechen.

Die Veröffentlichung der Bilanz und Jahresrechnung durch den gedruckten Geschäftsbericht ist in der Hauptsache für die Mitglieder der Genossenschaft bestimmt. Es bleibt aber noch eine weitere Bekanntmachung der Bilanz erforderlich nach der Bestimmung des § 33 des Gesetzes betr. die Erwerbs- und Wirthschaftsgenossenschaften. Hier ist vorgeschrieben:

> Der Vorstand muß binnen 6 Monaten nach Ablauf jedes Geschäftsjahres die Bilanz desselben, die Zahl der im Laufe des Jahres eingetretenen oder ausgeschiedenen, sowie die Zahl der am Jahresschlusse der Genossenschaft angehörigen Genossen veröffentlichen. Die Bekanntmachung ist zu dem Genossenschaftsregister einzureichen.

Genossenschaften mit beschränkter Haftpflicht haben hierbei ferner den § 139 desselben Gesetzes zu beachten. Derselbe bestimmt:

> Mit der Bilanz eines jeden Geschäftsjahres ist außer den im § 33 vorgesehenen Angaben über die Zahl der Genossen der Gesammtbetrag, um welchen in diesem Jahre die Geschäftsguthaben sowie die Haftsummen der Genossen sich vermehrt oder vermindert haben und der Betrag der Haftsumme zu

veröffentlichen, für welche am Jahresschluß alle Genossen zusammen aufzukommen haben.

Die hiernach nothwendige Veröffentlichung erfolgt im Interesse der Gläubiger der Genossenschaft, deshalb ist für sie die Form der „Bekanntmachung" vorgeschrieben. Alle Bekanntmachungen der Genossenschaft geschehen aber nach der Bestimmung des Statuts durch Einrückung in eine oder mehrere Zeitungen. Somit kann nicht der gedruckte Geschäftsbericht die erforderliche Bekanntmachung ersetzen.

Es fragt sich nun, ob die Bilanz, welche den Gewinn als Saldo in Passiva enthält — die Brutto-Bilanz — oder die Bilanz, die sich nach der Vertheilung des Gewinns ergiebt — die Netto-Bilanz — bekannt gemacht werden soll. Die Beantwortung dieser Frage kann nicht schwer fallen: Der Gläubiger, der sich ein deutliches Bild von der Geschäftslage der Genossenschaft machen will, wird natürlich Werth darauf legen, daß er außer von dem Vermögensstande der Genossenschaft auch von dem geschäftlichen Ergebnisse im abgelaufenen Geschäftsjahre Kenntniß erhält. In dieser Erwägung hat der Allgemeine Genossenschaftstag zu Neustadt a. d. Haardt (1898) den Vorständen der Genossenschaften empfohlen,

> „im Sinne des § 31 Abs. 2*) des Genossenschaftsgesetzes die von der Generalversammlung genehmigte Bilanz vor der Verbuchung der beschlossenen Vertheilung des Reingewinns, bei einem Verlust-Saldo oder einer Unterbilanz vor Beseitigung oder Minderung derselben durch die beschlossenen Abschreibungsbuchungen, in den durch das Statut bestimmten Blättern zu veröffentlichen."

Wir werden also dementsprechend unsere Brutto-Bilanz mit dem Reingewinn-Saldo bekannt geben. Es wird nun zweckmäßig sein, dabei zugleich die Art der beschlossenen Gewinnvertheilung ersichtlich zu machen. Die durch diese bewirkte Aenderung der Vermögenslage der Genossenschaft kann unter Umständen eine nicht unerhebliche sein, zum Beispiel durch besonders hohe Ueberweisung an die Reserven, so daß dann dem Vorstande daran liegt, gerade dies offenkundig werden zu lassen. In der Regel wird sich ja auch durch die Gewinnvertheilung die Vermögenslage der Genossenschaft stets verbessern, und dies mag mitbestimmend dafür gewesen sein, daß

*) jetzt § 33 Abs. 2.

man bisher zum Theil die Netto-Bilanz veröffentlichte. Wir erreichen nun denselben Zweck, wenn wir den Gewinn-Saldo nach dem Beschluß über Vertheilung desselben in der bekannt zu gebenden Brutto-Bilanz erläutern durch Verzeichnung der Dividende, Reservefondzuschreibungen u. s. w. vor der Betrag-Kolonne, in der die Passiva und auch die Gewinnsumme Aufnahme finden.

Die Veröffentlichung des Mitgliederbestandes, sowie des Zu- und Abganges von Mitgliedern ist bereits auf Seite 49 und 50 des ersten Bandes der genossenschaftlichen Handbibliothek — Vorschuß- und Kredit-Vereine als Volksbanken — an Beispielen erläutert, desgleichen für Genossenschaften mit beschränkter Haftpflicht die Veröffentlichung der Zunahme oder Verminderung der Geschäftsguthaben der Mitglieder und der Haftsummen sowie des Betrages der gesammten Haftsummen.

Nach Vorstehendem werden wir daher die bezügl. Veröffentlichung unserer Genossenschaft in folgender Form bewirken, womit zugleich alle Obliegenheiten in Bezug auf die Jahresrechnung erfüllt sein werden:

Bekanntmachung nach §§ 33 Abs. 2 und § 139 des Genossenschaftsgesetzes.

Vorschuß-Verein zu .....

Eingetragene Genossenschaft mit (un)beschränkter Haftpflicht.

Aktiva. **Bilanz für den 31. Dezember 1900.** **Passiva.**

Kassa	837	45	Mitglieder-Guthaben	11650	—
Vorschüsse	38148	—	Reservefond	324	—
Bank-Guthaben	715	60	Spareinlagen	25976	20
Effekten	5851	10	Depositen	7400	—
Inventar	365	85	Vorauserhobene Zinsen für 1901	118	50
Zinsenforderungen	20	70	Depositen-Zinsen, noch zu zahlende	126	70
			Kosten, noch zu zahlende	20	—
			Reingewinn:		
			Tantième u. Verbandsbeiträge . Mk. 62.30		
			5 % Dividende . „ 25.—		
			Ueberweisung an den Reservefond „ 216.—		
			Für gemeinnützige Zwecke „ 20.—		
			Summa	323	30
	45938	70		45938	70

Mitgliederzahl bei Beginn des Geschäftsjahres 1900 =	12	Mitglieder,
Im Laufe des Jahres sind beigetreten	108	„
so daß am Schlusse des Jahres vorhanden sind . .	120	„
Hiervon scheiden mit Ende des Jahres aus — durch Aufkündigung 1 durch Tod 2 — zusammen .	3	„
Es bleibt sonach für das neue Jahr ein Bestand von	117	Mitgl.

Die Geschäftsguthaben der Mitglieder haben sich von Anfang 1900 bis Ende desselben Jahres um Mk. 11 150 vermehrt, die Haftsummen in der gleichen Zeit um Mk. 33 300 vermehrt. Am Jahresschluss haben 120 Genossen für Mk. 36 900 Haftsummen zusammen aufzukommen.

..................., den . . . . 1901.

Vorschuß-Verein zu ....
Eingetragene Genossenschaft mit unbeschränkter (beschränkter) Haftpflicht.

Würdig,	Treu,	Hell,
Direktor.	Kassirer.	Kontroleur.

Anm. Was durch schrägen Druck hervorgehoben ist, haben nur Genossenschaften mit beschränkter Haftpflicht besonders mit zu veröffentlichen.

Entwurf.

Geschäfts-Bericht

des Vorschuß-Vereins zu ......

eingetragene Genossenschaft mit (un)beschränkter Haftpflicht

für das Jahr 1900.

Erstes Geschäftsjahr.

Wir beehren uns, hiermit Bericht über die Geschäftsergebnisse im ersten Jahre des Bestehens unserer Genossenschaft zu erstatten. Nach der Begründung des Vereins im Dezember 1899 nahm dieser am 1. Januar 1900 den Geschäfts-Betrieb mit dem von fünf seiner Begründer gegebenen Kapital von 500 Mk. auf. Erfreulich ist die im ersten Jahre gewonnene Ausdehnung; es sind 108 Mitglieder beigetreten, so daß der Verein mit den 12 Begründern insgesammt 120 Mitglieder zählt, wovon mit Jahresschluß 3 Mitglieder ausscheiden. Auch flossen der Kasse, nachdem sie anfangs die Hilfe der Deutschen Genossenschaftsbank von Sörgel, Parrisius & Co. in Anspruch nehmen mußte, schließlich ausreichende Mittel zu, um in ihrem noch bescheidenen Rahmen die Kreditansprüche der Mitglieder befriedigen zu können.

Wenn auch der

Geschäftsumsatz = Mk. 262 707.75

noch kein sehr großer ist, so beweist doch auch dieser erreichte Erfolg, daß die Genossenschaft ein Bedürfniß war, und er eröffnet derselben die Aussicht einer weiteren, fortschreitenden Entwickelung.

Die Genossenschaft hat die ihr gestellte Aufgabe, dem Handwerker und Gewerbetreibenden wie dem Landwirthe die ihnen zeitweilig fehlenden Betriebsmittel zu verschaffen, bisher durch

Gewährung von Vorschüssen zu 5 %

zu erfüllen gesucht. Zu diesem Zwecke nimmt die Genossenschaft

Spareinlagen zu 3 % bei vierteljähriger Kündigungsfrist,
Depositen zu $3\frac{1}{2}$ und 4 % bei halb- bezw. ganzjähriger Kündigungsfrist

von Jedermann an. Diesen bisherigen Geschäftszweigen sind mit dem 1. Januar des laufenden Jahres neu hinzugetreten:

Diskontirung von Geschäftswechseln zu $\frac{1}{2}$ bis 1 % über Reichsbank-Diskont,
Kredit-Gewährung in laufender Rechnung — Konto-Korrent-Verkehr —,
Annahme von Geldern zu 2 % ohne Kündigungsfrist — **Check-Verkehr** —.

Die Genossenschaft besorgt für ihre Mitglieder ferner:

Das **Inkasso** von Wechseln, Checks, Anweisungen u. dgl.
Den **An- und Verkauf von Effekten**.

Im verflossenen Jahre sind zwei Generalversammlungen abgehalten worden. In der ersten derselben, im Januar wurde der Gesammtbetrag, welchen Anleihen der Genossenschaft und Spareinlagen bei derselben nicht überschreiten sollen auf 100 000 Mk. festgesetzt, ferner wurde als Grenze, welche bei Kreditgewährungen eingehalten werden soll, der Betrag von 3000 Mk. bestimmt. In der zweiten Generalversammlung fand die Wiederwahl des Kassirers auf 3 weitere Jahre statt und ferner die Erhöhung der Zahl der Aufsichtsrathsmitglieder auf 7 durch entsprechende Statuten-Aenderung und Neuwahl.

Der Vorstand besteht jetzt aus den Herren ......, Direktor, ..., Kassirer, ..., Kontroleur.

Der Aufsichtsrath besteht aus den Herren: ....

Nach den folgenden Zusammenstellungen nebst der Bilanz ist der

Geschäftsertrag = Mk. 323.30,

der nach den Vorschlägen von Vorstand und Aufsichtsrath zum größten Theile dem Reservefond überwiesen werden soll, nachdem für die bereits am Anfang des Jahres auf Geschäftsantheil geleisteten Einzahlungen 5 % als Dividende vorgesehen und die vertragsmäßigen Tantièmen und Verbandsbeiträge zurückgestellt wurden.

Die Generalversammlung, welche hierüber zu beschließen haben wird, findet am 24. Januar 1901 im .... statt. Folgende Gegenstände bilden die

Tagesordnung.

1. Berichterstattung des Vorstandes über das abgelaufene Geschäftsjahr.
2. Bericht des Aufsichtsrathes über die Prüfung der Bilanz und anschließend daran Beschlußfassung über Genehmigung derselben.
3. Beschlußfassung über Vertheilung des Reingewinnes.
4. Besprechung der neuen Geschäftseinrichtungen und allgemeine Angelegenheiten.

Wir laden die Mitglieder zu dieser Versammlung freundlichst ein, und bitten dieselben, sich recht zahlreich daran betheiligen zu wollen.

...., den 15. Januar 1901.

Der Vorstand. Der Aufsichtsrath.

I. Geschäfts-Uebersicht.

Bestand am 1.1.1900		Debet-Umsatz in 1900		Summa		Konti	Bestand am 1.1.1900		Kredit-Umsatz in 1900		Summa	
ℳ	₰	ℳ	₰	ℳ	₰		ℳ	₰	ℳ	₰	ℳ	₰
400	—	131372	60	131772	60	Kassa-Konto	—	—	130935	15	130935	15
—	—	—	—	—	—	Geschäftsantheil-Konto .	500	—	11150	—	11650	—
—	—	—	—	—	—	Reservefond-Konto . .	—	—	324	—	324	—
—	—	49715	—	49715	—	Vorschuß-Konto . . .	—	—	11537	—	11537	—
—	—	54534	—	54534	—	Prolongationen . . .	—	—	54534	—	54534	—
—	—	10000	—	10000	—	Bank-Konto	—	—	9299	50	9299	50
—	—	7299	50	7299	50	Effekten-Konto . . .	—	—	1530	25	1530	25
100	—	306	50	406	50	Inventar-Konto . . .	—	—	—	—	—	—
—	—	6157	05	6157	05	Spareinlagen-Konto .	—	—	31908	55	31908	55
—	—	2450	—	2450	—	Depositen-Konto . . .	—	—	9850	—	9850	—
—	—	55	10	55	10	Zinsen-Konto . . .	—	—	1127	30	1127	30
—	—	318	—	318	—	Geschäftsunkosten-Konto	—	—	12	—	12	—
500	—	262207	75	262707	75		500	—	262207	75	262707	75

II. Gewinn- und Verlust-Berechnung.

Verlust:				Gewinn:		
Spareinlagen-Zinsen.				**Zinsen für Vorschüsse.**		
Gezahlte . . Mk. 12.90				Eingenommen		
Gutgeschriebene „ 224.70	237	60		sind . . . Mk. 1127.30		
Depositen-Zinsen.				Rückvergütet		
Gezahlte . . Mk. 29.80				wurden . . „ 12.40		
Abzüglich des				Mk. 1114.90		
Saldo am 1./1.				Dazu rückstän-		
1900 . . . „ —				dige Zinsen . „ 20.70		
Mk. 29.80				Mk. 1135.60		
Noch zu zahlen				Abzüglich der		
sind . . . „ 126.70	156	50		für 1901 vor-		
				auserhobenen „ 118.50	1017	10
Vorschuß-Konto.						
Verlust	30	—		**Ertrag der Effekten.**		
Inventar-Konto.				Kursgewinn Mk. 10.25		
10 % Abschreibung . . .	40	65		Zinsen . . . „ 87.—		
Geschäftsunkosten.				Mk. 97.25		
Gezahlte . . Mk. 306.—				Abzüglich		
Noch zu zah-				Kursverluste „ 15.40	81	85
lende . . . „ 20.—	326	—				
Reingewinn	323	30		**Bank-Zinsen.**		
				Zu unseren Gunsten . . Mk. 30.75		
				Zu unseren Lasten . . „ 15.65	15	10
	1114	05			1114	05

III. Bilanz.

Aktiva.				Passiva.		
Kassen-Bestand	837	45		Mitglieder-Guthaben . .	11 650	—
Vorschüsse	38 148	—		Reservefond	324	—
Bank-Guthaben	715	60		Spareinlagen	25 976	20
Effekten	5 851	10		Depositen	7 400	—
Inventar	365	85		Vorschußzinsen, für 1901 vorauserhobene . . .	118	50
Restzinsen	20	70		Depositen-Zinsen, noch zu zahlende	126	70
				Kosten, noch zu zahlende .	20	—
				Reingewinn	323	30
	45 938	70			45 938	70

IV. Gewinn-Vertheilung.

Von dem Reingewinn für 1900		de Mk. 323.30
sind vertragsmäßig 10 % Tantième zu gewähren mit	Mk. 32.30	
Beiträge an den Verband zu zahlen . . .	„ 30.—	„ 62.30
und es verbleiben danach zur Verfügung der Generalversammlung		Mk. 261.—

Vorstand und Aufsichtsrath schlagen der Letzteren folgende Vertheilung vor:

1) 5 % Dividende auf Mk. 500 Guthaben der Mitglieder am 1. Januar 1900 =	Mk. 25.—
2) Aufwendung für gemeinnützige Zwecke . .	„ 20.—
3) Ueberweisung an den Reservefond . . .	„ 216.—
Summa	Mk. 261.—

Genehmigt die Generalversammlung diese Vorschläge, so ergiebt sich hiernach folgende

V. Netto-Bilanz.

Passiva. **Aktiva.**

Kassen-Bestand	837	45	Mitglieder-Guthaben . .	11 650	—
Vorschüsse	38 148	—	Reservefond	540	—
Bank-Guthaben	715	60	Dividende	25	—
Effekten	5 851	10	Spareinlagen	25 976	20
Inventar	365	85	Depositen	7 400	—
Rest-Zinsen	20	70	Vorschuß-Zinsen, für 1901 vorauserhobene . . .	118	50
			Depositen-Zinsen, noch zu zahlende	126	70
			Kosten, noch zu zahlende .	20	—
			Tantièmen und Verbandsbeiträge	62	30
			Gewährung zu gemeinnützigen Zwecken . . .	20	—
	45 938	70		45 938	70

VI. Mitglieder-Bewegung, Guthaben und Haftsummen.*)

Mitgliederzahl bei Beginn des Geschäftsjahres . .		12 Mitglieder,
im Laufe des Jahres sind beigetreten		108 „ ,
so daß am Schlusse des Geschäftsjahres 1900 vorhanden sind		120 Mitglieder.
Hiervon scheiden mit Beendigung des Geschäftsjahres aus in Folge Aufkündigung	1	
durch Tod	2	
„ Ausschluß	— zus. 3	„
Es bleibt sonach für das neue Geschäftsjahr ein Bestand von		117 Mitgliedern

Betrag der Geschäftsguthaben Anfang des Jahres 1900	*Mk.*	*500*
„ „ „ Ende „ „ „	*„*	*11 650*
Mithin Vermehrung während des Jahres um	*Mk.*	*11 150*
Betrag der Haftsumme Anfang des Jahres 1900 . .	*Mk.*	*3 600*
„ „ „ Ende „ „ „	*„*	*36 900*
Mithin Vermehrung während des Jahres um	*Mk.*	*33 300*

. . . , den 15. Januar 1901.

Vorschuß-Verein zu . . . . . .
eingetragene Genossenschaft mit (un)beschränkter Haftpflicht.

Würdig, Direktor. **Treu,** Kassirer. **Hell,** Kontroleur.

Auf Grund der vorgenommenen Prüfung der vorstehenden Jahresrechnung und Bilanz wird hiermit deren Richtigkeit und Uebereinstimmung mit dem Inventur-Ergebnisse und den ordnungsmäßig geführten Büchern bescheinigt.

. , den 16. Januar 1901.

Der Aufsichtsrath des Vorschuß-Vereins zu . . . . . .
eingetragene Genossenschaft, mit (un)beschränkter Haftpflicht.
. . , Vorsitzender.

Den vorstehenden zahlenmäßigen Uebersichten fügen wir noch folgende Erläuterungen an:

Vorschüsse.

Die von der Genossenschaft insgesammt gewährten Vorschüsse betrugen Mk. 49715. Hiervon sind 11537 Mk. im Laufe des

*) Der schräg gedruckte Theil kommt nur bei Genossenschaften mit beschränkter Haftpflicht in Betracht, während Genossenschaften mit unbeschränkter Haftpflicht hier lediglich die Mitgliederzahlen angeben.

Jahres zurückgezahlt. Die Frist auf welche Vorschuß-Darlehen gegeben werden, ist längstens 3 Monate, sie kann von Vierteljahr zu Vierteljahr verlängert werden. Es soll jedoch Festlegung von Kapitalien dabei vermieden werden, und wird daher auch im Interesse der Mitglieder auf allmähliche Abzahlungen Werth gelegt.

Mk. 54534 Vorschüsse sind prolongirt worden.

Der Bestand an Vorschüssen von Mk. 38148 setzt sich zusammen aus 126 Posten, davon betragen 67 zwischen 10 und 100 Mk.

35	„	100	„	500	„
18	„	500	„	1000	„
5	„	1000	„	2000	„
1	3000 Mk.				

Ein Vorschuß über 30 Mk. mußte wegen Unvermögens des betr. Schuldners als Verlust abgeschrieben werden.

Bankguthaben.

Der Verein unterhielt eine Geschäftsverbindung mit der Deutschen Genossenschaftsbank von Sörgel, Parrisius & Co., um durch diese sich zeitweilig mangelnde Betriebsmittel zu verschaffen, und andererseits zeitweilig überflüssige Bestände bei ihr anzulegen. Das höchste Guthaben des Vereins betrug im Laufe des Jahres Mk. 3580, die höchste Schuld Mk. 1500. Am Jahresschluß verblieb ein Guthaben von Mk. 715.60.

Effekten.

Die Effekten-Umsätze beschränken sich auf Vermittelungen von Ankäufen und Verkäufen für Mitglieder und eigene Erwerbungen guter Papiere. Jedes Spekulations-Geschäft ist ausgeschlossen. Am Jahresschluß besaß der Verein:

Mk. 1500 3½ % Deutsche Reichsanleihe zum Kourse von Mk. 98.20 .	=	Mk. 1473.—	
Dazu 3½ % Zinsen f. ¼ Jahr	=	„ 13.10	Mk. 1486.10
Mk. 3600 Deutsche Genossenschafts-Bank-Aktien zum Kourse von Mk. 117.25	=	Mk. 4221.—	
Dazu 4 % Zinsen f. 1900 . .	=	„ 144.—	„ 4365.—
Gesammtwerth der Effekten			Mk. 5851.10

Das eigene Vermögen.

Die Einzahlungen der Mitglieder auf den Geschäftsantheil beliefen sich auf Mk. 11150, so daß zuzüglich des Bestandes am 1. Januar 1900 insgesammt Mk. 11650 Guthaben am Jahresschlusse vorhanden waren. Auf jedes der 120 Mitglieder entfallen davon durchschnittlich Mk. 97.08.

Zum eigenen Vermögen gehören ferner noch die Reserven, die durch die Eintrittsgelder 108 neuer Mitglieder auf Mk. 324 angesammelt sind, und nach Zuschreibung des vorgeschlagenen Gewinnantheils 540 Mk. betragen werden.

Das eigene Vermögen beträgt hiernach 12190 Mk.

Die fremden Betriebsmittel.

Die Spareinlagen betrugen Mk. 31908.55, wovon im Laufe des Jahres wieder Mk. 6157.05 abgehoben wurden. Nach Gutschrift von Mk. 224.70 Zinsen blieb am Jahresschlusse ein Bestand an Einlagen von Mk. 25976.20.

Wenngleich eine Kündigungsfrist für Abhebungen ausbedungen ist, so erfolgt doch, soweit es der Stand der Kasse gestattet, jede gewünschte Rückzahlung sofort, was im abgelaufenen Jahr ausnahmslos geschah. Die Zahl der Spareinlagen-Konten beträgt 120.

Als Depositen werden nur größere Kapitalien angenommen, die der Genossenschaft längere Zeit verbleiben, und für die auch eine längere Kündigungsfrist ausbedungen wird. Abhebungen vor Ablauf dieser erfordern entsprechende Reduzirung der Zinsen. Die Depositen-Bestände betragen Mk. 7400, davon sind Mk. 5100 zu 4 %, Mk. 2300 zu $3^1/_2$ % verzinslich.

Die fremden Betriebsmittel betragen demnach insgesammt Mk. 33376.20. Die eigenen Mittel verhalten sich dazu wie $36^1/_2$: 100.

Unkosten.

Die Geschäftsunkosten belaufen sich auf Mk. 326.— nach Abzug der Einnahmen für Spareinlagen-Abrechnungsbücher. Davon entfallen auf

Besoldungen	Mk.	240.—	
Heizung, Beleuchtung . .	„	31.	
Schreibutensilien	„	40.20	
Porti	„	14.80	Sa. Mk. 326.—

Die Berufsarten der Mitglieder.

Die dem Verein am 1. Januar 1901 angehörenden 117 Mitglieder vertheilen sich auf folgende Berufsklassen:

Landwirthe und Gärtner	34
Fabrikanten und Bauunternehmer	3
Selbstständige Handwerker	38
Arbeiter, Handwerksgesellen und Gehilfen . . .	12
Selbstständige Kaufleute und Händler	10
Fuhrherren, Gastwirthe	4
Briefträger und Unterbeamte	2
Aerzte, Lehrer, Staats- und Gemeindebeamte . .	5
Rentiers und andere Personen ohne Berufsübung	9
zusammen	117

Von diesen Mitgliedern wohnen hier am Orte 65, in . . . . . 22, in . . . . . 18, in . . . . . 9, in . . . . . 3.

Anm. In den folgenden Geschäftsberichten wird eine Statistik der Ergebnisse des Geschäfts in folgender Form ungefähr Aufnahme finden können.

Statistik.

Jahr	Mitgliederzahl	Eigenes Vermögen		Fremde Gelder	Kredite		Prolongationen	Verluste	Rein-Gewinn	Dividende
		Geschäfts-Guthaben	Reserve		insgesammt gewährt	Bestände				
		ℳ	ℳ	ℳ	ℳ	ℳ	ℳ	ℳ	ℳ	%
1900	120	11650	540	33376	49715	38148	54534	30	323	5

IV. Anhang.

Die Zinsenberechnung mit Zinszahlen.

Zinsen sind eine Vergütung seitens des Kapitalempfängers — — Schuldners — an den Kapitalgeber — Darleiher. — Sie richten sich nach der Höhe des Kapitals und der Länge der Zeit, während welcher dies dargeliehen ist. Als Maßstab dient eine Vergütung für 100 Mark auf ein Jahr — der Zins- oder Prozentsatz —. Das Jahr wird bei der Zinsenrechnung stets zu 360 Tagen, jeder Monat zu 30 Tagen angenommen. Nur volle Mark kommen bei derselben in Betracht.

Also 5% bedeutet, daß für 100 Mark auf 1 Jahr 5 Mark vergütet werden. Für ein beliebiges anderes Kapital z. B. 4365 Mk. würden demnach $\frac{4365}{100} \times 5 =$ Mk. 218,25 auf ein 1 Jahr zu vergüten sein, und für dieselbe Summe auf 3 Mon. 16 Tage oder $\frac{106}{360}$ Jahr $= 218{,}25 \times \frac{106}{360} =$ Mk. $64{,}^{26}$.

Wenn wir für 218,25 die Entstehungsformel setzen, so erhalten wir die Zinsen für 4365 Mk. zu 5% auf 106 Tage sind $= \frac{4365 \times 5 \times 106}{100 \times 360}$ oder allgemein ausgedrückt:

$$\frac{\text{Kapital} \times \text{Zinsfuß} \times \text{Tage}}{100 \times 360}$$

In dieser Zinsenberechnungsformel können sich bei demselben Zinsfuß nur die Zahlen für „Kapital" und für „Tage" ändern. Das Produkt aus ihnen, der Einfachheit halber gleich durch 100 dividirt, also $\frac{\text{Kapital} \times \text{Tage}}{100}$ heißt „Zinszahl".

Diese Zinszahl ist mit dem Zinsfuß zu multipliziren und durch 360 zu dividiren, oder da der Zinsfuß gewöhnlich in 360 ohne Rest enthalten ist, mit dem Quotienten hieraus zu dividiren.

Der Quotient aus der Division des Zinsfußes in 360 heißt „Zinsdivisor."

Die Zinsen sind also $= \frac{\text{Zinszahl}}{\text{Zinsdivisor}}$.

Auf unser Beispiel angewendet ist die Zinszahl $= \frac{4365 \times 106}{100}$ $= 4627$, der Zinsdivisor 5 in $360 = 72$.

Die Zinsen betragen also $\frac{4627}{72}$ = Mk. 64,26.

Der Zinsdivisor ist für:

$2\ \%$	$= 2$	$: 360 =$	180	$4\ \%$	$= 4$	$: 360 =$	90
$2\frac{1}{2}\%$	$= 2\frac{1}{2}$	$: 360 =$	145	$4\frac{1}{2}\%$	$= 4\frac{1}{2}$	$: 360 =$	80
$3\ \%$	$= 3$	$: 360 =$	120	$5\ \%$	$= 5$	$: 360 =$	72
$3\frac{1}{3}\%$	$= 3\frac{1}{3}$	$: 360 =$	108	$6\ \%$	$= 6$	$: 360 =$	60
$3\frac{3}{4}\%$	$= 3\frac{3}{4}$	$: 360 =$	96				

Wenn ein glatter Zinsdivisor sich nicht ergiebt, so lassen sich die Vortheile dieser Rechnungsart doch anwenden, indem man zunächst die Zinsen zu einem bequemeren Zinsfuß ausrechnet, und dann in gleichem Verhältniß, als dieser Zinsfuß höher oder niedriger als der anzuwendende ist, den Zinsenbetrag erhöht oder ermäßigt.

Man wird also, um die Zinsen nach einem Zinsfuße

v.	$3\frac{1}{4}\%$	z. finden,	erst	3%	berechn.	u.	z.	Ergebniß	$\frac{1}{12}$ hinzuzählen
"	$3\frac{1}{2}\%$	"	"	3%	"	"	"	"	$\frac{1}{6}$ "
"	$3\frac{2}{3}\%$	"	"	4%	"	"	v.	"	$\frac{1}{12}$ abziehen
"	$4\frac{1}{4}\%$	"	"	$4\frac{1}{2}\%$	"	"	"	"	$\frac{1}{18}$ "
"	$4\frac{3}{4}\%$	"	"	5%	"	"	"	"	$\frac{1}{20}$ "
"	$5\frac{1}{2}\%$	"	"	5%	"	"	z.	"	$\frac{1}{10}$ hinzuzählen

Z. B. bei unserer vorigen Zinszahl 4627 würden, um $5\frac{1}{2}\%$ Zinsen zu ermitteln, zu rechnen sein:

$$\frac{4627 \times 5\frac{1}{2}}{360} = \frac{4627 \times 11}{720} = \frac{50897}{720} = \text{Mk. } 70{,}69$$

oder einfacher erst $5\% = \frac{4627}{72}$ = Mk. 64,26, dazu $\frac{1}{10}$ = Mk. 6,426 = Mk. 70,69.

Auf einem Konto berechnet man zu jedem einzelnen Posten lediglich die Zinszahl, die Differenz der Summe der Zinszahlen auf beiden Seiten ergiebt den Zahlensaldo. Dieser Zahlensaldo ist mit dem Zinsdivisor zu theilen, um den Zinsenbetrag, bezw. -Saldo, für alle Posten zu erhalten.

Für Spareinlagen werden die Zinsen in der Regel nur nach vollen Monaten vergütet, so daß für eingezahlte Beträge erst vom ersten Tage des folgenden Monats ab Zinsen vergütet werden, für abgehobene Beträge schon mit dem letzten Tage des vorhergehenden Monats die Verzinsung aufhört.

$$\text{Die Zinsen sind} = \frac{\text{Kapital} \times \text{Zinsfuß} \times \text{Monate}}{100 \times 12}$$

Die Formel ist ebenso herzuleiten wie die für die Berechnung der Zinsen nach Tagen; es treten an die Stelle der Zinstage die Monatszahlen und an die Stelle der Jahrestage die Zahl der Jahresmonate.

Die Zinszahl ist hiernach $= \frac{\text{Kapital} \times \text{Monate}}{100}$, der Zins-Divisor = Zinsfuß in 12.

Es sind z. B. für 972 Mk. Zinsen zu 3 % auf 5 Monate zu berechnen:

972 Mk. zu 3 % auf ein Jahr $= 9,72 \times 3 =$ Mk. 29,16

" " Monat $= \frac{29,16}{12} =$ " 2,43

" fünf " $= 2,43 \times 5 =$ " 12,15 Zinsen,

oder kürzer:

$\frac{972 \times 5}{100} = 48,6$ Zinszahlen | $\frac{48,6}{4} =$ Mk. 12,15 Zinsen.

3 : 12 = 4 Zinsdivisor |

Für Berechnung der Zinsen nach Monaten sind die Zinsdivisoren

für 2 % = 2 : 12 = 6,

" $2\frac{1}{2}$ % = $2\frac{1}{2}$: 12 = 4,8,

" 3 % = 3 : 12 = 4,

" $3\frac{1}{3}$ % = $3\frac{1}{3}$: 12 = 3,6,

" $3\frac{3}{4}$ % = $3\frac{3}{4}$: 12 = 3,2,

" 4 % = 4 : 12 = 3.

Bei $3\frac{1}{4}$ % wird man erst 3 % berechn. u. z. Ergebn. $\frac{1}{12}$ zuzählen,

" $3\frac{1}{2}$ % " " " 3 % " " " " $\frac{1}{6}$ "

" $3\frac{2}{3}$ % " " " 4 % " " v. " $\frac{1}{12}$ abziehen,

" $4\frac{1}{2}$ % " " " 4 % " " z. " $\frac{1}{8}$ zuzählen.

Wir fügen eine Tabelle — A — der Zinsen, nach vollen Monaten gerechnet, zu den im Sparkassen-Verkehr gebräuchlichsten Zinsfüßen an.

A. Tabelle der Zinsen nach vollen Monaten zu den im Sparkassen-Verkehr gebräuchlichsten Zinsfüßen.

3 %

Mark	1 Monat	2 Monat	3 Monat	4 Monat	5 Monat	6 Monat	7 Monat	8 Monat	9 Monat	10 Monat	11 Monat	12 Monat	Mark
10	0.025	0.05	0.075	0.10	0.125	0.15	0.175	0.20	0.225	0.25	0.275	0.30	10
20	0.05	0.10	0.15	0.20	0.25	0.30	0.35	0.40	0.45	0.50	0.55	0.60	20
30	0.075	0.15	0.225	0.30	0.375	0.45	0.525	0.60	0.675	0.75	0.825	0.90	30
40	0.10	0.20	0.30	0.40	0.50	0.60	0.70	0.80	0.90	1.—	1.10	1.20	40
50	0.125	0.25	0.375	0.50	0.625	0.75	0.875	1.—	1.125	1.25	1.375	1.50	50
60	0.15	0.30	0.45	0.60	0.75	0.90	1.05	1.20	1.35	1.50	1.65	1.80	60
70	0.175	0.35	0.525	0.70	0.875	1.05	1.225	1.40	1.575	1.75	1.925	2.10	70
80	0.20	0.40	0.60	0.80	1.—	1.20	1.40	1.60	1.80	2.—	2.20	2.40	80
90	0.225	0.45	0.675	0.90	1.125	1.35	1.575	1.80	2.025	2.25	2.475	2.70	90
						3¹/₃ %							
10	0.0278	0.0555	0.0833	0.1111	0.1389	0.1667	0.1944	0.2222	0.25	0.2778	0.3050	0.3333	10
20	0.0555	0.1111	0.1667	0.2222	0.2778	0.3333	0.3889	0.4444	0.50	0.5555	0.6111	0.6667	20
30	0.0833	0.1667	0.25	0.3333	0.4167	0.50	0.5833	0.6667	0.75	0.8333	0.9167	1.—	30
40	0.1111	0.2222	0.3333	0.4444	0.5555	0.6667	0.7778	0.8889	1.—	1.1111	1.2222	1.3333	40
50	0.1389	0.2778	0.4167	0.5555	0.6944	0.8333	0.9722	1.1111	1.25	1.3889	1.5278	1.6667	50
60	0.1667	0.3333	0.50	0.6667	0.8333	1.—	1.1667	1.3333	1.50	1.6667	1.8333	2.—	60
70	0.1944	0.3889	0.5833	0.7778	0.9722	1.1667	1.3611	1.5555	1.75	1.9444	2.1389	2.3333	70
80	0.2222	0.4444	0.6667	0.8889	1.1111	1.3333	1.5555	1.7778	2.—	2.2222	2.4444	2.6667	80
90	0.25	0.50	0.75	1.—	1.25	1.50	1.75	2.—	2.25	2.50	2.75	3.—	90
						3¹/₂ %							
10	0.0292	0.0583	0.0875	0.1167	0.1458	0.175	0.2042	0.2333	0.2625	0.2917	0.3208	0.35	10
20	0.0583	0.1167	0.175	0.2333	0.2917	0.35	0.4083	0.4667	0.525	0.5833	0.6417	0.70	20
30	0.0875	0.175	0.2625	0.35	0.4375	0.525	0.6125	0.70	0.7875	0.875	0.9625	1.05	30
40	0.1167	0.2333	0.35	0.4667	0.5833	0.70	0.8167	0.9333	1.05	1.1667	1.2833	1.40	40
50	0.1458	0.2917	0.4375	0.5833	0.7292	0.875	1.0208	1.1667	1.3125	1.4583	1.6042	1.75	50
60	0.1750	0.35	0.525	0.70	0.875	1.05	1.225	1.40	1.575	1.75	1.925	2.10	60
70	0.2042	0.4083	0.6125	0.8167	1.0208	1.225	1.4292	1.6333	1.8375	2.0417	2.2458	2.45	70
80	0.2333	0.4667	0.70	0.9333	1.1667	1.40	1.6333	1.8667	2.10	2.3333	2.5667	2.80	80
90	0.2625	0.525	0.7875	1.05	1.3125	1.575	1.8375	2.10	2.3625	2.625	2.8875	3.15	90

Die Zinsen sind in vorstehender Tabelle nach Monaten von den zehnfachen Beträgen der Zahlen 1—9 berechnet und zwar auf 4 Stellen. Man kann hiernach die Zinsen bis zu **10000** Mark genau ermitteln. Sollen z. B. für 9836 Mk. die Zinsen zu $3\frac{1}{3}\,\%$ auf 7 Monate festgestellt werden, so notirt man aus der mit $3\frac{1}{3}\,\%$ überschriebenen Tabelle und aus der Monatsrubrik 7 derselben

für	9000	die	9. Zahl	× 100	= Mk.	175.—
„	800	„	8. „	× 10	= „	15.55
„	30	„	3. „		= „	—.58
„	6	„	6. „	div. durch 10	= „	—.12
					zus. = Mk.	191.25

Die Zinsen für 614 Mk. zu $3\frac{1}{2}\,\%$ auf 5 Monate sind
= Mk. 8.75
—.14
—.06 = Mk. 8.95.

Es kommen bei der Zinsberechnung in laufender Rechnung drei Methoden zur Anwendung: 1. die progressive Rechnung, 2. die retrograde Rechnung und 3. die Staffelrechnung.

Der Tag, von welchem ab die Zinsen zu berechnen sind, heißt der Valuta-Tag oder Valuta-Termin.

1. Die progressive Zinsberechnungs-Methode ist die gebräuchlichste. Es werden die Zinsen, bezw. die Zinszahlen vom Valuta-Tage bis zum Abschlußtage des Konto-Korrents gerechnet. Ist z. B. ein Betrag am 15. Januar gezahlt, und wird das Konto halbjährlich abgeschlossen, so sind die Zinsen vom 15./1. bis 30./6. = auf 165 Tage zu berechnen.

Aus dem Zahlensaldo ergiebt sich die entsprechende Zinsenschuld, wenn die Summe der Zahlen auf der Soll-Seite größer ist als auf der Haben-Seite, das Zinsen-Guthaben, wenn die Summe der Zahlen auf der Haben-Seite größer ist, als auf der Soll-Seite.

2. Die retrograde Zinsberechnungs-Methode kommt seltener zur Anwendung. Sie führt jeden Posten auf den Eröffnungstag, bezw. das Datum des Saldo-Vortrags zurück. Die Zinsen werden vom Valuta-Tage rückwärts bis zum Beginn der Konto-Korrent-Rechnung ermittelt. Ist ein Betrag am 15. Januar gezahlt, so sind

die Zinsen vom 1./1. bis 15./1. = auf 15 Tage zu berechnen. Ebenso muß bei Rechnungsabschluß der Saldo auf den Beginn des Kontos zurückgeführt werden. Am 30. Juni sind für ihn also vom 1./1. bis 30./6. = auf 180 Tage Zinsen zu berechnen. Diese werden für einen Debet-Saldo auf der Kredit-Seite für einen Kredit-Saldo auf der Debet-Seite des Kontos eingetragen. Die kreditirten Zinszahlen ergeben die schuldigen Zinsen des Kontoinhabers, die debitirten Zinszahlen die demselben zu vergütenden Zinsen.

3. Die Staffelrechnung kommt insbesondere bei während der Rechnungsperiode wechselndem Zinsfuße zur Anwendung. Es wird nach jeder Gutschrift oder Belastung der Saldo ermittelt, und die Zinsen für diesen von seinem Valuta-Tage ab bis zum Valuta-Tage des nächsten Saldos berechnet.

Zur Erläuterung der drei Rechnungsarten möge folgendes Beispiel dienen:

Es sind für ein Konto-Korrent-Konto mit halbjährlichem Abschluß 4 % Zinsen zu berechnen:

im Debet	progressiv			retrograd	
	Tage	Zins.-Betr od.	Zins.-zahlen	Tage	Zins-zahlen
v 1. Jan. ab für 2350 Mk. . . . =	180	47,—	4230	—	—
„ 25. Febr. „ „ 500 „ . . . =	125	6,94	625	55	275
„ 5. Juni „ „ 476 „ . . . =	25	1,32	119	155	738
Sa. 3326 Mk.		55,26	4974		1013
im Kredit					
v. 10. März ab für 681 Mk. . . =	110	8,32	749	70	477
„ 30. April „ „ 1020 „ . . =	60	6,80	612	120	1224
a. 30. Juli ist d. Saldo 1625 „ . . =				180	2925
Sa. 3326 Mk.		15,12	1361		4626

1. Die für jeden einzelnen Posten besonders ausgerechneten Zinsenbeträge (progressiv) ergeben zusammen:

im Debet Mk. 55,26

„ Kredit „ 15,12 = Mk. 40,14 Zinsen Debet-Saldo.

2. Die nach der progressiven Methode berechneten Zinszahlen betragen

im Debet zusammen 4974

„ Kredit „ 1361, der Zahlensaldo ist = 3613, er ergiebt, dividirt durch 90 (Zinsdivisor für 4 %), ebenfalls den Zinsen-Saldo = Mk. 40,14.

3. Die nach der retrograden Methode berechneten Zinszahlen betragen

im Kredit zusammen 4626

„ Debet „ 1013 Zahlensaldo = 3613, daraus ergeben sich wieder als Debet-Zinsen = Mk. 40,14.

4. Die Staffelrechnung.

Datum	D/C	Betrag	Zinsen vom bis	Zins-tage	Zinszahlen Debet	Zinszahlen Kredit
1. Januar Saldo .	D.	2350	1./1. 25./2.	55	1293	—
25. Februar	D.	500				
	D.	2850	25./2. 10./3.	15	427	—
10. März	C.	681				
	D.	2169	10./3. 30./4.	50	1085	—
30. April	C.	1020				
	D.	1149	30./4. 5./6.	35	402	—
5. Juni	D.	476				
	D.	1625	5./6. 30./6.	25	406	—
			Sa.	180	3613	—

Die Zinszahl ist wieder = Mk. 3613, und somit der Debet-Zinsbetrag derselbe = Mk. 40,14.

Zur leichten Auffindung der Zinstage dient die folgende Tabelle — B — (siehe nächste Seite).

Die Zinstage sind darin bis zum Ablauf eines halben Jahres berechnet, also für halbjährliche Abrechnungen zutreffend. Erfolgt die Zinsenberechnung für das ganze Jahr, so sind bei Anwendung der retrograden Methode für die Valuta-Tage der Monate Juli bis Dezember, bei Anwendung der progressiven Methode für die Valuta-Tage der Monate Januar-Juni zu den betreffenden Zahlen je 180 zuzuzählen. Z. B.: Ist der Valuta-Tag der 23. Mai, so sind bei halbjährlichem Abschluß des Konto-Korrents nach der retrograden Methode 143, nach der progressiven Methode 37 Zinstage zu rechnen, bei jährlichem Abschluß des Konto-Korrents nach der retrograden Methode ebenfalls 143, nach der progressiven Methode aber 217 Zinstage. Ist der Valuta-Tag der 14. Juli, so sind bei halbjährlichem Abschluß retrograd 14, progressiv 166, bei jährlichem Abschluß aber retrograd 191, progressiv ebenso 166 Zinstage zu rechnen.

Auch für jeden beliebigen anderen Zeitraum sind hieraus die Zinstage leicht zu ermitteln, indem für den ersten und für den letzten

B.

Tabelle der Zinstage für die Zinsberechnung

Datum	Januar. Juli.		Februar. August.		März. Septbr.		April. Oktober.		Mai. Novbr.		Juni. Dezbr.	
	ret.	prog.	ret.	prog.	ret.	prog.	ret.	prog.	ret.	prog.	ret.	prog.
1	1	179	31	149	61	119	91	89	121	59	151	29
2	2	178	32	148	62	118	92	88	122	58	152	28
3	3	177	33	147	63	117	93	87	123	57	153	27
4	4	176	34	146	64	116	94	86	124	56	154	26
5	5	175	35	145	65	115	95	85	125	55	155	25
6	6	174	36	144	66	114	96	84	126	54	156	24
7	7	173	37	143	67	113	97*	83†	127	53	157	23
8	8	172	38	142	68	112	98	82	128	52	158	22
9	9	171	39	141	69	111	99	81	129	51	159	21
10	10	170	40	140	70	110	100	80	130	50	160	20
11	11	169	41	139	71	109	101	79	131	49	161	19
12	12	168	42*	138†	72	108	102	78	132	48	162	18
13	13	167	43	137	73	107	103	77	133	47	163	17
14	14	166	44	136	74	106	104	76	134	46	164	16
15	15	165	45	135	75	105	105	75	135	45	165	15
16	16	164	46	134	76	104	106	74	136	44	166	14
17	17	163	47	133	77	103	107	73	137	43	167	13
18	18	162	48	132	78	102	108	72	138	42	168	12
19	19	161	49	131	79	101	109	71	139	41	169	11
20	20	160	50	130	80	100	110	70	140	40	170	10
21	21	159	51	129	81	99	111	69	141	39	171	9
22	22	158	52	128	82	98	112	68	142	38	172	8
23	23	157	53	127	83	97	113	67	143	37	173	7
24	24	156	54	126	84	96	114	66	144	36	174	6
25	25	155	55	125	85	95	115	65	145	35	175	5
26	26	154	56	124	86	94	116	64	146	34	176	4
27	27	153	57	123	87	93	117	63	147	33	177	3
28	28	152	58	122	88	92	118	62	148	32	178	2
29	29	151	59	121	89	91	119	61	149	31	179	1
30	30	150	60	120	90	90	120	60	150	30	180	0
31	30	150	60	120	90	90	120	60	150	30	180	0

Tag der Verzinsung nach irgend einer Methode die Zahlen in den korrespondirenden Rubriken gesucht und von einander abgezogen werden. Für die Zeit vom 12. August bis zum 7. Oktober betragen z. B. die Zinstage 97 — 42 = 55 nach den retrograden*, oder 138 — 83 = 55 nach den progressiven† Zahlen.

Zweiter Theil.

I. Die Ausgestaltung der Geschäftseinrichtungen.

Die Geschäfte der Genossenschaft, mit denen wir uns im ersten Theile dieser Buchführungs-Anleitung befaßt haben, betrafen nur wenige Wirthschaftsgebiete. Die Genossenschaft sammelte durch Einzahlungen ihrer Mitglieder zunächst einen eigenen Fond an, sie nahm Spareinlagen und Depositen auf und gewährte ihren Mitgliedern aus diesen Betriebsmitteln Vorschuß-Darlehen. Einige Effekten-An- und Verkäufe fanden statt, erstere bezweckten in der Hauptsache die Unterbringung überflüssiger Betriebsmittel der Genossenschaft. Auf solche Effekten-Geschäfte sowie auf Beschaffung zeitweilig fehlenden Betriebs-Kapitals durch Bank-Kredit beschränkte sich der Verkehr der Genossenschaft nach außen mit der Deutschen Genossenschaftsbank von Sörgel, Parrisius & Co.

Derartige einfache Verhältnisse sind zunächst zu Grunde gelegt, um hieran das Wesen der praktischen Buchhaltung zu veranschaulichen, und mit Rücksicht darauf, daß viele kleine Genossenschaften insbesondere in ländlichen Bezirken in der That auch keine weitere Ausdehnung als in den bisher angezeigten Richtungen haben. Wo jedoch irgend welches gewerbliches Leben in einem Orte oder Bezirke herrscht, da wird eine Ausgestaltung der Geschäftseinrichtungen nach anderen Richtungen hin regelmäßig möglich und von Erfolg sein. Die Genossenschaft wird daher zur Erfüllung ihrer Aufgaben weitere Geschäftsgebiete, wie solche in dem ersten Bande der genossenschaftlichen Handbibliothek ausführlich dargelegt und empfohlen sind, in den Bereich ihrer Wirksamkeit ziehen.

Hierher gehört der Ankauf von Geschäftswechseln — **das Diskont-Geschäft** —. Es handelt sich dabei um Wechsel, denen eine geschäftliche Forderung des Wechselausstellers an den Acceptanten zu Grunde liegt. Durch das Giro des Wechselausstellers oder des nachfolgenden Wechselinhabers an die Genossenschaft geht die Wechselforderung auf letztere über, der Wechsel wird diskontirt unter Vergütung des Gegenwerthes nach Abzug von Zinsen, Provision, bzw. auch Inkassospesen.

In engem Zusammenhange hiermit steht der Inkasso-Verkehr. Es werden der Genossenschaft Wechsel auf auswärtige Plätze übergeben, sie muß deren Einzug in sicherer und möglichst wenig Kosten verursachender Weise bewirken. Diesem Zwecke dient der **Giro-Verband** der Genossenschaften, der in der Deutschen Genossenschaftsbank von Sörgel, Parrisius & Co. in Berlin und deren Kommandite in Frankfurt a. M. seine Centralen hat. Wechsel auf alle diesem Verbande angeschlossenen Plätze werden durch die Centralen frei eingezogen. Der Anschluß an den Verband bewirkt andererseits, daß der Genossenschaft diejenigen am Orte derselben zahlbaren Wechsel zur freien Einziehung überwiesen werden, die der Centrale von anderer Seite übersandt wurden.

Eine wesentliche Vervollkommnung auf dem Kredit-Gebiete und von wirthschaftlicher Bedeutung ist ferner die Gewährung von Kredit in laufender Rechnung — **der Konto-Korrent-Verkehr** —. Auf Grund besonderer Sicherheiten — Depotwechsel, Effekten, Kautionshypothek, Bürgschaft u. s. w. — wird dem Mitgliede durch Eröffnung eines Kontos die Möglichkeit geboten, innerhalb des gewährten Kredites zu jeder Zeit Beträge abzuheben, und zu jeder Zeit auch wieder beliebige Summen darauf abzutragen. Der Kontoinhaber kann auch durch Ueberweisungen zu Gunsten Anderer über seinen Kredit verfügen, wie andererseits für ihn Ueberweisungen erfolgen können.

Die laufende Rechnung ohne Kredit dient Mitgliedern sowie Nichtmitgliedern zu Einlagen, über die jeder Zeit verfügt werden kann durch Zahlungsanweisungen, Checks — **der Check-Verkehr** —. Diese Checks können nicht allein bei der Genossenschaft, die sie ausgiebt, sondern auch an anderen Orten zahlbar sein.

Schließlich ist der An- und Verkauf von Effekten im Auftrage und für Rechnung der Mitglieder — **das Effekten-Kommissions-Geschäft** — zu den Aufgaben der Genossenschaften zu zählen; selbstverständlich unter Ausschluß von Spekulations-Geschäften. Die Einlösung von Koupons ist mit diesem Geschäftszweige verbunden.

Solche Vervollkommnung der Geschäfts-Einrichtungen entspricht den Bedürfnissen im Erwerbs- und Wirthschaftsleben, die sich selbst für den kleineren Handwerker und Gewerbetreibenden und Landwirth nicht mehr allein auf Entnahme von Vorschüssen und allmähliche Rückzahlung derselben beschränken, sondern auf die eine oder andere der bezeichneten Einrichtungen ausdehnen.

Diese Erweiterung der Geschäftsgebiete hat natürlich auch eine Ausdehnung der Bücher-Einrichtungen zur Folge, sowohl in Bezug auf die erforderlichen Nebenbücher und die entsprechende Erweiterung des Hauptbuches, als auch in Bezug auf die Grundbuchungen selbst. Wir werden mit den Kassen-Journalen zu allen Grundbuchungen wie bisher nicht mehr auskommen. Wie aus der vorstehenden kurzen Schilderung der neuen Geschäftszweige hervorgeht, werden diejenigen Geschäftsvorgänge, die nicht auf Kassen-Umsätzen beruhen, bedeutend zahlreicher werden, so daß wir genöthigt sind, **das Memorial** für die Grundbuchungen der laufenden Geschäfte mit in Gebrauch zu nehmen.

Auf dem Genossenschaftstage in Neustadt-Haardt — 1898 — wurde im Referate über den Giro-Verkehr darauf hingewiesen, daß kleinere Vereine sich scheuen, dem Giro-Verbande beizutreten, obwohl sie den Wechselverkehr pflegen, weil sie glauben, mit den nöthigen Buchungen nicht fertig werden zu können. Man will sich häufig nicht in seiner Gewohnheit stören lassen, alles durch das Kassen-Journal zu buchen, und hat dann wohl auch den Versuch gemacht, den umfangreicheren Geschäftsverkehr ohne Memorial bücherlich zu behandeln, ist dabei aber auf erhebliche Schwierigkeiten gestoßen und dadurch zu dem irrthümlichen Schlusse gekommen, daß zu demselben eine komplizirte Buchführung nöthig sei. Das ist jedoch durchaus nicht der Fall. Es handelt sich in der Hauptsache immer nur darum, zu jedem Geschäftsvorgange den richtigen Debitor und Kreditor zu finden, und dann alle Beträge nach den verschiedenen Wirthschaftsgebieten anzuordnen. Wie dies durch unsere rubrizirten Kassen-Journale in sehr einfacher, leicht verständlicher Weise erfolgt, so läßt sich dasselbe auch ebenso für alle Nichtkassen-Geschäfte durch geeignete Einrichtungen erreichen, wie sie in Folgendem zur Veranschaulichung gebracht werden. Die Ausgestaltung der Geschäftseinrichtungen erfordert also keineswegs die Beobachtung neuer Grundgesetze für die Buchführung; diese bleiben dieselben, wie wir sie für die doppelte Buchhaltung bereits im ersten

Theile dieser Anleitung kennen lernten, und zwar sowohl für die Grundbuchungen und das Hauptbuch, als auch für die Spezialnachweise in den Nebenbüchern.

II. Die Einrichtung und Führung der Bücher.

Wieder ist wie bei Beginn des Geschäftsbetriebes für das neue Jahr eine Eröffnungsbilanz nothwendig, dieselbe ist uns in unserer Netto-Bilanz am Schlusse des vergangenen Jahres gegeben; sie bildet die Grundlage, auf der nun die Geschäftsvorkommnisse des neuen Jahres bücherlich und rechnerisch aufgebaut werden.

Unsere Genossenschaft hat sich, wie sie bereits in ihrem Geschäftsberichte für das erste Jahr ankündigte, entschlossen, mit dem Beginn des neuen Jahres alle die erwähnten neuen Geschäftszweige aufzunehmen. An den Vorstand tritt demzufolge wieder die Frage heran:

Welche Büchereinrichtungen sind dazu nothwendig?

Die **Kassen-Journale** erfordern lediglich eine Ausdehnung ihrer Journal-Rubriken auf die neuen Wirthschaftszweige.

Das **Memorial**, das wir bisher nur zu den Abschluß-Buchungen benutzten, tritt dann, wie schon erwähnt, an die Seite der Kassenbücher zur Aufnahme der Grundbuchungen.

Im **Hauptbuche** werden den hinzutretenden Geschäfts-Arten entsprechende Konten zu errichten sein.

Nach dem Vermögenshaushalt der Genossenschaften — s. im ersten Theile Seite 27 und 28 — erhalten wir ferner als Außenstände noch Diskont-Wechsel, Inkasso-Wechsel und eventuell Rückwechsel (Rikambien), ferner Konto-Korrent-Schulden der Mitglieder; Guthaben auf Giro-Konto und Koupons und Geldsorten. Schulden der Genossenschaft werden fernerhin die Konto-Korrent-Einlagen — Check-Verkehr — noch bilden.

Gewinn und Verlust ergiebt sich weiter aus den Erträgen auf den ersteren, bezw. den Aufwendungen auf den letzteren Gebieten sowie durch das Effekten-Kommissions-Geschäft.

Jeder Geschäftszweig erfordert seine besonderen **Nebenbücher**. Wir wollen diese wieder wie früher nach den Hauptbuch-Konten bezeichnen, zu deren Spezialisirung sie dienen:

Das **Diskont-Wechsel-Konto** bedarf eines Nachweises der einzelnen angekauften Wechsel durch ein Wechsel-Skontro. Da die Wechselaussteller bezw. Giranten der Genossenschaft bis zum Eingang der Zahlung für den Wechsel verpflichtet bleiben, so ist eine Kontrole hierüber durch ein sogenanntes Obligo-Konto nöthig. Andererseits wird die Genossenschaft selbst durch Weiterdiskontirung solcher Wechsel ein Obligo übernehmen, worüber durch eine Liste der eigenen Giro-Verpflichtungen ein Nachweis geführt wird.

Ein Wechsel-Ein- und Ausgangs-Buch wird unter Umständen zur Journalisirung der Wechsel-Geschäfte angewendet werden können.

Das **Giro-Konto** erfordert ein einfaches Bank-Konto.

Ein Giro-Journal kann unter Umständen zu den das Giro-Konto betreffenden Grundbuchungen benutzt werden und zugleich als Skontro dienen.

Das **Inkasso-Wechsel-Konto** und das **Rückwechsel-Konto** werden durch besondere Wechsel-Skontren in ihren einzelnen Beständen und Veränderungen nachgewiesen.

Das **Konto-Korrent-Konto** bedarf zum Nachweise der Außenstände bzw. Schulden der Genossenschaft eines Skontros, dem sich eventuell zwecks Zinsberechnung ein Staffel-Zinsberechnungs-Buch anschließt.

Das **Check-Konto** wird durch die in einem besonderen Nebenbuche für die Theilnehmer am Check-Verkehr einzurichtenden Konten spezialisirt.

Das **Effekten-Kommissions-Konto** erfordert zum Nachweise der einzelnen An- und Verkäufe von Werthpapieren für Rechnung von Mitgliedern ein Skontro. Bei umfangreicherem Verkehr auf diesem Gebiete ist ein Depot-Buch zur Kontrole der Effekten-Lieferungen an die vermittelnde Bank bzw. von derselben erforderlich.

Ein Spezial-Journal zu diesem Konto wird für die Grundbuchungen dieser Geschäfte eventuell anwendbar sein.

Das **Koupons- und Geldsorten-Konto** wird in seinen Beständen und Umsätzen durch ein Spezial-Skontro nachgewiesen.

Schließlich haben wir ein aus Vorkommnissen auf allen Geschäftsgebieten mögliches **Kosten- und Verlege-Konto** noch in Berücksichtigung zu ziehen nebst einem einfachen Nebenbuche dazu.

Da die Einrichtungen der einzelnen Genossenschaft, im Falle dieser oder jener Geschäftszweig für sich allein eingeführt wird, nur nach dieser Richtung hin zu vervollkommnen sind, und bekanntlich nicht alle Geschäftsgebiete von jeder Genossenschaft gepflegt werden, oder für jede geeignet sind, so folgt daraus, daß die Kassen-Journale nebst dem Memorial nicht nach einem Schema hergerichtet werden können. Vom Verfasser ist für verschiedene Genossenschaften die Herstellung solcher Bücher veranlaßt worden; die zu dem Zwecke von ihm entworfenen Formulare waren stets in dem einen oder anderen Punkte von einander abweichend, je nach den vorliegenden Verhältnissen und Geschäftsarten der Genossenschaften, die im einzelnen Falle Berücksichtigung finden müssen. Die folgenden Einrichtungen umfassen alle Geschäftsgebiete, und es wird daher daraus das für jede Genossenschaft Geeignete und Erforderliche leicht zu entnehmen sein.

Die als Spezialbücher für die einzelnen Geschäftszweige u. a. erwähnten Journale sind bestimmt, die Memorialbuchungen zu vereinfachen, oder auch sie zu ersetzen; sie entsprechen im Prinzip den Kassen-Journal-Einrichtungen. Wie in diesen alle baaren Eingänge zur Belastung des Kassa-Konto, alle Ausgänge zur Gutschrift auf Kassa-Konto zusammengestellt werden, und dabei eine Anordnung ihrer Beträge nach den verschiedenen Konten erfolgt, die dagegen Gläubiger oder Schuldner werden, so können auch alle Wechsel-Ein- und Ausgänge zusammengestellt werden unter Journalisirung nach den zu erkennenden bezw. zu belastenden Konten. Das betr. Wechsel-Journal wird sich daher für alle diejenigen Genossenschaften eignen, bei denen Wechsel-Umsätze nicht nur im Kassen-Verkehr stattfinden, sondern die in einem Wechsel-Austausch-Verkehr mit verschiedenen Banken, der Reichsbank, dem Giro-Verbande stehen, und bei denen Wechsel-Gutschriften bezw. Belastungen für Mitglieder in laufender Rechnung vorkommen. Für Genossenschaften, deren Wechsel-Austausch sich nur auf den Giro-Verband erstreckt, wird das Giro-Journal eine sehr praktische, das Memorial vollkommen ersetzende Einrichtung sein.

Effekten-An- und Verkäufe für Rechnung der Mitglieder lassen sich gleichfalls in einem Ein- und Ausgangs-Journal behandeln. Alle bezüglichen Geschäftsvorkommnisse sind in Folgendem zunächst durch das Memorial gebucht, demnächst auch durch die Spezial-Journale. Insoweit Letztere in der Praxis angewendet werden, kommen demgemäß die entsprechenden Memorialbuchungen in Fortfall.

Auf alle bereits zum Kassen-Journal, Memorial, Hauptbuch und zur Jahresrechnung im ersten Theile dieses Buches gegebenen Erläuterungen wird hiermit Bezug genommen. Die folgenden Ausführungen bilden lediglich Ergänzungen dazu.

A. Die Grundbuchungen.

Folgende Vorgänge auf den neuen Geschäftsgebieten mögen uns als Beispiele für die bücherlichen Einrichtungen dienen:

1. — 1/2. Januar — Mit dem Kassen-Bestand aus der vorigen Rechnung von Mk. 837.45 die Geschäfte des neuen Rechnungsjahres aufnehmend, erhält die Genossenschaft am 2. Januar eine Einzahlung in laufender Rechnung von C. Horst & Sohn über Mk. 2000.—.

2. An demselben Tage diskontirt sie dem Mitgliede B. Schrader einen Wechsel über 200 Mk., fällig am 30. Januar, gegen Abzug von Mk. —.90 Diskont.

3. — 3. Januar — Von C. Hesse erfolgt die erste Einlage auf Check-Konto mit Mk. 266.— Für das Check-Buch erhebt die Genossenschaft vom Einleger zugleich Mk. —.50 Kosten.

4. — 4. Januar — Auf Grund des dem Mitgliede A. Steffens gewährten Konto-Korrent-Kredites werden demselben 1600 Mk. gezahlt.

5. — 7. Januar — Die Genossenschaft entschließt sich, ihre Koupons und fremden Geldsorten vom Kassenbestand zu trennen, sie verausgabt deren Bestand daher im Betrage von Mk. 124.15.

6. Von der Genossenschaftsbank gehen an diesem Tage die ersten Wechsel zum Inkasso über zusammen Mk. 307.— ein, die derselben auf Giro-Konto gutgeschrieben werden.

7. M. Reichert ertheilt an demselben Tage der Genossenschaft Auftrag zum Ankauf von 600 Mk. $3^1/_2$ % Deutsche Reichs-Anleihe unter gleichzeitiger à-Konto-Zahlung von 600 Mk., die ihm vorläufig kreditirt werden. Der Auftrag wird vermittelst der Deutschen Genossenschaftsbank in Berlin ausgeführt und am

8. — 9. Januar — gehen von Letzterer die gewünschten Papiere ein, wofür der Bank Mk. 610.40 in laufender Rechnung gutzuschreiben sind, während der Verein seinen Auftraggeber M. Reichert für Mk. 611.50 einschließlich Provision belastet.

9. An demselben Tage überreicht A. Steffens der Genossenschaft Mk. 1935.— in Diskont-Wechseln zur Gutschrift;

er wird dafür in laufender Rechnung nach Abzug von Mk. 19.20 Diskont und Mk. —.30 Spesen mit Mk. 1915.50 erkannt.

10. — 10. Januar — A. Gebhardt erhält einen Kredit in laufender Rechnung de Mk. 3000.—, erhebt darauf Mk. 1200.—, von denen er Mk. 750.— auf ein ihm zu errichtendes Check-Konto wieder einzahlt nebst 50 Pfg. für das Checkbuch.

11. Eine gerichtliche Klage verursacht der Genossenschaft am gleichen Tage Mk. 5.40 Kosten.

12. Ferner schickt die Genossenschaft 2 Wechsel über zusammen Mk. 435.— an die Deutsche Genossenschaftsbank zum Inkasso und zur Gutschrift auf Giro-Konto ein.

13. — 11. Januar — M. Reichert entrichtet den Rest von Mk. 11.50 auf die ihm auftragsgemäß beschafften Effekten.

14. — 12. Januar — Der Inkassowechsel Nr. 1 de Mk. 72.— findet Eingang.

15. — 14. Januar — Es werden mehrere Wechsel diskontirt über zus. Mk. 718.—, deren Gegenwerth nach Abzug von Mk. 3.45 Diskont und Mk. —.45 Inkasso-Spesen zur Auszahlung gelangt.

16. — 15. Januar — Ein Giro-Wechsel de Mk. 235.— geht an diesem Tage mangels Zahlung zum Protest, es entstehen der Genossenschaft dadurch Mk. 1.25 Protestkosten; sie sendet am

17. — 16. Januar — den Wechsel an die Genossenschaftsbank zurück, und belastet dafür das Giro-Konto einschließlich der Protestkosten de Mk. 1.25, der Provision de Mk. —.80 und des Portos de Mk. —.40 mit Mk. 237.45. Zugleich sendet sie einen ihrer Diskontwechsel de Mk. 500.— zum Inkasso und zur Gutschrift an die Genossenschaftsbank.

18. — 17. Januar — Von der Letzteren geht ein Inkasso-Wechsel über Mk. 1200.— ein.

19. An demselben Tage wird ein von A. Gebhardt in Umlauf gesetzter Check über Mk. 284.— der Genossenschaft präsentirt und baar zu Lasten des Ausstellers eingelöst.

20. — 21. Januar — Am 19. Januar sind im Auftrage des Mitgliedes Ludwig Laubacher in N... Frcs. 4000 Mittelmeer-Eisenbahn-Obligationen zum Verkauf an der Börse nach der Deutschen Genossenschaftsbank in Berlin gesandt. Die von Letzterer eingehende Abrechnung ergiebt einen Erlös von Mk. 3121.10, wofür die Bank belastet wird. Dagegen sind nach

Abzug der Provision des Vereins Mk. 3115.90 dem Auftraggeber gutzuschreiben.

21. An demselben Tage zahlt A. Gebhardt auf Konto-Korrent-Konto Mk. 225.— und

22. A. Steidel auf Check-Konto Mk. 460.— nebst Mk. —.50 Buchkosten ein.

23. — 23. Januar — Der Inkasso-Wechsel Nr. 3 de Mk. 1200.— wird vom Bezogenen bezahlt.

24. An demselben Tage hebt L. Laubacher sein durch den Effekten-Verkauf entstandenes Guthaben von Mk. 3115.90 ab.

25. — 24. Januar — Der Verein erhält von der Genossenschaftsbank den dieser früher übersandten Wechsel Nr. 1002 de Mk. 65.— Mangels Zahlung zurück. Der Bank sind dafür einschließlich der Kosten Mk. 67.55 auf Giro-Konto gutzuschreiben.

26. Um die inzwischen entstandene Schuld auf dem Giro-Konto zu begleichen, und wieder ein Guthaben hierauf zu bilden, hat die Genossenschaft bereits das Ersuchen an die Bank gerichtet, zu Lasten ihrer laufenden Rechnung Mk. 2000.— dem Giro-Konto zu überweisen. Auf Grund der brieflichen Nachricht der Bank erfolgt am 24. Januar die entsprechende Buchung.

27. — 25. Januar — Zwei Wechsel de Mk. 265.— werden diskontirt. Die Zahlung dafür erfolgt nach Abzug von Mk. 1.95 Diskont und Mk. —.35 Inkasso-Spesen.

28. — 26. Januar — Der Wechsel Nr. 1009 de Mk. 150.— wird an den Vorschuß-Verein zu N . . . . . zum Inkasso und zur Gutschrift des Betrages auf Giro-Konto eingesandt; die Genossenschaftsbank wird direkt dafür belastet.

29. An demselben Tage wird der mit Protest von der Bank zurückgekommene Wechsel de Mk. 65.— vom Giranten A. Steffens gedeckt durch Zahlung von Mk. 67.80 einschließlich der entstandenen Kosten de Mk. 2.55 und der Provision der Genossenschaft de Mk. —.25. Da die Zahlung im Betrage von Mk. 66.40 aus Koupons besteht, erfolgt eine entsprechende Ausgabe auf dem Konto der letzteren.

30. — 28. Januar — Die von der Genossenschaftsbank erbetene Baarsendung von Mk. 1000.— aus dem Giro-Konto-Guthaben geht ein.

31. An demselben Tage wird ein Check de Mk. 405.— des Bankvereins zu B . . . . . ausbezahlt, dessen Ordnungsmäßigkeit

durch Anfrage bei letzterem vorher festgestellt wurde. Die Ausgabe erfolgt zu Lasten des Giro-Kontos der Genossenschaftsbank, da der Bankverein zu B. den Gegenwerth durch diese der Genossenschaft gutschreiben läßt.

32. Ferner wird an diesem Tage ein von C. Hesse ausgeschriebener Check de Mk. 75.— bezahlt.

33. — 29. Januar — Von der Volksbank zu E. empfängt die Genossenschaft zum Inkasso einen Wechsel de Mk. 100.—, der auf Giro-Konto direkt der Genossenschaftsbank gutgeschrieben wird, da durch letztere nach dem späteren Eingang des Wechsel-Betrages der Volksbank zu E. der Gegenwerth überwiesen wird.

34. Am 30. Januar geht für einen fälligen Diskont-Wechsel de Mk. 200.— Zahlung ein.

35. Von der Genossenschaftsbank sind zwei Checks des Vereins nach vorheriger Feststellung der Ordnungsmäßigkeit derselben mit Mk. 334 und Mk. 126 eingelöst. Die Genossenschaft empfängt diese Checks am 30. Januar und hat dafür das Giro-Konto zu erkennen, die Check-Aussteller dagegen zu belasten.

36. — 31. Januar — Die im Laufe des Monats angesammelten Koupons und Geldsorten sendet die Genossenschaft an die Genossenschaftsbank zu Berlin, wofür ihr Mk. 191.15 in laufender Rechnung vergütet werden.

37. Nachdem im folgenden Monate der Rechnungsauszug des Giro-Kontos eingegangen ist, und sich aus diesem bezw. dem Begleitschreiben der Bank ein Portoabzug von Mk. —.30 für einen Inkasso-Wechsel ergiebt, wird dementsprechend das Giro-Konto noch unter dem 31. Januar dafür erkannt.

Diese Geschäftsvorgänge haben wir theils durch die Kassen-Journale, theils durch das Memorial zu buchen. In Ersterem finden wir noch Umsätze auf den weiteren Wirthschaftsgebieten, mit denen wir bereits vertraut sind, durch einzelne Beispiele angedeutet.

a) Die Kassen-Journale.

Formular Nr. 26 und 27.

Die von jetzt ab in Gebrauch zu nehmenden Kassen-Journale für Einnahmen und Ausgaben unterscheiden sich von ihrer früheren Einrichtung nur dadurch, daß ihnen weitere Journal-Rubriken angefügt sind, in Einnahme für Diskont-Wechsel-Konto, Konto-Korrent-Konto, Giro-Konto, Inkasso-Wechsel-Konto,

Rückwechsel-Konto, Kosten- und Verlege-Konto, Check-Konto; in Ausgabe für dieselben Konten mit Ausnahme des Inkasso-Wechsel-Konto; an Stelle einer Rubrik hierfür tritt eine solche für Koupons- und Geldsorten-Konto. Auf letzterem bestehen die Kassen-Umsätze in der Regel nur in Ausgaben, wohingegen auf Inkasso-Wechsel-Konto nur Einnahmen zu verzeichnen sind. Für Spareinlagen-, Depositen- und Check-Zinsen ist in dem Ausgabe-Journal eine besondere Rubrik vorgesehen. Diese Trennung von den Zinsen und Provisionen aus Gewinn bringenden Geschäften hat sich in der Praxis als vortheilhaft erwiesen. Man kann in solcher Sonderung noch weiter gehen, und auch in Einnahme für Vorschuß-Zinsen, Diskont u. s. w. getrennte Rubriken einfügen. Wir erreichen aber solche Trennung der Ergebnisse der einzelnen Geschäftszweige auch vermittelst unserer Spezialbücher.

Andererseits läßt sich vielleicht unter Umständen diese oder jene Rubrik ersparen, indem zum Beispiel seltenere Umsätze auf einem Geschäftsgebiete durch die Konto pro Diverse-Rubrik in der früher geschilderten Weise gebucht werden. Die Check-Konto- und Dividenden-Konto-Rubriken würden dann entbehrlich, wenn man für die bezüglichen Einnahmen und Ausgaben besondere Hilfs-Kassenbücher führt, und daraus das monatliche Ergebniß durch die Kassen-Journale mittelst der Konto pro Diverse-Rubrik bucht. Man wird auf solche Weise ein etwas weniger umfangreiches Rubriken-System erzielen, doch ist darauf hinzuweisen, die Konto pro Diverse-Rubrik nicht für zu vielerlei Umsätze in Anspruch zu nehmen, da hierdurch die monatliche Zerlegung derselben zu umfangreich und damit auch die Uebersicht erschwert wird.

Keine Kolonnen sind für Effekten-Geschäfte in den Kassen-Journalen vorgesehen, dies hat seinen Grund darin, daß alle Effekten-An- und Verkäufe über Konto-Korrent-Konto gebucht werden. Für die im Auftrage von M. Reichert angekauften Mk. 600.— $3^1/_2$% ige Deutsche Reichsanleihe wird der Auftraggeber Mk. 611.50 schuldig. Um solche Forderung nicht auf dem Effekten-Kommissions-Konto selbst entstehen zu lassen, gleichen wir dieses abgesehen von der thatsächlichen Zahlung aus, indem wir den Reichert in laufender Rechnung dafür belasten, demzufolge tragen dann dessen Zahlungen am 7. und 11. Januar von Mk. 600 und Mk. 11.50 den Charakter der Tilgung einer Forderung auf Konto-Korrent-Konto, und sind deshalb hierauf in Einnahme

Formular 26.

Kassen-

1 **Einnahme.** (Monat

Tag	Laufende Nr.	Namen der Einzahlenden	Gegenstand	Uebertragungs-Fol. oder Nr.	Betrag M	Betrag ₰	Davon: Geschäfts-Antheil-Konto M	₰	Reservefond-Konto M	₰	Vorschuß-Wechsel-Konto M	₰	Diskont-Wechsel-Konto M	₰	Konto-Korrent-Konto M	₰
1	1	Saldo-Vortrag	Bestand		837	45										
2	2	Horst, C. & Cohn	Konto-Korrent-Konto	1	2000	—									2000	—
	3	Schrader, B.	Diskont f. Wechsel Nr. 1001	1001	—	90										
3	4	Hesse, C.	Check-Konto Nr. 1	1	266	—										
	5	Derselbe	Für ein Checkbuch	—	—	50										
4	6	Born, Gertrud	Spareinlage Nr. 3	3	30	—										
	7	Lange, Emil	Abz. u. Zinsen a. Vorsch. Nr. 54	54	220	—					200	—				
7	8	Reichert, M.	Zahlung f. Effekten	15	600	—									600	—
10	9	Gebhardt, A	Check-Konto Nr. 2 einschl. Buchkosten	2	750	50										
11	10	Reichert, M.	Restzahlg. f. Effekten	15	11	50									11	50
12	11	Hoffmann, C.	Inkassowechsel Nr. 1	1	72	—										
14	12	Verschiedene, lt. Wechsel-Skontro	Diskont u. Spesen f. 1005—7	1005/7	3	90										
16	13	Wilde, C.	Zinsen f. Vorschuß Nr. 1	1	1	—										
	14	Naumann, C.	Eintrittsgeld	—	3	—			3	—						
19	15	Straubing, L.	Depositen Nr. 6	6	1500	—										
21	16	Gebhardt, A.	Kto.-Korrent-Kto.	2	225	—									225	—
	17	Hallinger, M.	Zinsen für Vorsch. Nr. 168	168	2	50										
	18	Steidel, A.	Check-Kto. Nr. 3 einschließl. Buchkosten	3	460	50										
23	19	Müller, C.	Inkassowechsel Nr. 3	3	1200	—										
25	20	Verschiedene, lt. Wechsel-Skontro	Diskont u. Spesen f. 1008 – 9	1008/9	2	30										
26	21	Steffens, A.	Rückwechsel 1002	R 1002	67	80										
28	22	Dtsch. Genossenschaftsbank S., P. & Co	Giro-Konto V. p. 26/1	1	1000	—										
30	23	Kurze, G.	Diskont-Wechsel Nr. 1001	1001	200	—							200	—		
31	24	Verschiedene Mitglied. laut Beitrags-Liste	Geschäftsantheil-Einzahlung	—	748	50	748	50								
		Summe der Einnahmen im Monat Januar			9365	90	748	50	3	—	200	—	200	—	2836	50
					H.-B. Fol. 1		H.-B. Fol. 2		H.-B. Fol. 3		Fol. 4 H.-B.		H.-B. Fol. 15		H.-B. Fol. 16	
			Bestand am 1. Januar		837	45										
					10203	35										
		Summe der Ausgaben im Monat Januar			8923	05										
			Bestand am 31 Januar		1280	30										

Journal.

Januar 1901. 1

entfallen auf:

Bank-Konto		Giro-Konto		Inkasso-Wechsel-Konto		Rück-Wechsel-Konto		Kosten- u. Verlege-Konto		Spareinlagen-Konto		Depositen-Konto		Check-Konto		Zinsen- u. Provisions-Kto.		Unkosten-Konto		Konto pro Diverse		Prolongierte Beträge		Anmerkungen
ℳ	₰	ℳ	₰	ℳ	₰	ℳ	₰	ℳ	₰	ℳ	₰	ℳ	₰	ℳ	₰	ℳ	₰	ℳ	₰	ℳ	₰	ℳ	₰	
																—	90							
														266	—									
																		—	50					
										30	—													
																20	—					1600	—	
														750	—			—	50					
				72	—																			
																3	45	—	45					
																1	—					125	—	
												1500	—											3½%, 3 Monate Kündigungsfrist.
																2	50							
														460	—			—	50					
				1200	—																			
																1	95	—	35					
						67	55									—	25							
		1000	—																					
		1000	—	1272	—	67	55			30	—	1500	—	1476	—	30	05	2	30			1725	—	
		H.-B. Fol. 17		H.-B. Fol. 18		H.-B. Fol. 19				H.-B. Fol. 8		H.-B. Fol. 9		H.-B. Fol. 23		H.-B. Fol. 10		H.-B. Fol. 11				H.-B. Fol. 4		

Formular 27.

Kassen-

1 **Ausgabe.** (Monat

Tag	Laufende Nr.	Namen der Empfänger	Gegenstand	Uebertragungs-Fol. od. Nr.	Betrag ℳ	Betrag ₰	Davon: Geschäftsantheil-Konto ℳ	₰	Vorschuß-Wechsel-Konto ℳ	₰	Diskont-Wechsel-Konto ℳ	₰	Konto-Korrent-Konto ℳ	₰	Bank-Konto ℳ	₰
2	1	Schrader, B.	Diskontwechsel Nr. 1001	1001	200	—					200	—				
3	2	Merker, A.	Spareinlage Nr. 32	32	460	—										
4	3	Steffens, A.	Konto-Korrent-Konto	3	1600	—							1600	—		
	4	Kontroleur	Restvergütung f. 1899	—	20	—										
7	5	Haupt-Kasse	Bestand an Koupons	1, 2 u. 3.	124	15										
9	6	Wagner, Fr.	Zinsen f. Depositen Nr. 2	2	90	—										
10	7	Gebhardt, A.	Konto-Korrent-Konto	2	1200	—							1200	—		
	8	Gerichtskasse	Kosten i. S.: M. Voigt	1	5	40										
14	9	Verschiedene lt. Wechsel-Skontro	Diskontwechsel Nr. 1005—7	1005/7	718	—					718	—				
15	10	Dtsch. Genossenschaftsbank v. S., P. & Co. Giro-Konto	Protestkosten	5	1	25										
17	11	Gebhardt, A.	Check Nr. 2/51	2	284	—										
21	12	Hallinger, Martin	Vorschuß Nr. 168	168	200	—			200	—						
23	13	Laubacher, L. in N.	Für Effekten	15	3115	90							3115	90		
25	14	Verschiedene, lt. Wechsel-Skontro	Diskontwechsel Nr. 1008—9	1008/9	265	—					265	—				
	15	Schulzes G. Erben	Geschäftsantheil Nr. 16	16	12	—	12	—								
26	16	Steffens, A.	Verschiedene Koupons pp.	1 u. 3.	66	40										
	17	Ehrhardt, Rob	Dividende für 1900	4	15	—										
28	18	Müller, C., f. Rechnung: Giro-Konto, Berlin	Check Nr. 245/46 des Bank-Vereins zu B...	1	405	—										
	19	Hesse, C.	dessen Check Nr. 1/2.	1	75	—										
31	20	Vorstand	Tantieme für 1900		32	30										
	21	Verband der Kreditgenossenschaft von ..	Beitrag für 1900		30	—										
	22	Porto-Kasse	Porti im Januar	—	3	65										
		Summe der Ausgaben im Monat Januar			8923	05	12	—	200	—	1183	—	5915	90		
					H.-B. Fol. 1		H.-B. Fol. 2		H.-B. Fol. 4		H.-B. Fol. 15		H.-B. Fol. 16			

zu buchen — vgl. Einnahme Nr. 8 und 10 —. Ebenso wird das Effekten-Kommissions-Konto für den Erlös der am 21. Januar verkauften Frcs. 4000.— 4% Mittelmeer-Eisenbahn-Obligationen, den es an den Auftraggeber L. Laubacher schuldig ist, ausgeglichen durch Gutschrift des Betrages von Mk. 3115.90 in laufender Rech-

Journal.

Januar 1901. 1

entfallen auf: Giro-Konto ℳ ₰	Coupons- u. Geldsort.-Kto. ℳ ₰	Kosten u. Verlege-Konto ℳ ₰	Spareinlagen-Konto ℳ ₰	Depositen-Konto ℳ ₰	Check-Konto ℳ ₰	Dividenden-Konto ℳ ₰	Spareinl.-, Depos.-, Check-Zins-Kto. ℳ ₰	Zinsen- u. Provisions-Kto. ℳ ₰	Unkosten-Konto ℳ ₰	Konto pro Diverse ℳ ₰	Anmerkungen.
			460 —								
									20 —		
	124 15										
							90 —				
		5 40									
		1 25									
					284 —						
	66 40										
						15 —					
405 —											
					75 —						
										32 30	Gew.- u. Verl.-Kto.
										30 —	desgl.
									3 65		
405 —	190 55	6 65	460 —		359 —	15 —	90 —		23 65	62 30	
H.-B. Fol. 17	H.-B. Fol. 21	H.-B. Fol. 22	H.-B. Fol. 8		H.-B. Fol. 23	H.-B. Fol. 12	H.-B. Fol. 24		H.-B. Fol. 11	H.-B. Fol. 13	

nung; die Auszahlung wird demzufolge hierauf gebucht — vgl. Ausgabe Nr. 13 —.

Unter dem 31. Januar finden wir in der Ausgabe die Tantième des Vorstandes für 1900 de Mk. 32.30 und die Verbands-Beiträge für dasselbe Jahr de Mk. 30 in Konto pro Diverse als das Gewinn- und Verlust-Konto betreffend eingestellt, da sie in unserer Eröffnungs-Bilanz als Saldi auf dem Gewinn- und Verlust-Konto mit enthalten sind — vgl. die Netto-Bilanz Seite 137 —.

Sämmtliche Kassen-Ein- und Ausgänge erfordern einen bücherlichen Nachweis, während zuweilen von Genossenschaften kleine Beträge für Protest-, Gerichts- u. a. Kosten, die bald rückerstattet werden, mit Rücksicht hierauf ungebucht bleiben. Diese bilden dann als „Verlege" einen Theil des aus den Kassenbüchern sich ergebenden Sollbestandes der Kasse. Regel muß aber bei jeder Kassen-Verwaltung sein, als Bestand immer nur baares Geld zu führen. Auch dürfen keine Zahlungen, deren Verrechnung noch nicht möglich ist, ungebucht hereingenommen werden. Es geht durch solche scheinbaren Vereinfachungen der bücherliche Nachweis der betreffenden thatsächlichen Verhältnisse verloren. Wir haben daher zur Buchung derartiger Zahlungen ein Kosten- und Verlege-Konto vorzusehen. Bezüglich der Absonderung der Porto- und Stempel-Marken durch eine besondere Kasse für diese wird auf die Ausführungen hierzu im ersten Theile Seite 53 hingewiesen. Koupons mögen kleinere Vereine ohne Nachtheil als baares Geld behandeln. Bei größeren Umsätzen hierin ist es aber auch rathsam, diese Beträge durch Ausgabe auf „Koupons- und Sorten-Konto" vom Kassenbestande auszuscheiden; dies ist besonders dann nöthig, wenn öfter ausländische Koupons und wohl auch Geldsorten vorkommen, deren Werth in deutscher Währung Schwankungen fortgesetzt unterliegt.

Das Kassen-Kontrol-Buch behalten wir in seiner bisherigen Form — Formular 3 — bei.

b) Das Memorial.

Formular 28 und 29.

Im Memorial wird, wie das folgende Formular erkennen läßt, jede Seite mit dem in Betracht kommenden Monat überschrieben, und die Geschäftsvorkommnisse werden dann unter ihrem Datum der Reihe nach verzeichnet. Dem Grundsatze der doppelten Buchhaltung entsprechend betrifft jede Memorialbuchung ein zu belastendes und ein zu erkennendes Konto. Diese Konten benennt man zuerst; dabei wird der Debitor mit der Bezeichnung „Per" stets voran gestellt, es folgt danach der Kreditor mit der Bezeichnung „An" — vgl. die Ausführungen über Buchführungsarten —. Durch eine möglichst knappe Notiz vermerken wir dann den Geschäftsvorgang selbst. Zwei Betrag-Kolonnen sind vorgesehen, von denen die erstere als Hilfsrubrik dient zum Nachweise der Theile, aus denen sich der Hauptbetrag zusammensetzt, und die vielleicht auf verschiedenen Konten zu buchen sind, während die Gesammtsumme einem Konto zu belasten bezw. gutzuschreiben ist.

Zu den vorliegenden Buchungen ist zunächst zu bemerken, daß die Genossenschaft mit der Deutschen Genossenschaftsbank einmal in laufender Rechnung steht, — alle hieraus resultirenden Geschäfte buchen wir auf Bank-Konto —, dann ferner auch in einem Inkasso- und Ueberweisungs- oder kurz im sogenannten Giro-Verkehr, für den wir ein besonderes Giro-Konto eröffnen.

Die von außerhalb zum Inkasso dem Vereine zukommenden Wechsel tragen einen anderen Charakter als die den Mitgliedern diskontirten Wechsel, wir buchen sie daher nicht über Diskont-Wechsel-Konto, sondern über ein „Inkasso-Wechsel-Konto".

Auch die nach außerhalb weiterbegebenen und Mangels Zahlung zurückkommenden Wechsel führen wir nicht wieder über Diskont-Wechsel-Konto, sondern richten für sie ein besonderes „Rückwechsel- oder Rikambio-Konto" ein, um auf diese Weise eine Uebersicht über solche Papiere zu erhalten.

Für die am 7. Januar von der Genossenschaftsbank empfangenen beiden Inkasso-Wechsel wird dieselbe Gläubiger des Vereins, dieser erhält in den Wechseln Vermögensobjekte; es wird daher das Giro-Konto zu erkennen sein zu Lasten des Inkasso-Wechsel-Konto — Buchung 1 —. Ebenso sind die Inkasso-Wechsel-Eingänge am 17. und 29. Januar zu buchen — Buchung 8 und 14 —. Gleichgültig ist es, ob die Wechsel direkt von der Genossenschaftsbank als Centrale oder von einer dem Giro-Verbande angehörenden Genossenschaft eingesandt werden. Die Gutschrift erfolgt stets auf Giro-Konto, da in letzterem Falle der Centrale aufgegeben wird, der betreffenden Genossenschaft den Wechselbetrag zu Lasten des eigenen Giro-Kontos zu vergüten, so daß dafür also die Genossenschaftsbank Gläubigerin wird.

Dementsprechend sind auch alle Wechsel, die die Genossenschaft an die Centrale oder an ein Mitglied des Giro-Verbandes zum Inkasso sendet, der Ersteren auf Giro-Konto zu belasten. Da es sich hierbei um Diskontwechsel handelt, so wird dafür das Diskontwechsel-Konto erkannt — Buchungen 5, 7 und 13 —.

Anderer Art ist die am 16. Januar erfolgte Sendung eines unbezahlt gebliebenen Inkassowechsels an die Genossenschaftsbank. Zuzüglich der Protestkosten, Provision und des Portos wird Letztere Mk. 237.45 hierfür auf Giro-Konto schuldig. Der Wechsel beträgt Mk. 235.—, welcher Betrag bei Empfang desselben dem Inkassowechsel-Konto belastet wurde, jetzt also diesem Konto auch wieder gutzuschreiben ist. Die Protestkosten de Mk. 1.25 zahlten wir baar aus, sie wurden auf Verlege-Konto verausgabt — Ausgabe-Journal Nr. 10 —, sind also auch hierauf jetzt zu kreditiren. Die Provision de Mk. —.80 gehört ins Kredit des Zinsen- und Provisions-Konto, das Porto de Mk. —.40 ins Kredit des Unkosten-Konto — Buchung 6 —.

Dagegen empfängt die Genossenschaft am 24. Januar einen ihrer Wechsel de Mk. 65.— Mangels Zahlung zurück, sie wird dafür einschließlich Kosten Mk. 67.55 auf Giro-Konto schuldig, andererseits hat sie wieder einen solchen wechselmäßigen Anspruch an die Wechselverpflichteten. Deshalb belasten wir den Gesammtbetrag dem Rückwechsel-Konto zu Gunsten des Giro-Konto — Buchung 11 —. Der Baareingang zur Deckung dieses Wechsels ist demzufolge in solcher Höhe auch auf Rückwechsel-Konto gebucht — Einnahme Nr. 21 —.

Alle durch die Genossenschaftsbank im Auftrage von Mitgliedern gekauften Effekten kommen zunächst in den Besitz der Genossenschaft, wir erkennen daher für die am 9. Januar gekauften Mk. 600.— $3^1/_2$ % Deutsche Reichsanleihe das Bank-Konto mit Mk. 610.40 zu Lasten des Effekten-Kommissions-Konto zum Unterschiede vom Effekten-Konto, das nur für eigene Bestände der Genossenschaft belastet wird. Der Auftraggeber M. Reichert wird uns für den Gegenwerth zuzüglich Provision Mk. 611.50 in laufender Rechnung schuldig, demgemäß belasten wir durch eine zweite Buchung das Konto-Korrent-Konto zu Gunsten des Effekten-Kommissions-Kontos — Buchung 2 und 3 —.

Umgekehrt wird für den Erlös der am 20. Januar für L. Lambacher verkauften Frcs. 4000.— Mittelmeer-Eisenbahn-Obligationen de Mk. 3121.10 das Bank-Konto Schuldner zu Gunsten des Effekten-Kommissions-Konto. Den Gegenwerth schreiben wir sodann nach Abzug unserer Provision mit Mk. 3115.90 dem Auftraggeber auf Konto-Korrent-Konto gut zu Lasten des Effekten-Kommissions-Kontos — Buchung 9 und 10 —.

Die am 9. Januar von J. Steffens zur Diskontirung und Gutschrift erhaltenen Wechsel de Mk. 1935.— sind im vollen Betrage dem Diskontwechsel-Konto zu belasten, dagegen wird die Genossenschaft nur Mk. 1915.50 auf Konto-Korrent-Konto schuldig, restliche Mk. 19.20 und Mk. —.30 sind Zinsen bezw. Inkasso-Spesen und werden daher dem Zinsen- und Provisions-Konto bezw. dem Unkosten-Konto gutgeschrieben — Buchung 4 —.

Die von der Genossenschaftsbank dem Giro-Konto des Vereins aus dessen Guthaben in laufender Rechnung überwiesenen Mk. 2000.— buchen wir am 24. Januar zu Lasten des ersteren und zu Gunsten des letzteren Kontos — Buchung 12 —.

Checks, die von der Genossenschaftsbank im Giro-Verkehr für den Verein eingelöst wurden, de Mk. 405.—, hat dieser den betreffenden Check-Kunden, also dem Check-Konto zu belasten zu Gunsten des Giro-Kontos — Buchung 15 —.

Koupons, fremde Münzen und Noten, die wir der Genossenschaftsbank sandten, und deren Gegenwerth dieselbe mit Mk. 191.15 in laufender Rechnung gutschrieb, werden auf Bank-Konto belastet, dagegen dem Koupons- und Geldsorten-Konto gutgeschrieben — Buchung 16 —.

Macht die Genossenschaftsbank für das Inkasso verspätet eingereichter Wechsel Portoabzüge, so erfolgt unsererseits die nöthige Gutschrift auf Giro-Konto zu Lasten des Unkosten-Konto — Buchung 17 —.

Bei Uebertragung dieser Memorialbuchungen auf die Nebenbücher — Skontren — geben wir in diesen die Memorial-Seite an mit einem vorgesetzten „M", zum Zeichen, daß es sich nicht um eine Kassen-Journal- sondern eine Memorial-Uebertragung handelt. Dagegen verzeichnen wir im Memorial das Folio bezw. die Nummer des Nebenbuches in der vor den Betrag-Kolonnen vorhandenen Rubrik.

Zum Zwecke der Uebertragung der Memorialbuchungen ins Hauptbuch fassen wir zunächst alle gleichartigen Geschäftsvorkommnisse monatlich zusammen. Wie dies mittelst des kaufmännischen Journals geschehen kann, sahen wir bei Besprechung der Buchführungs-Arten im ersten Theile. Wir machen uns hier aber wieder ein Rubriken-Journal nutzbar, indem wir für alle von den Buchungen berührten Konten je zwei Rubriken, eine für die zu belastenden Beträge — Debet — eine für die gutzuschreibenden Beträge — Kredit — nebeneinander stellen, und darin lediglich die Beträge den Buchungs-

Formular 28.

Memorial.

1 **Januar 1901.**

Buchung 1.	7.	Per Inkasso-Wechsel-Konto					
		An Giro-Konto					
		Der Dtsch. Genossenschaftsbank v. S. P. & Co. kreditiren wir für empfangene Inkasso-Wechsel	1				
		Nr. 1 p. 11./1. a. hier . .	1	72	—		
		„ 2 p. 12./1. a. „ . .	2	235	—	307	—
				Val.p.16./1.			
Buchung 2.	9.	Per Effekten-Kommissions-Konto					
		An Bank-Konto					
		Der Dtsch. Genossenschaftsbank v. S. P. & Co. zu Berlin kreditiren wir in laufender Rechnung für angekaufte	2				
		Mk. 600.— 3 ½ % Deutsche Reichsanleihe à 101.60 . .	1	609	60		
		+ Zinsen für 8 Tage à 3 ½ %		—	50		
		Kourtage ½ ‰		—	30	610	40
				Val. p.8./1.			
Buchung 3.	„	Per Konto-Korrent-Konto					
		An Effekten-Kommissions-Konto					
		M. Reichert hier schuldet für vorstehende Mk. 600.— 3 ½ %	15				
		Deutsche Reichsanleihe . . .	1	610	40		
		+ unsere Provision ⅙ % .		1	10	611	50
Buchung 4.	„	Per Diskont-Wechsel-Konto					
		An Folgende:					
		Konto-Korrent-Konto					
		A. Steffens hier kreditiren wir für 3 Diskontwechsel	3				
		Nr. 1002 p. 18./1. a. Köln .	1002	65	—		
		Nr. 1003 p. 19./1. a. Kolberg	1003	370	—		
		Nr. 1004 p. 5./4. a. hier . .	1004	1500	—		
				1935	—		
		abzüglich Diskont u. Spesen .		19	50		
		Uebertrag		1915	50		

		Uebertrag		1915	50		
		Zinsen- u. Provisions-Konto					
		Diskont		19	20		
		Unkosten-Konto					
		Spesen		—	30	1935	—
				Val. p. dato			
Buchung 5.	10.	Per Giro-Konto					
		An Diskont-Wechsel-Konto					
		Der Dtsch. Genossenschaftsbank v.	1				
		S. P. & Co. sind zu belasten					
		hingesandte Wechsel					
		Nr. 1002 p. 18./1. a. Köln .	1002	65	—		
		Nr. 1003 p. 19./1. a. Kolberg	1003	370	—	435	—
				Val. p. 23./1.			
Buchung 6.	16.	Per Giro-Konto					
		An Folgende					
		Inkasso-Wechsel-Konto					
		Der Dtsch. Genossenschaftsbank v.	1				
		S. P. & Co. belasten wir den					
		Mangels Zahlung an dieselbe					
		zurückgesandten Inkasso-Wechsel					
		Nr. 2 p. 12./1. a. hier . . .	2	235	—		
		Verlege-Konto					
		desgleichen für Protestkosten .	5	1	25		
		Zinsen- u. Provisions-Konto					
		desgleichen für 1/3 % Provision		—	80		
		Unkosten-Konto					
		desgleichen für Porto		—	40	237	45
				Val. p. 16./1.			
Buchung 7.	„	Per Giro-Konto					
		An Diskont-Wechsel-Konto					
		Die Dtsch. Genossenschaftsbank v.	1				
		S. P. & Co. schuldet für hin-					
		gesandten Wechsel					
		Nr. 1006 p. 24./1. a. Berlin .	1006	500	—	500	—
				Val. p. 26./1.			

3 Januar 1901.

Buchung 8.	17.	Per Inkasso-Wechsel-Konto					
		An Giro-Konto					
		der Deutschen Genossenschaftsbank	1				
		v. S. P. & Co. ist gutzuschreiben					
		die empfangene Rimesse					
		Nr. 3 p. 21./1. a. hier . . .	3	1200	—	1200	—
				Val.p.24./1.			
Buchung 9.	21.	Per Bank-Konto					
		An Effekten-Kommissions-Konto					
		Der Deutschen Genossenschaftsbank v. S. P. & Co. zu Berlin belasten wir den Verkaufs-Erlös der hingesandten	2				
		Frcs. 4000.— 4% Mittelmeer-Eisenbahn-Oblig.	1				
		à 97.40		3116	80		
		Zinsen für 20 Tage à 4% . .		7	10		
				3123	90		
		abzüglich Kourtage ½‰ Mk. 1.60					
		Stempel „ 1.20		2	80	3121	10
				Val.p.20./1.			
Buchung 10.	21.	Per Effekten-Kommissions-Konto					
		An Konto-Korrent-Konto					
		Ludwig Laubacher in N. hat gut	15				
		für obige Frcs. 4000.— 4%					
		Mittelmeer-Eisenbahn-Oblig. . .	1	3121	10		
		abzüglich Provision für uns ⅙%		5	20	3115	90
Buchung 11.	24.	Per Rückwechsel-Konto					
		An Giro-Konto					
		Der Deutsch. Genossenschaftsbank	1				
		v. S. P. & Co. kreditiren wir Mangels Zahlung zurückempfangene					
		Nr. 1002 p. 18./1. a. Köln .	R 1002	65	—		
		zuzüglich Kosten und Spesen		2	55	67	55
				Val.p.23./1.			

Buchung 12.	24.	Per Giro=Konto An Bank=Konto Der Deutsch. Genossenschaftsbank v. S. P. & Co. sind auf ersterem Konto zu belasten, auf letzterem gutzuschreiben . .	1 2	2000 — Val. p. 23./1.	2000 —
Buchung 13.	26.	Per Giro=Konto An Diskont=Wechsel=Konto Der Deutsch. Genossenschaftsbank v. S. P. & Co. belasten wir für an den Vorschuß=Verein zu N.... gesandten Wechsel Nr. 1009 p. 28/1. a Neustadt	1 1009	150 — Val. p. 6./2.	150 —
Buchung 14.	29.	Per Inkasso=Wechsel=Konto An Giro=Konto Der Deutsch. Genossenschaftsbank v. S. P. & Co. sind gutzuschreiben für von der Volksbank zu E.... empfangene Rimesse Nr. 4 p. 31./1. a. hier . .	1 4	100 — Val. p. 6./2	100 —
Buchung 15.	30.	Per Check=Konto An Giro=Konto Der Deutsch. Genossenschaftsbank v. S. P. & Co. vergüten wir für die von derselben eingelösten Checks zu Lasten von A. Gebhardt Check Nr. 2/52 C. Hesse „ Nr. 1/1	1 2 1	334 — 126 — Val. p. 28./1.	460 —

5 Januar 1901.

Buchung 16.	31.	Per Bank-Konto An Koupons- u. Geldsorten-Konto Die Deutsche Genossenschaftsbank v. S. P. & Co schuldet für ihr übersandte	2				
		19 St. Koupons ℳ	1	122	—		
		2 „ „ = Kr. ö. W. 24.— à 84.90 „	2	20	25		
		1 Note = Kr. ö. W. 10.— à 84.90 „	2	8	50		
		3 St. Koupons = Frcs. 30 à 80.80 „	3	24	20		
		1 Gold = Frcs. 20 à 81 „	3	16	20	191	15
				Val. p 1/2.			

Zusammen-

Fol.	Diskont-Wechsel-Konto Debet ℳ	₰	Kredit ℳ	₰	Konto-Korrent-Konto Debet ℳ	₰	Kredit ℳ	₰	Bank-Konto Debet ℳ	₰	Kredit ℳ	₰
1	1935	—			611	50	1915	50			610	40
2			435	—								
„												
„			500	—								
3							3115	90	3121	10		
„												
4				—							2000	—
„			150									
„												
5									191	15		
	1935	—	1085	—	611	50	5031	40	3312	25	2610	40
	H.-B. Fol. 15.				H.-B. Fol. 16.				H.-B. Fol. 5.			

Fol.	Inkasso-Wechsel-Konto Debet ℳ	₰	Kredit ℳ	₰	Rückwechsel-Konto Debet ℳ	₰	Kredit ℳ	₰	Koupons- und Geldsorten-Konto Debet ℳ	₰	Kredit ℳ	₰
1	307	—										
2			235	—								
3	1200	—			67	55						
4	100	—										
5											191	15
	1607	—	235	—	67	55					191	15
	H.-B. Fol. 18				H.-B. Fol. 19.				H.-B. Fol. 21.			

Januar 1901.

Buchung 17.	31.	Per Unkosten-Konto An Giro-Konto Der Deutsch. Genossenschaftsbank v. S. P. & Co. sind für Porto auf Wechsel Nr. 1009 zu vergüten	1	—	30	—	30
				Val.p.23./1.			

stellung.

Giro-Konto				Check-Konto				Effekten-Kommissions-Konto			
Debet		Kredit		Debet		Kredit		Debet		Kredit	
M	Pf	M	Pf	M	Pf	M	Pf	M	Pf	M	Pf
		307	—					610	40	611	50
435	—										
500	—										
237	45										
		1200	—					3115	90	3121	10
		67	55								
2000	—										
150	—	100	—								
		460	—	460	—						
		—	30								
3322	45	2134	85	460	—			3726	30	3732	60
H.-B. Fol. 17.				H.-B. Fol. 23.				H.-B. Fol. 20.			

Verlege-Konto				Zinsen- und Provisions-Konto				Unkosten-Konto			
Debet		Kredit		Debet		Kredit		Debet		Kredit	
M	Pf	M	Pf	M	Pf	M	Pf	M	Pf	M	Pf
						19	20			—	30
		1	25			—	80			—	40
								—	30		
		1	25			20	—	—	30	—	70
H.-B. Fol. 22.				H.-B. Fol. 10.				H.-B. Fol. 11.			

überschriften entsprechend eintragen. Man kann hierzu ein besonderes Buch einrichten, oder aber bei weniger umfangreichem Verkehr auch unter der letzten Memorialbuchung im Monat selbst solche Zusammenstellung bewirken, wie dieselbe unseren Memorialbuchungen angefügt ist.

Den Betrag unserer Buchung 1 de Mk. 307 finden wir in dieser Zusammenstellung im Debet des Inkassowechsel-Kontos, im Kredit des Giro-Kontos; der Betrag der zweiten Buchung de Mk. 610.40 wurde ins Debet des Effekten-Kommissions-Kontos und ins Kredit des Bank-Kontos eingereiht und so weiter. Vor den Betrag-Kolonnen befindet sich eine Rubrik zur Angabe der Memorial-Seiten. Es läßt sich solche Zusammenstellung schon während des Monats Schritt für Schritt mit den Buchungen bewirken. Am Monatsschluß werden die Kolonnen aufaddirt, und müssen die Gesammtsummen der Debet-Beträge alsdann ebensoviel ergeben wie die Gesammtsummen der Kredit-Beträge. Ist das festgestellt, so erfolgt die Uebertragung der Gesammtbeträge der einzelnen Rubriken auf die verschiedenen Hauptbuch-Konten. Dabei giebt man den Debet-Posten die Bezeichnung „An verschiedene Kreditoren", den Kredit-Posten die Bezeichnung „Per verschiedene Debitoren". Die Hauptbuch-Seiten vermerken wir unter den entsprechenden Doppelrubriken unserer Zusammenstellung, während wir im Hauptbuch die Seite der Letzteren angeben.

Dieses Rubriken-System können wir nun ähnlich wie in den Kassenjournalen auch im Memorial mit den Grundbuchungen verbinden, indem wir die Debet-Kolonnen desselben links, die Kredit-Kolonnen rechts den eigentlichen Buchungsvermerken anfügen. Wir erhalten dadurch das rubrizirte Memorial, wie es das folgende Formular 29 darstellt. Der praktischen Eintheilung wegen ist darin für die Bezeichnung der Konten, die im einfachen Memorial durch die Buchungs-Ueberschrift erfolgte, ein besonderer Raum vorgesehen, daneben wird dann der Gegenstand der Buchung angegeben. Die Buchungen erhalten ferner laufende Nummern, und die erste Notiz von dem Betrage eines jeden Geschäftes nehmen wir in der mit „Prima Nota" überschriebenen Rubrik.

Die Geschäftsvorkommnisse sind genau so gebucht wie in dem einfachen Memorial, nur sind die Buchungen insofern abgekürzt, als auf die Begleitschreiben der Genossenschaftsbank zu ihren Wechselsendungen und auf deren Noten zu den Effekten-An- und Verkäufen Bezug genommen ist. Diese Briefe und Noten können bei

1 **Sollen:** **Mo**

Diskont-Wechsel-Konto ℳ	₰	Konto-Korrent-Konto ℳ	₰	Bank-Konto ℳ	₰	Giro-Konto ℳ	₰	Inkasso-Wechsel-Konto ℳ	₰	Check-Konto ℳ	₰	Effekten-Kommissions-Konto ℳ	₰	Zinsen- u. Provisions-Konto ℳ	₰	Konto pro Diverse ℳ	₰	Tag	Laufende Nr.	Bezeichnung der Kon
								307	—									7.	1	Per Inkassa-Wechsel-Kont An Giro-Konto
												610	40					9.	2	Per Effekten-Kommissions An Bank-Konto
		611	50															9.	3	Per Konto-Korrent-Konto An Effekten-Kommissions-
1935	—																	9.	4	Per Diskont-Wechsel-Kont An Folgende: Konto-Korrent-Konto Zinsen- u. Provisions-Konto Unkosten-Konto
						435	—											10.	5	Per Giro-Konto An Diskont-Wechsel-Konto
						237	45											16.	6	Per Giro-Konto An Folgende Inkasso-Wechsel-Konto Verlege-Konto Zinsen- u. Provisions-Konto Unkosten-Konto
						500	—											16.	7	Per Giro-Konto An Diskont-Wechsel-Konto
								1200	—									17.	8	Per Inkasso-Wechsel-Kont An Giro-Konto
				3121	10													21.	9	Per Bank-Konto An Effekten-Kommissions-
												3115	90					21.	10	Per Effekten-Kommissions An Konto-Korrent-Konto
																67 Rück-Wechsel-Konto	55	24.	11	Per Rückwechsel-Konto An Giro-Konto
						2000	—											24.	12	Per Giro-Konto An Bank-Konto
						150	—											26.	13	Per Giro-Konto An Diskont-Wechsel-Konto
								100	—									29.	14	Per Inkasso-Wechsel-Konto An Giro-Konto
										460	—							30.	15	Per Check-Konto An Giro-Konto
				191	15													31.	16	Per Bank-Konto An Koupons- u. Geldsorte
																— Unk.-Konto	30	31.	17	Per Unkosten-Konto An Giro-Konto
1935	—	611	50	3312	25	3322	45	1607	—	460	—	3726	30			*) 67	85			
H.-B. Fol. 15		H.-B. Fol. 16		H.-B. Fol. 5		H.-B. Fol. 17		H.-B. Fol. 18		H.-B. Fol. 23		H.-B. Fol. 20								

*) Mk. 67,55 Rückwechsel-Konto H.-B. Fol. 19.
„ —,30 Unkosten-Konto H.-B. Fol. 11.
Mk. 67,85

Gegenstand	Uebertragungs-Fol. oder Nr	Prima-Nota M. Pf.	Diskont-Wechsel-Konto M. Pf.	Konto-Korrent-Konto M. Pf.	Bank-Konto M. Pf.	Giro-Konto M. Pf.	Inkasso-Wechsel-Konto M. Pf.	Effekten-Kommissions-Konto M. Pf.	Zinsen- u. Provisions-Konto M. Pf.	Konto pro Diverse M. Pf.
...schaftsbank v. S., P. & Co.,										
	1									
...e Wechsel lt. Brief Nr. 1	1. u. 2.	307 —				307 —				
...nschaftsbank v. S., P. & Co.,										
	2									
Mk. 600 3½ Dtsch. Reichs-										
Nota 1	1	610 40			610 40					
...hier, erhielt vorstehende Mk. 600	15									
...Reichsanleihe = Mk. 610.40										
...on = „ 1.10	1	611 50						611 50		
...ab uns	3									
...sel Nr. 1002—1004	1002									
de Mk. 1935.—										
...Diskont Mk. 19.20	—									
...n „ —.30 „ 19.50	1004									
...ur Gutschrift mit Mk. 1915.50		1935 —		1915 50					19 20	— 30
...enschaftsbank v. S., P. & Co.	1									Unkosten-
...te Wechsel										Konto
18./1. a. Köln Mk. 65	1002									
19./1. a. Kolberg „ 370	1003	435 —	435 —							
Val. p. 23./1.										
...enschaftsbank v. S., P. & Co.,	1									
...-Zahlung derselben zurück-										
12./1. a. hier de Mk. 235.—	2									
...ten „ 1.25	5									1 25
⅓ % „ —.80										Verlege-
„ —.40		237 45					235 —		— 80	Konto
Val. p. 16./.1										— 40 Unk.-Kto.
...enschaftsbank v. S., P. & Co.	1									
...ten Wechsel										
...p. 24./1 a. Berlin Val. p. 26./1.	1006	500 —	500 —							
...enschaftsbank v. S., P. & Co.	1									
...ne Wechsel, laut Brief Nr. 2	3	1200 —				1200 —				
...nschaftsbank v. S., P. & Co.,										
...ür verkaufte:	2									
...0 4% Mittelmeer Eisenb. Obl.										
...a Nr. 2	1	3121 10						3121 10		
...acher in N....	15									
...00 4% Mittelm. Eisenb. Obl.	1									
...end Mk. 3121.10										
...vision ⅙ % „ 5.20		3115 90		3115 90						
...enschaftsbank v. S., P. & Co.	1									
...-Zahlung uns zurückgesandte										
...ut Brief Nr. 3	R 1002	67 55				67 55				
...enschaftsbank v. S., P. & Co.										
...ng auf Giro-Konto	1									
...vom Bank-Konto Val. p. 23./1.	2	2000 —			2000 —					
...enschaftsbank v. S., P. & Co.	1									
Vorschuß-Verein zu Neustadt										
...r. 1009 p. 28./1. a. Neustadt										
Val. p. 1./2.	1009	150 —	150 —							
...enschaftsbank v. S., P. & Co.	1									
...Volksbank zu E... empfangene										
...ut Brief Nr. 4	4	100 —				100 —				
...enschaftsbank v. S., P. & Co.	1									
...lben eingelöste Checks zu Lasten										
...ardt, Check Nr. 2/52 Mk. 334	2									
„ „ 1/1 „ 126	1	460 —				460 —				
Val. p. 28./1.										
...enschaftsbank v. S., P. & Co.	2									
...te Koupons laut Nota Nr. 3	1—3	191 15								191 15
...enschaftsbank v. S., P. & Co.	1									Koupons-
Porto auf Wechsel Nr. 1003		— 30				— 30				Konto
Val. p. 23/1.										
		15042 35	1085 —	5031 40	2610 40	2134 85	235 —	3732 60	20 —	*) 193 10
			H.-B. Fol. 15	H.-B. Fol. 16	H.-B. Fol. 5	H.-B. Fol. 17	H.-B. Fol. 18	H.-B. Fol. 20	H.-B. Fol. 10	

-.70 Unkosten-Konto H.-B. Fol. 11.
1.25 Verlege-Konto H.-B. Fol. 22.
1.15 Koupons-Konto H.-B. Fol. 21.
3.10

geeigneter, gesonderter Anordnung und Aufbewahrung sehr wohl außer als Grundlagen auch als Erläuterungen der Grundbuchungen dienen.

Gleich bei jeder Buchung werden die Beträge auf der linken Seite in der Rubrik des zu belastenden Kontos — Debitors — und auf der rechten Seite in der Rubrik des zu erkennenden Kontos — Kreditors — vermerkt.

Um nicht ein allzu ausgedehntes Rubriken-System zu erhalten, weisen wir den seltener berührten Konten die Konto pro diverse Rubrik an, und verzeichnen bei den hierin eingestellten Beträgen die bezüglichen Konten, z. B. Koupons- und Geldsorten-Konto, Unkosten-Konto, Verlege-Konto, Rückwechsel-Konto. Vielleicht wird für diesen oder jenen Verein nöthig sein, noch mehrere besondere Rubriken einzurichten, andere lassen sich vielleicht entbehren. Das muß nach den vorliegenden besonderen Verhältnissen in jedem Einzelfall beurtheilt werden. Die Gesammtsumme der Konto pro Diverse-Rubrik ist am Monatsschlusse genau in der Weise zu erläutern, wie es im Kassen-Journal geschieht.

Die Uebertragung der Geschäftsvorkommnisse auf die Nebenbücher sowie die monatliche Uebertragung der Gesammtsummen ins Hauptbuch findet in der bereits bekannten Weise statt. Mit der Gesammtsumme der Prima-Nota-Rubrik muß die Summe aus den Gesammtbeträgen der Journal-Rubriken auf jeder Seite übereinstimmen, da jeder Betrag auf der Debet-Seite sowohl wie auf der Kredit-Seite gebucht ist. Diese Kontrole ist vor der Uebertragung der Seitensummen auf die folgende Seite und ebenso natürlich am Monatsschluß erforderlich.

B. Das Hauptbuch.

Formular Nr. 30.

Zu den Hauptbuch-Konten, die wir im ersten Theile dieses Buches bereits kennen lernten, kommen den neu aufgenommenen Wirthschaftsgebieten entsprechend die folgenden unter den Hauptbuch-Folien 15 bis 24 aufgeführten neuen Konten und in Folge des Jahresabschlusses das Delkredere- und Spezial-Reservefond-Konto — Fol. 25 und 26 — hinzu. Zur späteren Erläuterung des Abschlusses dieser Konten sind ferner noch das Zinsen- und Provisions-Konto — wir nannten dasselbe im ersten Jahre nur „Zinsen-Konto" —, das Gewinn- und Verlust-Konto und das Bilanz-Konto angefügt.

Formular 30.

Haupt

15

Debet. **Diskont-Wechsel-**

1901							
Januar	31.	An Kassa-Konto	1	1183	—		
„	„	„ diverse Kreditoren . . .	M. 5	1935	—		
		„ u. s. w.		.			
		„		.		48 511	60
						48 511	60
1902							
Januar	1.	An Bilanz-Konto				16 405	30

16

Debet. **Konto-Korrent-**

1901							
Januar	31.	An Kassa-Konto	1	5915	90		
„	„	„ diverse Kreditoren . . .	M. 5	611	50		
		„ u. s. w.		.			
		„		.		96 060	40
Dezember	31.	„ Bilanz-Konto	M. 51			9 402	—
						105 462	40
1902							
Januar	1.	An Bilanz-Konto				24 410	—

17

Debet. **Giro-**

1901							
Januar	31.	An Kassa-Konto	1	405	—		
„	„	„ diverse Kreditoren . . .	M. 5	3322	45		
		„ u. s. w.		.			
		„		.		15 212	50
						15 212	50
1902							
Januar	1.	An Bilanz-Konto				610	50

18

Debet. **Inkasso-Wechsel-**

1901							
Januar	31.	An diverse Kreditoren . . .	M. 5	1607	—		
		„ u. s. w.		.			
		„		.			
		„		.		8 126	20
						8 126	20
1902							
Januar	1.	An Bilanz-Konto				214	20

b u ch.

Konto. 15

Kredit.

1901							
Januar	31.	Per Kassa-Konto	1	200	—		
"	"	" diverse Debitoren . . .	M. 5	1085	—		
		" u. s. w.		.			
		"		.		32 106	30
Dezember	31.	" Bilanz-Konto	M. 50			16 405	30
						48 511	60

Konto. 16

Kredit.

1901							
Januar	31.	Per Kassa-Konto	1	2836	50		
"	"	" diverse Debitoren . . .	M. 5	5031	40		
		" u. s. w.		.			
		"		.		81 052	40
Dezember	31.	" Bilanz-Konto	M. 50			24 410	—
						105 462	40
1902							
Januar	1.	Per Bilanz-Konto				9 402	—

Konto. 17

Kredit.

1901							
Januar	31.	Per Kassa-Konto	1	1000	—		
"	"	" diverse Debitoren . . .	M. 5	2134	85		
		" u. s. w.		.			
		"		.		14 602	—
Dezember	31.	" Bilanz-Konto	M. 50			610	50
						15 212	50

Konto. 18

Kredit.

1901							
Januar	31.	Per Kassa-Konto	1	1272	—		
"	"	" diverse Debitoren . . .	M. 5	235	—		
		" u. s. w.		.			
		"		.		7 912	—
Dezember	31.	Bilanz-Konto	M. 50			214	20
						8 126	20

19 Debet. **Rückwechsel-**

1901							
Januar	31.	An diverse Kreditoren . . .	M. 5	67	55		
		„ u. s. w.		.			
		„		.		581	—
						581	—
1902							
Januar	1.	An Bilanz-Konto				130	40

20 Debet. **Effekten-Kommissions-**

1901							
Januar	31.	An diverse Kreditoren . . .	M. 5	3726	30		
		„ u. s. w.		.			
		„		.		42 560	—
Dezember	31.	„ Gewinn- und Verlust-Konto	M. 48			81	50
						42 641	50
1902							
Januar	1.	An Bilanz-Konto				606	—

21 Debet. **Koupons- und**

1901							
Januar	31.	An Kassa-Konto	1	190	55		
		„ u. s. w.		.			
		„		.		1 787	40
Dezember	31.	„ Gewinn- und Verlust-Konto	M. 48			4	10
						1 791	50
1902							
Januar	1.	An Bilanz-Konto				370	50

22 Debet. **Kosten- und**

1901							
Januar	31.	An Kassa-Konto	1	6	65		
		„ u. s. w.		.			
		„		.		17	10
						17	10

23 Debet. **Check-**

1901							
Januar	31.	An Kassa-Konto	1	359	—		
„	„	„ diverse Kreditoren . . .	M. 5	460	—		
		„ u. s. w.		.		21 210	40
Dezember	31.	„ Bilanz-Konto	M. 50			20 174	90
						41 385	30

Konto. Kredit. 19

1901							
Januar	31.	Per Kassa-Konto	1	67	55		
		„ u. s. w.		.			
		„		.		450	60
Dezember	31.	„ Bilanz-Konto	M. 50			130	40
						581	—

Konto. Kredit. 20

1901							
Januar	31.	Per diverse Debitoren ...	M. 5	3732	60		
		„ u. s. w.		.			
		„		.		42 035	50
Dezember	31.	„ Bilanz-Konto	M. 50			606	—
						42 641	50

Geldsorten-Konto. Kredit. 21

1901							
Januar	31.	Per diverse Debitoren ...	M. 5	191	15		
		„ u. s. w.		.			
		„		.		1 421	—
Dezember	31	„ Bilanz-Konto	M. 50			370	50
						1 791	50

Verlege-Konto. Kredit. 22

1901							
Januar	31.	Per diverse Debitoren ...	M. 5	1	25		
		„ u. s. w.		.			
		„		.		10	40
Dezember	31.	„ Gewinn- und Verlust-Konto	M. 48			6	70
						17	10

Konto. Kredit. 23

1901							
Januar	31.	Per Kassa-Konto	1	1476	—		
		„ u. s. w.		.			
		„		.		41 385	30
						41 385	30
1902							
Januar	31.	Per Bilanz-Konto				20 174	90

24

Debet. **Spareinlagen-, Depositen-,**

1901							
Januar	31.	An Kassa-Konto	1	90	—		
		u. s. w.		.			
				.			
				.			
				.		1 366	90
Dezember	31.	„ Spareinl. ꝛc.-Zinsen-Konto .	M. 49			106	—
„	„	„ Bilanz-Konto	„ 50			106	—
						1 578	90

25

Debet. **Delkredere-**

1901							
Dezember	31.	An Bilanz-Konto	M. 50			150	—
						150	—

26

Debet. **Spezial-Reservefonds-**

1901							
Dezember	31.	An Bilanz-Konto	M. 50			450	—
						450	—

10

Debet. **Zinsen- und**

1901							
Januar	31.	An Bilanz-Konto		.		20	70
Februar	28.	„ Kassa-Konto		.			
		„ diverse Kreditoren . . .		.			
		„ u. s. w.		.		170	40
Dezember	31.	„ Zinsen- u. Provisions-Konto	M. 49			414	80
„	„	do. (Neue Rechnung)	„ 49			30	—
„	„	„ Gewinn- u. Verlust-Konto .	„ 49			3 122	10
„	„	„ Bilanz-Konto	„ 50			414	80
						4 172	80
1902							
Januar	1.	An Bilanz-Konto				30	—

Check-, Zinsen-Konto. Kredit. 24

1901							
Januar	1.	Per Bilanz-Konto				126	70
Dezember	31.	„ Spareinl. 2c. - Zinsen-Konto (Neue Rechnung)				106	—
„	„	„ Gewinn- u. Verlust-Konto .	M. 49			1 346	20
						1 578	90
1902							
Januar	1.	Per Bilanz-Konto				106	—

Konto. Kredit. 25

1901							
Dezember	31.	Per Gewinn- u. Verlust-Konto .	M. 48			150	—
						150	—
1902							
Januar	1.	Per Bilanz-Konto				150	—

Konto. Kredit. 26

1901							
Dezember	31.	Per Effekten-Konto	M. 48			253	—
„	„	„ Gewinn- u. Verlust-Konto	„ 49			197	—
						450	—
1902							
Januar	1.	Per Bilanz-Konto				450	—

Provisions-Konto. Kredit. 10

1901							
Januar	1.	Per Bilanz-Konto				245	20
„	„	Uebertragung a. Spareinlagen-pp. Zinsen-Konto . . .				126	70
„	„	Per Bilanz-Konto				118	50
„	31.	„ Kassa-Konto	1	30	05		
„	„	„ diverse Debitoren . . .	M. 5	20	—		
		„ u. s. w.		.		3 579	50
Dezember	31.	„ Zinsen- u. Provisions-Konto (Neue Rechnung)	M. 49			414	80
„	„	do.	„ 49			30	—
„	„	„ Bilanz-Konto	„ 50			30	—
						4 172	80
1902							
Januar	1.	Per Bilanz-Konto				414	80

13

Debet. **Gewinn- und**

1901							
Januar	31.	An Kassa-Konto	1	62	30		
		„ u. s. w.		.		82	30
Dezember	31.	„ Delkredere-Konto	M. 48	150	—		
„	„	„ Kosten- u. Verlege-Konto .	„ 48	6	70		
„	„	„ Inventar-Konto	„ 48	50	—		
„	„	„ Spareinlagen-, Depositen-, Check-, Zinsen-Konto . .	„ 49	1 346	20		
„	„	„ Unkosten-Konto	„ 49	653	80	2 206	70
„	„	„ Reservefond-Konto . . .	„ 49	262	—		
„	„	„ Spezial-Reservefond-Konto .	„ 49	197	—		
„	„	„ Dividenden-Konto . . .	„ 49	581	40	1 040	40
„	„	„ Bilanz-Konto	„ 50			380	60
						3 710	—

14

Debet. **Bilanz-**

1901							
Dezember	31.	An diverse Kreditoren — Aktiva —	M. 50			108 875	10

Das Zinsen- und Provisions-Konto enthält nach unserer Bilanz p. 1900 — s. diese — einen Kredit-Saldo von Mk. 245.20. Derselbe setzt sich aus Mk. 126.70 noch zu zahlenden Depositen-Zinsen und Mk. 118.50 voraus erhobenen Vorschußzinsen zusammen. Da wir für erstere ein besonderes Konto errichteten unter dem Hauptbuch-Folio 24, so haben wir auch deren Saldo hierauf vom Zinsen- und Provisions-Konto zu übertragen, und verbleibt danach auf Letzterem ein Saldo im Kredit von Mk. 118.50.

Bei den Uebertragungen ins Hauptbuch werden der Gleichmäßigkeit wegen immer zuerst die Kassen-Journal-Summen, dann die Memorial-Summen gebucht. Man kann beide auch zu einer Uebertragungssumme für jedes Konto zusammenziehen, indem man zu den verschiedenartigen Kredit-Umsätzen des Memorials die auf den hiervon betroffenen Konten auch zu verzeichnenden Einnahmen und zu den verschiedenartigen Debet-Umsätzen des Memorials die bezüglichen Ausgaben hinzurechnet. Das geschieht dann durch eine Zusammenstellung der Kassen- und Memorial-Umsatzsummen. Die einzelne

Verlust-Konto. Kredit. 13

1901							
Januar	1.	Per Bilanz-Konto				82	30
Dezember	31.	„ Effekten-Konto	M. 48	420	—		
„	„	„ Effekten-Kommiss.-Konto .	„ 48	81	50		
„	„	„ Koupons- u. Geldsorten-Kto.	„ 48	4	10		
„	„	„ Zinsen- u Provisions-Konto	„ 48	3 122	10	3 627	70
						3 710	—
1902							
Januar		Per Bilanz-Konto				380	60

Konto. Kredit. 14

1901							
Dezember	31.	Per diverse Debitoren — Passiva —	M. 50			108 875	10

Uebertragung dieser Umsätze ist jedoch nicht im geringsten beschwerlicher und vermindert auch nicht die Uebersicht, sie verdient vielmehr insofern den Vorzug, als es immerhin von gewissem Werthe ist, auf dem einzelnen Konto zu sehen, in welchem Umfange die Bewegungen auf demselben durch den Kassenverkehr verursacht sind.

In Folge der getrennten Uebertragung der Kassen- und Memorialbuchungen setzt sich auf einigen Konten der Monatsumsatz aus zwei Beträgen zusammen, deren Summe man häufig in der Hauptrubrik auszuwerfen pflegt. Im Interesse einer einheitlichen Behandlung aller Konten stellen wir jedoch alle Umsätze ohne solche monatliche Abgrenzung unter einander, um den aus ihnen sich ergebenden Jahresumsatz in einer Summe in der Hauptrubrik auszuwerfen, wie das unsere Beispiele ergeben.

Ergänzen wir die vorstehenden Hauptbuch-Konten durch die früheren Konten und übertragen auf diese die Umsätze unseres Kassen-Journals und Memorials, so ergiebt sich dann aus dem Hauptbuch folgende:

Roß-Bilanz für Monat Januar 1901.

Umsatz im Monat				Gesammtsumme				Haupt-Buch-Folio	Konti	Saldo			
Debet		Kredit		Debet		Kredit				Aktiva		Passiva	
M	Pf	M	Pf	M	Pf	M	Pf			M	Pf	M	Pf
9 365	90	8 923	05	10 203	35	8 923	05	1	Kassa-Konto	1 280	30	—	—
12	—	748	50	12	—	12 398	50	2	Geschäftsantheil-Konto .	—	—	12 386	50
--	—	3	—	—	—	543	—	3	Reservefond-Konto . .	–	—	543	—
200	—	200	—	38 348	—	200	—	4	Vorschuß-Wechsel-Konto .	38 148	—	—	—
1 725	—	1 725	—	1 725	—	1 725	—	4	Prolongationen	—	—	—	—
3 118	-	1 285	—	3 118	—	1 285	—	15	Diskont-Wechsel-Konto .	1 833	—	—	—
6 527	40	7 867	90	6 527	40	7 867	90	16	Konto-Korrent-Konto . .	—	—	1 340	50
3 312	25	2 610	40	4 027	85	2 610	40	5	Bank-Konto	1 417	45	—	—
3 727	45	3 134	85	3 727	45	3 134	85	17	Giro-Konto	592	60	—	—
—	—	—	—	5 851	10	—	—	6	Effekten-Konto	5 851	10	—	—
—	—	—	—	365	85	—	—	7	Inventar-Konto	365	85	—	—
1 607	—	1 507	—	1 607	—	1 507	—	18	Inkasso-Wechsel-Konto . .	100	—	—	—
67	55	67	55	67	55	67	55	19	Rückwechsel-Konto . . .	—	—	—	—
190	55	191	15	190	55	191	15	21	Koupons- und Geldsorten-Konto	—	—	—	60
6	65	1	25	6	65	1	25	22	Kosten- und Verlege-Konto	5	40	—	—
460	-	30	—	460	—	26 006	20	8	Spareinlagen-Konto . .	—	—	25 546	20
—	—	1 500	—	—	—	8 900	—	9	Depositen-Konto	—	—	8 900	—
819	—	1 476	-	819	—	1 476	-	23	Check-Konto	—	—	657	—
3 726	30	3 732	60	3 726	30	3 732	60	20	Effekten-Kommissions-Kto.	—	—	6	30
15	-	—	—	15	--	25	—	12	Dividenden-Konto . . .	—	—	10	—
—	—	50	05	20	70	168	55	10	Zinsen- und Provisions-Konto	—.	—	147	85
90	-	—	—	90	—	126	70	24	Spareinlagen-, Depositen-, Check-Zinsen-Konto .	—	—	36	70
23	95	3	—	23	95	23	—	11	Unkosten-Konto	—	95	—	—
62	30	—	—	62	30	82	80	13	Gewinn- n. Verlust-Konto	—	—	20	—
35 056	30	35 056	30	80 995	—	80 995	—			49 594	65	49 594	65

Wegen der Aufstellung der monatlichen Roh-Bilanzen und des dazu zu benutzenden Bilanz-Buches ist auf die Darlegungen im ersten Theile Seite 64 u. flg. zu verweisen.

Zu den neuen Geschäftszweigen sind

Konto-Nebenbücher

erforderlich, die uns Aufschluß darüber geben sollen, aus welchen einzelnen Beständen sich die Saldi der Hauptbuch-Konten zusammensetzen. Wir können nicht Diskont-Wechsel- oder Konto-Korrent-Geschäfte wie Vorschüsse behandeln, oder Spareinlagen mit den Check-Einlagen zusammen buchen, da die verschiedenen Wirthschaftszweige auf ganz verschiedenen geschäftlichen Grundsätzen beruhen; ihre gesonderte bücherliche Behandlung ist unerläßlich, wenn die Bücher ein klares Bild der Vermögenslage und der Geschäftsverhältnisse geben sollen.

Die Nebenbücher zu den Hauptbuch-Konten haben wir, insoweit sie verschiedene Konten enthalten, mit alphabetischen Verzeichnissen der Konto-Inhaber versehen.

C. Das Diskonto-Wechsel-Konto.

Die den Mitgliedern der Genossenschaft zu diskontirenden Wechsel sind gewissermaßen Werthpapiere, mit deren Einlösung am Fälligkeitstage durch Baarzahlung des Bezogenen gerechnet werden muß. Wir haben es also hier nicht in erster Linie mit Entstehung einer Schuld des Mitgliedes zu thun wie im Vorschuß-Verkehr, und werden daher auch zunächst nicht über ein persönliches Schuldverhältniß, sondern über die angekauften Wechsel selbst Buch führen müssen. Eine Forderung der Genossenschaft an das Mitglied entsteht aus Diskontwechseln erst wieder, im Falle solche seitens des Bezogenen unbezahlt bleiben. Den Umfang der aus den laufenden Wechseln in solcher Weise bestehenden sogenannten Wechselverpflichtungen oder Giroverpflichtungen der einzelnen Mitglieder zu wissen und zu kontroliren, ist für die Genossenschafts-Organe natürlich sehr wichtig, und wir führen deshalb auch hierüber bücherliche Nachweise.

Die Genossenschaft kann selbst solche angekauften Wechsel wieder weiter diskontiren bei der Reichsbank, der Genossenschaftsbank oder anderen Instituten, denen sie für die pünktliche Einlösung durch den Bezogenen durch ihr Giro haftet. Auch über diese Giro-Verbindlichkeiten der Genossenschaft halten wir uns durch eine Liste derselben laufend unterrichtet.

Schließlich wird eine besondere Handhabung der Grundbuchungen der Wechsel-Geschäfte durch ein Wechsel-Journal unter gewissen Voraussetzungen in Erwägung gezogen werden können.

a) Das Diskont-Wechsel-Skontro.

Formular Nr. 31.

In dem Wechsel-Skontro vermerken wir alles Wesentliche aus dem Wechsel-Inhalt, dasselbe wird daher auch Wechsel-Kopir-Buch genannt. Worauf sich diese bücherlichen Vermerke beziehen, ist aus den Ueberschriften der Rubriken in dem folgenden Formular ersichtlich.

Formular 31.

Diskont-

19

Laufende Nr.	Eingang			Aussteller		Order	Uebertr. Nr. od. Fol.	Wechsel-Betrag		Uebertr.-Nr. od. Fol.	Einnahme			
	Datum		Empfangen von	Name	Wohnort			M	Pf		Diskont M	Diskont Pf	Spesen M	Spesen Pf
	1901													
1001	Jan.	2.	Bernhard Schrader	B. Schrader	hier	Eigene	1	200	—	3	—	90		
1002	„	9.	A. Steffens	L. Schmidt & Co.	Frankfurt a/M.	do.		65	—		—	50		
1003	„	„	do.	H. Kraus	hier	A. Steffens	M. 1	370	—	M. 1	—	55	—	30
1004	„	„	do.	A. Steffens	do.	do.		1500	—		18	15		
1005	„	14.	G Becker	G. Becker	do.	Eigene		75	—		1	—		
1006	„	„	Fr. Scheller	Emil Thomas	Hamburg	E Groß, Stettin	9	500	—	12	—	90		
								Kr. 170.20 à 84.—						
1007	„	„	Ferd. Melzer	C. Kunz & Co.	Breslau	Ferd. Melzer		143	—		1	55	—	45
1008	„	25.	C. Herrmann	C. Herrmann	hier	Eigene	14	115	—	20	1	45		
1009	„	„	A. Richter	G. Perl	Berlin	do.		150	—		—	50	—	35
					Zusammen am Jahresschlusse:			48 511	60		440	50	18	10

Alle Diskont-Wechsel werden unter einer laufenden Nummer verzeichnet, die wir zugleich auf dem Wechsel selbst in geeigneter Weise vermerken. Für unsere Beispiele wurde diese Nummernfolge mit „1001“ begonnen zum Unterschiede von den Nummern der getrennt hiervon behandelten Inkassowechsel, die wir mit 1 beginnen lassen.

Den auf der linken Seite des Formulars befindlichen Eingangs-Rubriken stehen auf der rechten Seite entsprechende Ausgangs-Rubriken gegenüber. Zwischen beiden befinden sich die Kolonnen zur Angabe des Wechselinhaltes. Diese Letzteren werden nebst den Eingangs-Rubriken bei der Diskontirung der Wechsel ausgefüllt. Hierbei ist zu beachten, daß in der Kolonne „Empfangen von“ stets der auf dem Wechsel befindliche letzte Girant verzeichnet

Wechsel-Skontro.

01.

Tag der Ausstellung		Tag der Fälligkeit		Bezogener Name	Bezogener Wohnort	Domizil	Ausgang Datum		Ausgang Uebertr.-Nr. od. Fol.	Ausgang Empfänger resp. Kassa-Notiz	Bestand am Jahresschlusse M	Pf	Voraus erhobene Zinsen Tage	Zahlen
1900		1901					1901							
Dez.	30.	Jan.	30.	G. Kurze	hier		Jan.	30.	23	Kassa-Konto				
„	18.	„	18.	C. Bach	Elberfeld	Schmidt & Sohn Köln	„	10.	M. 2	Dtsch. Genossenschaftsbank zu Berlin				
1901														
Jan.	1	„	19.	Conr. Lohse Nachf.	Kolberg		„	„	M. 2	do.				
„	5	April	5.	C. Krüger	hier									
„	8	„	15.	B. Schrader	do.									
1900														
Nov.	24.	Jan.	24.	L. König	Berlin		„	16.	M. 2	do.				
Dez.	15.	März	31.	W. Malitz	Wien									
1901														
Jan.	24.	April	24.	H. Werner	hier									
1900														
Dez.	15.	Jan.	28.	R. Borchert	Neustadt		„	26.	M. 4	Vorschuß-Verein zu N.				
											16 405	80		6048
											H.B. Fol. 15.		Zu 5% Mk. 84.—	

wird, denn von diesem als dem allein Empfangsberechtigten für den Gegenwerth erhält die Genossenschaft den Wechsel.

Wir stellen ebenso wie bei Gewährung eines Vorschusses den ganzen Wechselbetrag in Ausgabe, den davon gekürzten Diskont und die Inkasso-Spesen buchen wir in Einnahme. Deshalb ist vor dem Wechselbetrage die Nummer des Kassen-Ausgabe-Journals, vor dem Diskont- und Spesen-Betrage die Nummer des Kassen-Einnahme-Journals zu verzeichnen. Bei Benutzung des später zur Besprechung kommenden Wechsel-Journals werden die Kassen-Buchungen dahin vereinfacht werden können, daß nur der wirklich ausgezahlte Betrag, also Wechselsumme abzüglich Diskont und Spesen in Ausgabe gestellt wird. In diesem Falle würde nur eine Rubrik vor den Betragkolonnen zur Angabe der Nummer des Kassen-Journals bezw. Seite des Memorials nöthig sein, je nachdem die Uebertragung aus dem einen oder anderen Buche erfolgt.

Während in dieses Skontro jeder Wechsel einzeln eingetragen wird, können wir im Kassenbuche mehrere, einem Mitgliede oder an einem Tage diskontirte Wechsel zu einer Buchung zusammenfassen und zwar mit Hülfe der Eintragungen im Wechsel-Skontro. Die am 14. Januar zum Beispiel diskontirten 3 Wechsel Nr. 1005—1007 tragen wir zu dem Zweck nach Schluß der Geschäftsstunde zunächst in das Skontro ein auf Grund der Urkunden und der Kopie der Abrechnungs-Nota bezw. der Notizen über Diskont und Spesen auf den Wechseln selbst, wir ermitteln daraus dann die Wechselsumme de Mk. 718 — s. Ausgabe Nr. 9 — den Diskont de Mk. 3.45 und die Spesen de Mk. —.45 — s. Einnahme Nr. 12 —. Den Wechsel Nr. 1001 finden wir als ersten Ausgabe-Posten, die Zinsen unter Nr. 3 der Kassen-Einnahme. Die folgenden 3 Wechsel Nr. 1002—1004 betreffen den auf Seite 1 des Memorials — Buchung 4 — eingetragenen Geschäftsvorgang u. s. w.

In den Ausgangs-Rubriken ist, wenn der Wechsel weiterbegeben wird, der Empfänger zu vermerken, oder wenn derselbe baar bezahlt wird, die Notiz „Kassa-Konto“ zu machen. — Vgl. Kassen-Einnahme Nr. 23 und Memorialbuchungen Nr. 5, 7 u. 13.

Außerdem enthält unser Formular noch mit Rücksicht auf den Jahresabschluß Rubriken zur Angabe der „Wechselbestände am Jahresschlusse“ und zur Berechnung der „Vorauserhobenen Zinsen.“ Die Handhabung ist dieselbe wie in der Vorschußwechsel-Liste. Wir tragen jedoch nicht wie in dieser die Wechsel-Bestände neu vor, da jeder Wechsel bei Fälligkeit definitiv erledigt wird und Prolongationen ausgeschlossen sind, so buchen wir von Fall zu Fall bei jedem Wechsel an seiner ursprünglichen Stelle auch die Erledigung desselben.

Für Wechsel in ausländischer Währung führen Banken und größere Genossenschaften theils ein besonderes „Devisen-Konto.“ Die vorliegende Einrichtung ist aber auch hierfür vollständig ausreichend. Man behandelt in solchem Falle den Ankaufswerth des Wechsels als Betrag desselben in der Mark-Währung, und notirt dabei den Nominalbetrag. Der am 14. Januar angekaufte Wechsel Nr. 1007 lautet über Kr. österr. W. 170.20, er wurde zum Kurse von 84 umgerechnet und beträgt danach für uns Mk. 143.—. Bei Ausgang des Wechsels wird diese Summe daher dem Wechsel-Konto wieder gutgeschrieben. Ein hierbei zu berücksichtigender Kursgewinn oder Kursverlust wird auf Zins- und Provisions-Konto gebucht. Kommen derartige Wechsel häufiger vor, so ist es rathsam, zur Bezeichnung ihrer Nominalbeträge eine besondere Rubrik vor der Wechselbetrag-Kolonne einzuschalten.

b) Das Wechsel-Obligo-Buch.

Formular Nr. 32.

Zum Nachweise der Wechsel-Verpflichtungen jedes Mitgliedes sowohl durch sein Giro, als auch durch Accept- oder sonstige Unterschrift des Wechsels dient das Obligo-Buch, dessen Einrichtung und Handhabung das folgende Formular mit seinen Beispielen veranschaulicht.

Jedem Mitgliede, von dem die Genossenschaft Wechsel ankauft, wird ein Konto eröffnet, auf dem wir die von dem betreffenden Genossen erhaltenen Wechsel eintragen. Da der Kontoinhaber hieraus durch sein Giro an die Genossenschaft verpflichtet ist, so verzeichnen wir den Wechselbetrag in der Rubrik „Verpflichtung durch Giro." Ferner buchen wir auf diesem Konto alle der Genossenschaft von anderer Seite zukommenden Wechsel, die der Kontoinhaber als Acceptant, Aussteller bezw. einer der Vorgiranten mit unterzeichnet hat. Die Beträge dieser Wechsel kommen in die Rubrik „Verpflichtung durch sonstige Unterschrift." In welchem Verhältniß der Kontoinhaber zum Wechsel steht, geht aus den zur Angabe des Bezogenen, Ausstellers und Giranten vorhandenen Kolonnen hervor. Ist der Wechsel vom Aussteller angekauft, so braucht kein Girant benannt zu werden, da es selbstverständlich ist, daß der Kontoinhaber als Aussteller auch den Wechsel girirt hat.

Der am 2. Januar diskontirte von B. Schrader auf G. Kurze gezogene Wechsel de Mk. 200, fällig am 30. Januar ist auf dem Konto des Ersteren gebucht als Giro-Verpflichtung. Ebenso sind die am 9. Januar von A. Steffens angekauften drei Wechsel Nr. 1002—1004 auf dessen Konto eingetragen. Da die ersten beiden derselben von B. Schmidt & Co. in Frankfurt a. M. und H. Kraus ausgestellt sind, so ist A. Steffens als Girant verzeichnet. Der auf dem dritten Konto gebuchte, von G. Becker angekaufte Wechsel de M. 75.— ist auch auf dem Konto des Bezogenen B. Schrader eingetragen — s. erstes Konto —, indem der Betrag dort in der Rubrik für **sonstige Wechselverpflichtungen** eingereiht wurde.

Sogenannte **Wechselreitereien**, die darin bestehen, daß zwei Personen einander gegenseitig Wechsel acceptiren, um sich auf solche Weise Geld zu beschaffen, würden durch die Buchungen in unserem

Formular 32.

Wechsel-Obligo-Konto.

1 **Bernhard Schrader**, hier.

Datum Monat	Tag	Wechsel Nr.	Verpflichtung durch Giro ℳ	₰	sonstige Wechselunterschrift ℳ	₰	Fällig am	Erledigt am	Betrag ℳ	₰	Bezogener	Aussteller	Giranten und Anmerkungen
1899							1901	1901					
Januar	2.	1001	200	—			30./1.	30./1.	200	—	G. Kurze, hier	B. Sch.	
"	14.	1005			75	—	15./4.				B. Sch., "	G. Becker	

2 **A. Steffens**, hier.

Datum Monat	Tag	Wechsel Nr.	Verpflichtung durch Giro ℳ	₰	sonstige Wechselunterschrift ℳ	₰	Fällig am	Erledigt am	Betrag ℳ	₰	Bezogener	Aussteller	Giranten und Anmerkungen
1899							1901	1901					
Januar	9.	1002	65	—			18./1.	10./1. G.-Kto.	65	·	C. Bach, Elberfeld	L. Schmidt & Co. Frankfurt a/M	A. St.
"	"	1003	370	—			19./1.	10./1. G.-Kto.			Conrad Lohse Nchf., Colberg	H. Kraus, hier	A. St.
"	"	1004	1500	—			5./4.				C. Krüger, hier	A. St.	

3 **G. Becker**, hier.

Datum Monat	Tag	Wechsel Nr.	Verpflichtung durch Giro ℳ	₰	sonstige Wechselunterschrift ℳ	₰	Fällig am	Erledigt am	Betrag ℳ	₰	Bezogener	Aussteller	Giranten und Anmerkungen
1899													
Januar	14.	1005	75	—			15./4.				B. Schrader	G. B.	

Wechsel-Obligo-Buch sofort auf jedem Konto dieser beiden Wechselverpflichteten erkennbar sein.

Aus praktischen Gründen ist in unseren Beispielen der Name des Konto-Inhabers stets nur durch dessen **Anfangsbuchstaben** bezeichnet, da hierdurch das Verhältniß, in welchem dieser zu dem Wechsel steht, auffälliger zum Ausdruck kommt.

Sobald der Wechsel durch Baarzahlung erledigt ist, werden **Datum** und **Betrag** der Zahlung in den mit „Erledigt" überschriebenen Rubriken vermerkt. Die am 30. Januar für den Wechsel 1001 gezahlten 200 Mk. finden wir auf dem Konto B. Schrader gebucht. Wird ein Wechsel zum Einzug oder zwecks Weiter-Diskontirung fortgegeben, so ist vorläufig nur das Datum einzutragen mit einer kurzen Andeutung über den Empfänger — z. B. G.-K. = Giro-Konto, R.-B. = Reichs-Bank —. Die Betrag-Rubrik bleibt solange offen, bis einige Tage nach dem Fälligkeitstage die Annahme der thatsächlichen Erledigung berechtigt erscheint. Von den auf dem Konto: A. Steffens z. B. verzeichneten Wechseln sind die ersten beiden am 10. Januar an die Genossenschaftsbank (Giro-Konto) gesandt; in der Rubrik „Erledigt" ist der Betrag des ersten Wechsels de Mk. 65.—, fällig am 18. Januar, bereits eingestellt, während der Betrag des zweiten Wechsels de Mk. 370.—, fällig am 19. Januar, noch bis zum 24. oder 25. Januar offen gehalten wird.

C. Die Liste der Giro-Verpflichtungen der Genossenschaft.

Formular Nr. 33.

Um jederzeit zu wissen, in welchem Umfange die Genossenschaft aus ihrem Giro auf weiterbegebenen, aber noch nicht fälligen Wechseln in Anspruch genommen werden kann, benutzt man ein Hülfsbuch, die Liste der Giro-Verpflichtungen der Genossenschaft. Sobald Wechsel der Reichsbank oder der Genossenschaftsbank oder einem anderen Bank-Institute zwecks Diskontirung gegeben werden, verzeichnen wir dieselben in dieser Liste nach Nummer, Betrag und Fälligkeitstag unter Angabe des Datums der Weiterbegebung, des Empfängers und des bezahlten Diskontes.

Ist nach Ablauf des Wechsels anzunehmen, daß derselbe vom Bezogenen gedeckt ist, oder wird ein Wechsel mangels Zahlung von der Genossenschaft wieder eingelöst, so ist in der Rubrik „abgebucht" das Datum zu vermerken, unter dem wir den Betrag von der Gesammtsumme der Wechselverpflichtungen abrechnen. Solche Abbuchung geschieht in der Regel wöchentlich.

Von den am 20. Februar bei der Reichsbank diskontirten und am 1. März an die Genossenschaftsbank zur Diskontirung gesandten Wechseln sind die ersten drei in der Woche vom 31. März bis 6. April fällig, am 3. April erhielt die Genossenschaft den einen dieser Wechsel de Mk. 300 mangels Zahlung zurück; in Folge der dafür geleisteten Deckung erlischt das Obligo der Genossenschaft, sie besitzt den Wechsel

Formular 33.

Liste der Giro-Verpflichtungen.

Datum		Empfänger der Wechsel	Wechsel Nr.	Betrag M	Pf	Fälligkeit		Bezahlter Diskont M	Pf	Abgebucht	
1901											
Februar	20.	Reichsbank	1004	1500	—	April	5.	9	65	April	9
„	20.	desgl.	1012	300	—	„	1.			„	3.
März	1.	Deutsche Genossenschaftsbank	1016	400	—	März	31.			„	9
„	1.	desgl.	1018	250	—	April	10.	11	—	„	16.
„	1.	desgl	1015	1000	—	Mai	1.				
				3450	—						
April	3.	zurückerhalten Mangels/Zahlung	1012	300	—						
				3150	—						
„	9.	bis 6. April fällig geworden	div.	1900	—						
				1250	—						
„	10	Reichsbank	1030	1800	—	April	25.	3			
				3050	—						
„	16.	bis 13. April fällig gewesen		250	—						
				2800	—						
								36	—	Summa am Jahresschlusse	

wieder, und daher wird dieser Betrag sogleich abgebucht. Da von den beiden andern Wechseln über zusammen Mk. 1900.— bis zum 9. April keiner zurückkam, können wir annehmen, daß sie Deckung fanden, sie werden daher an diesem Tage abgebucht u. s. w.

Es ist selbstverständlich, daß auch über die Diskontwechsel ein Fälligkeits-Kalender zu führen ist. Da dieselben vor Ablauf des zweiten Tages nach dem Fälligkeitstage im Falle nicht erfolgter Zahlung protestirt werden müssen, ist die Kontrole der Fälligkeit derselben von ganz besonderem Werthe — vgl. Formular 12 hierzu —.

d) Das Wechsel-Journal.

Formular Nr. 34.

Eine besondere Art der Grundbuchung der Wechsel-Ein- und Ausgänge veranschaulicht das nach dem folgenden Formular eingerichtete Wechsel-Journal. Die Handhabung beruht auf denselben

Grundsätzen, nach denen wir die Kassenumsätze im Kassen-Journal buchen. Wie hier die erhaltenen, sowie die verausgabten Baarbeträge verzeichnet und nach den verschiedenen Wirthschaftszweigen mittelst der Journal-Rubriken geordnet werden, so stellen wir auch die empfangenen Wechsel auf der linken Seite dieses Wechsel-Journals — Eingang — zusammen und desgleichen die herausgegebenen Wechsel auf der rechten Seite desselben — Ausgang —. Dabei wird außer Datum, Wechselnummer und Betrag noch angegeben, von wem wir den Wechsel empfangen bezw. an wen wir ihn weiterbegeben haben. Für sämmtliche Wechsel-Eingänge wird das Wechsel-Konto Schuldner; ihre Beträge ordnen wir dann in den mit „davon sind zu kreditiren" überschriebenen Rubriken nach denjenigen Konten, die dafür Gläubiger werden. Für sämmtliche Wechselausgänge wird das Wechsel-Konto Gläubiger; in den mit „davon sind zu debitiren" überschriebenen Kolonnen, ordnen wir ihre Beträge nach den Konten, die dafür Schuldner werden. Vor diesen Rubriken befindet sich eine solche noch zur Angabe des Valuta-Tages, von welchem ab dem Wechseleinreicher der gutzuschreibende Gegenwerth zu verzinsen ist bezw. dem Wechselempfänger für die entstehende Schuld Zinsen zu belasten sind.

Dieses Journal erübrigt nicht nur besondere Memorial-Buchungen, sondern vereinfacht auch die Kassen-Buchungen. Für den am 2. Januar diskontirten Wechsel Nr. 1001 wurde das Wechsel-Konto mittelst der Kassen-Ausgabe für den Wechsel-Betrag de Mk. 200.— belastet, das Zinsen-Konto mittelst der Kassen-Einnahme für den Diskont de Mk. —.90 erkannt, das Kassa-Konto blieb dadurch für die gezahlten Mk. 199.10 Gläubiger. Dasselbe Resultat ergiebt die Eingangs-Buchung dieses Wechsels in dem Journal — s. diese —. Da durch Letzteres die Belastung des Wechsel-Kontos und die Gutschrift auf Zinsen-Konto bewirkt wird, so ist dann nur der wirklich verausgabte Betrag durch das Kassen-Ausgabe-Journal zu buchen, um dafür das Kassa-Konto zu kreditiren.

Für die am 9. Januar zwecks Gutschrift in laufender Rechnung diskontirten 3 Wechsel Nr. 1002—1004 wurden mittelst des Memorials Mk. 1935.— dem Wechsel-Konto belastet, Mk. 1915.50 dagegen dem Konto-Korrent-Konto, Mk. 19.20 dem Zinsen-Konto, Mk. —.30 dem Unkosten-Konto gutgeschrieben. Dasselbe wird erreicht durch die Eintragung der drei Wechsel im Eingang des Wechsel-Journals und durch die entsprechende

Formular 34.

Wechsel-Eingang.

Datum Mon.	Datum T.	Wechsel Nr.	Uebertrag.-Fol. bzw. Nr.	Empfangen von	Zahlungsort des Wechsels	Fälligkeits-Datum Mon.	Fälligkeits-Datum T.	Betrag ℳ	Betrag ₰	Gesammtbeträge ℳ	Gesammtbeträge ₰	Val.	davon sind zu kreditiren: Kassa-Konto ℳ	Kassa-Konto ₰	Konto-Korr.-Konto ℳ	Konto-Korr.-Konto ₰	Zins.-Prov.-Konto ℳ	Zins.-Prov.-Konto ₰	Konto pro Diverse ℳ	Konto pro Diverse ₰
1899						1899														
Jan.	2.	1001	1	B. Schrader	Hier	Januar	30.	200	—	200	—		199	10			—	90		
„	9.	1002	M 1	A. Steffens	Köln a. Rh	„	18	65	—											
„	„	1003		„	Kolberg	„	19.	370	—											
„	„	1004		„	Hier	April	5	1500	—	1935	—	10,1.			1915	50	19	20	—	30
																			Unk.-K.	
„	14.	1005	„ 9	G. Becker	„	„	15.	75	—											
„	„	1006		Rob. Scheller	Berlin	Januar	24.	500	—											
„	„	1007		Ferd. Melzer	Wien	März	31.	143	—	718	—		714	10			3	45	—	45
																			Unk.-K.	
„	25.	1008	„ 14	C. Herrmann	Hier	April	24	115	—											
„	„	1009		A. Richter	Neustadt	Januar	28	150	—	265	—		262	70			1	95	—	35
																			Unk.-K.	
										3118	—		1175	90	1915	50	25	50	1	10
										H.-B. Fol. 15			= K.-Ausg. Fol. 1.		H.-B. Fol. 16		H.-B. Fol. 10		H.-B. Fol. 11	

Vertheilung der Beträge in den Journal-Rubriken nach den zu erkennenden Konten.

Im Wechsel-Ausgang sind die an die Deutsche Genossenschaftsbank und an den Vorschuß-Verein zu Neustadt am 10, 16. und 26. Januar zum Inkasso gesandten Wechsel entsprechend den Memorial-Buchungen 5, 7 und 13 zu Lasten des Giro-Kontos in dessen Rubrik, und die für den Wechsel Nr. 1001 baar erhaltenen Mk. 200.— übereinstimmend mit der Kassen-Einnahme 23 in der Rubrik „Kassa-Konto" gebucht.

Am 20. Februar giebt die Genossenschaft zwei Wechsel de Mk. 1800.— der Reichsbank zur Diskontirung und Gutschrift auf ihr Konto bei derselben. Die nach Abzug von $4\frac{1}{2}$% Diskont gutgeschriebenen Mk. 1790.35 betreffen das Bank-Konto, sie werden daher in der Rubrik für Letzteres registrirt, Mk. 9.65 beträgt der Diskont, der als Zinsenlast in die Rubrik Zinsen- und Provisions-Konto einzustellen ist. Würde die Genossenschaft sich den Gegenwerth baar

Journal.

Ausgang.

Datum		Wechsel Nr.	Uebertragungs-Fol. bzw. Nr.	Gegeben an	Zahlungsort des Wechsels	Fälligkeitstag		Betrag		Gesammtbeträge		Bal.	davon sind zu debitiren: Kassa-Konto		Bank-Konto		Giro-K. der Gen.		Zins.-Prov.-K.		Konto pro Diverse
Mon	T.					Mon.	T.	ℳ	₰	ℳ	₰		ℳ	₰	ℳ	₰	ℳ	₰	ℳ	₰	
1899						1899															
Jan.	10.	1002	M 2	D.G.B.Berl. Giro-K.	Köln/Rh.	Jan.	18.	65	—												
„	„	1008	„ 2	do.	Kolberg	„	19.	370	—	435	—	23.1.					435	—			
„	16.	1006	„ 2	do.	Berlin	„	24.	500	—	500	—	26.1.					500	—			
„	26.	1009	„ 4	B.-B. z. Neustadt	Neustadt	„	28.	150	—	150	—	6.2.					150	—			
„	30.	1001	23	G. Kurze	Hier	„	30.	200	—	200	—		200	—							
										1285 H.-B. Fol. 15	—		200 = *K.-Einn.-Fol. 1.*	—			1085 H.-B. Fol. 17	—			
Febr.	20.	1004	M 3	Reichsbank	Hier	April	5.	1500	—												
„	25.	1012	„ 3	desgl.	„	„	1.	300	—	1800	—	20 2.			1790	35			9	65	

auszahlen lassen, so müßte dieser natürlich anstatt auf Bank-Konto, auf Kassen-Konto wegen der Einnahme von Mk. 1790.35 gebucht werden.

Aus dem Wechsel-Journal werden die Uebertragungen auf die Nebenbücher genau so bewirkt wie aus dem Memorial und monatlich sind die Endsummen auf die Hauptbuch-Konten zu übertragen, nachdem festgestellt ist, daß die Summen der von den Wechsel-Ein- bezw. Ausgängen betroffenen Kontorubriken zusammen gleich der Summe der Hauptbetrag-Rubrik auf jeder Seite sind. Zu berücksichtigen ist dabei, daß die dem Kassa-Konto zu belastenden bezw. gutzuschreibenden Beträge, die wir auch im Kassen-Journal buchen, bereits in den Gesammtsummen der Einnahmen bezw. Ausgaben des Letzteren enthalten sind, und mit diesen auf Kassa-Konto übertragen werden. Dagegen wird auch das Wechsel-Konto dafür nicht vermittelst der betr. Journal-Rubriken der Kassenbücher, sondern durch die Gesammtsummen des Wechsel-

Journals, in denen jene Beträge mit enthalten sind, belastet. Mit anderen Worten: Bei den Uebertragungen ins Hauptbuch bleiben die Rubriken „Wechsel-Konto" des Kassen-Journals und die Rubriken „Kassa-Konto" des Wechsel-Journals unberücksichtigt, da ihre Summen mit den Gesammtbeträgen der Journale auf Kassa- und Wechsel-Konto gelangen. Der auf Wechsel-Konto vereinnahmte Betrag muß mit der Summe der Kassa-Konto-Rubrik im Wechsel-Ausgang des Journals und der auf Wechsel-Konto verausgabte Betrag mit der Summe der Kassa-Konto-Rubrik im Wechsel-Eingang des Journals übereinstimmen, was unter den Rubriken angedeutet wird.

Bei Anwendung des Wechsel-Journals wird man die Kolonnen für Diskont und Spesen im Wechsel-Skontro entbehren können.

Das Wechsel-Journal eignet sich insbesondere für Genossenschaften, deren Wechsel-Geschäft umfangreich und vielgestaltig ist, wo mehrfach diskontirte Wechsel in laufender Rechnung den Mitgliedern gutgebracht, und wo solche zur Diskontirung oder zum Inkasso nach verschiedenen Seiten hin weiterbegeben werden.

D. Das Giro-Konto.

Formular Nr. 35.

Im engen Zusammenhange mit der Einführung des Wechsel-Diskont-Geschäftes steht der Anschluß an den Giro-Verband der Deutschen Genossenschaftsbank von Sörgel, Parrisius & Co., der die Vereinfachung des Wechsel-Inkassos unter möglichster Kosten-Ersparniß und die Erleichterung des Geldverkehrs seiner Mitglieder unter einander bezweckt. Wegen der zur Erreichung dieser Zwecke getroffenen Einrichtungen, zu denen neuerdings auch noch die Einlösung von Checks der verbundenen Vereine durch die Genossenschaftsbank gekommen ist, wird auf die Darlegungen im ersten Bande der genossenschaftlichen Handbibliothek — Seite 169 — und auf das in demselben abgedruckte Statut des Giro-Verbandes — S. 314 u. f. — verwiesen.

Jede dem Giro-Verbande angeschlossene Genossenschaft hat bei einer der beiden Abtheilungen der Deutschen Genossenschaftsbank in Berlin oder Frankfurt a. M. ihr Konto, bezw. bei beiden Centralen je ein Konto, über das auch die Abrechnung mit anderen Genossenschaften des Verbandes bei direktem Inkasso- u. a. Verkehr mit solchen geführt wird. Auf solche Weise steht also die einzelne Genossenschaft immer nur mit der Centrale in Rechnung, und dadurch ist die bücherliche Handhabung des Verkehrs wesentlich vereinfacht. Wir haben die einzelnen, das Giro-Konto betreffenden Geschäftsvorgänge nur auf einem einzigen Konto zu buchen; jede Buchung umfaßt die Bezeichnung des Gegen-Kontos und eine kurze Erläuterung des Gegenstandes. Die Eintragungen in dem Formulare zu diesem Nebenbuche beruhen auf den Grundbuchungen in unserem Kassen-Journale und Memorial im Monat Januar — vgl. diese —. Die vor der Betrag-Kolonne vermerkten Daten sind die Valuta-Tage. Die Gesammtsumme der Umsätze im Laufe des Monats wird auf jeder Seite in der zweiten Betrag-Kolonne ausgeworfen, nachdem die Uebereinstimmung derselben mit den Summen aus dem Haupt-Buch-Konto und ebenso die Uebereinstimmung der einzelnen Beträge mit dem Posten-Auszuge der Centrale festgestellt ist.

Eine zuweilen beliebte Praxis besteht darin, die Inkasso-Wechsel der Genossenschaftsbank erst dann gutzuschreiben, nachdem sie baar bezahlt sind. Diese Zahlung bucht man alsdann im Kassen-Journal direkt auf Giro-Konto. Daß die Genossenschaft mit der sofortigen Gutschrift vor erfolgter Bezahlung des Wechsels seitens des Acceptanten noch keine Verpflichtung hierfür der Centrale gegenüber eingeht, versteht sich von selbst. Mit jener Handhabung ist deshalb auch nur eine Vereinfachung der Buchungen beabsichtigt, das grade Gegentheil jedoch wird erreicht. Die betreffende Genossenschaft führt kein Inkasso-Wechsel-Konto, unbezahlt gebliebene Wechsel sendet sie daher ohne weitere Buchung zurück, dadurch fehlt zunächst ein bücherlicher Nachweis hierüber; dann ist besonders zu berücksichtigen, daß durch solche von den Grundsätzen der Centrale völlig abweichende Buchungsart keine Uebereinstimmung zwischen dem von der Genossenschaft und dem von der Centrale geführten Konto herrscht. Die Inkasso-Wechsel werden hier nach den Summen der Sendungen, dort nach ihren einzelnen Beträgen im Konto erscheinen, unbezahlte Wechsel sind bei der Genossenschaft noch nicht gebucht, Rückwechsel gehen gar nicht durch ihr Konto. Hierdurch wird die Kontrole nach dem Rechnungsauszuge ungemein erschwert. Noch weit schwieriger wird solche Kontrole, wenn auch die von der Genossenschaft an die Centrale gesandten Wechsel in ähnlicher Weise gebucht werden. Der Mangel eines Memorials macht sich in allen solchen Fällen fühlbar.

Formular 35.

1

Giro-Konto der Deutschen Genossenschaftsbank von

Debet.

1901 Jan.	1.		An Saldo	unser Guthaben				—	—
„	10.	M. 2	„ Diskontwechsel-Konto	hingesandte div. Diskontwechsel	23./1.	435	—		
„	16.	M. 2	„ diverse Konti	M./Z. zurückgesandte Inkassowechsel	16./1.	237	45		
„	„	M. 2	„ Diskontwechsel-Konto	hingesandte Diskontwechsel	26./1.	500	—		
„	24.	M. 4	„ Bank-Konto	Ueberweisung von laufender Rechnung	23./1.	2000	—		
„	26.	M. 4	„ Diskontwechsel-Konto	an den Vorschuß-Verein zu Neustadt gesandter Diskontwechsel	6./2.	150	—		
„	28.	18	„ Kassa-Konto	für den Bankverein zu B..... eingelöste Checks	28./1.	405	—	3727	45

Genossenschaften, die außer dem Vorschuß-Geschäft lediglich das Diskontwechsel-Geschäft pflegen, und dieserhalb nur mit dem Giro-Verbande der Genossenschaftsbank in Verbindung stehen, werden ein besonderes Memorial dann entbehren können, wenn sie sich der folgenden Einrichtung eines Giro-Journals bedienen.

Das Journal zum Giro-Konto.

Formular Nr. 36.

Eine besondere Art der Grundbuchungen aller das Giro-Konto betreffenden Geschäftsvorgänge veranschaulicht dieses Journal. Die der Genossenschaftsbank gutzuschreibenden Posten buchen wir in demselben auf der rechten Seite, die derselben zu belastenden Posten auf der linken Seite in chronologischer Reihenfolge. Die Buchungen sind also von vornherein so angeordnet, wie in dem vorher geschilderten Skontro. Jede Eintragung versehen wir mit einer kurzen Erläuterung, sie erfolgt auf Grund der ankommenden

Sörgel, Parrisius & Co., Berlin (Frankfurt a. M.). 1

Kredit.

1901									
Jan.	7.	M. 1	Per Inkassowechsel-Konto	empfangene Wechsel Nr. 1 und 2	16./1.	307	—		
„	17.	M. 3	do.	desgl. Nr. 3	24./1.	1200	—		
„	24.	M. 3	„ Rückwechsel-Konto	M./Z. zurückempfangenen Wechsel	23./1.	67	55		
„	28.	22	„ Kassa-Konto	baar empfangen	26./1.	1000	—		
„	29.	M. 4	„ Inkassowechsel-Konto	von der Volksbank zu E. empfangener Inkassowechsel Nr. 4	6./2.	100	—		
„	30.	M. 4	„ Check-Konto	für uns eingelöste Checks	28./1.	460	—		
„	„	M. 5	„ Unkosten-Konto	berechnete Porti	23./1.	—	30	3134	85

oder abgehenden Briefe, Wechsel, der Rechnungsauszüge u. s. w. Der Haupt-Betrag-Rubrik schließen sich auf jeder Seite weitere Rubriken an zur systematischen Ordnung der in Ersterer verzeichneten Beträge nach den Konten, die dafür zu erkennen bezw. zu belasten sind.

Die am 7. und 17. Januar von der Centrale des Giro-Verbandes und am 29. Januar von der dem Letzteren auch angeschlossenen Volksbank zu E. empfangenen Inkasso-Wechsel haben wir sämmtlich dem Giro-Konto gutzuschreiben, also auf der Kredit-Seite des Journals zu buchen; ihre Beträge de Mk. 307.—, Mk. 1200.— und Mk. 100.— vermerken wir dann ferner in der Rubrik des dafür zu belastenden Inkasso-Wechsel-Kontos.*)

*) Wegen der von der Volksbank zu E . . . . empfangenen Rimesse ist, nachdem dieselbe vom Bezogenen bezahlt ist, die Gutschrifts-Aufgabe an die Genossenschaftsbank zu veranlassen.

Formular 36.

Das Giro-Konto-

Giro-Konto der Deutschen Genossenschaftsbank

1

Debet.

Datum		Gegenstand	Val.-Termin	Betrag ℳ	Betrag ₰	Folio oder Nr.	Dafür sind zu erkennen: Kassa-Konto ℳ	₰	Diskont-Wechsel-Konto ℳ	₰	Inkasso-Wechsel-Konto ℳ	₰	Zinsen- u. Provisions-Kto. ℳ	₰	Verschiedene Konten ℳ	₰	Anmerkungen
1901 Jan.	1	Saldo, unser Guthaben		—	—												
„	10.	Zum Inkasso hingesandte Nr. 1002 p. 18./1. a. Köln/Rh. Mk. 65.—				1002											
		Nr. 1003 p. 19./1. a. Kolberg Mk. 370.—	23./1.	435	—	1003			435	—							
„	16	Mangels Zahlung zurückgesandte Nr. 2 p. 12/1. a. hier Mk 235.—				2											
		Protestkosten „ 1.25															Verlege-Konto
		⅓ % Provis. „ —.80													1	25	
		Porto „ —.40	16/1.	237	45						235	—	—	80	—	40	Unkosten-Konto
„	16.	Zum Inkasso hingesandte Nr. 1006 p. 24./1. a. Berlin Mk. 500.—	26/1.	500	—	1006			500	—							
„	24	Ueberweisung Vom Konto: laufende Rechnung	23./1.	2000	—	2									2000	—	Bank-Konto
„	26.	An den Vorschuß-Verein zu Neustadt zum Inkasso gesandte Nr. 1009 p. 28./1 a dort	6./2.	150	—	1009			150	—							
„	28.	Baarzahlung für den Bankverein zu B... Auf Check Nr. 245/46 desselben	28./1.	405	—	18	405	—									
		Summa	Mk.	3727	45		405	—	1085	—	235	—	—	80	2001	65*	
				H.-B. Fol. 17.			= *K. Ausg. Fol. 1.*		H.-B. Fol. 15.		H.-B. Fol. 18.		H.-B. Fol. 10.				
		Debet-Saldo am 1./1. 1901	„	—	—												
		Summa	„	3727	45												
		Kredit-Umsatz im Januar	„	3134	85												
		Debet-Saldo — unser Guthaben — am 31. Jan. 1901	„	592	60												

*) Mk. 2000.— Bank-Konto H.-B. Fol. 5
„ 1 25 Verlege-Konto „ „ 22
„ —.40 Unkosten-Konto „ „ 11

Mk. 2001.65

Journal.

von Sörgel, Parrisius & Co., Berlin — Frankfurt a./M. —.

2
Kredit.

Datum		Gegenstand	Bal.-Termin	Betrag		Folio oder Nr.	Dafür sind zu belasten:										Anmerkungen
							Kassa-Konto		Inkasso-Wechsel-Konto		Rückwechsel-Konto		Check-Konto		Verschiedene Konten		
				ℳ	₰		ℳ	₰	ℳ	₰	ℳ	₰	ℳ	₰	ℳ	₰	
1901 Jan.	7.	Zum Inkasso empfangene Nr. 1 p. 11/1. a. hier Mk. 72.—				1											
		Nr. 2 p. 12./1. a. hier Mk. 235.—	16./1.	307	—	2			307	—							
„	17.	Desgleichen Nr. 3 p. 21./1. a. hier Mk. 1200.—	24./1.	1200	—	3			1200	—							
„	24.	Mangels Zahlung zurückempfangene Nr. 1002 p. 18/1. a. Köln Mk. 65.— Kost. u. Spesen „ 2.55	23./1.	67	55	R. 1002					67	55					
„	28.	Baar empfangen	26./1.	1000	—	22	1000	—									
„	29.	Von der Volksbank zu E.. zum Inkasso empfangene Nr. 4 p. 31/1. a. hier Mk. 100.—	6./2.	100	—	4			100	—							
„	30.	Für uns eingelöste Checks A. Gebhardt Check Nr. 2/52 Mk. 334				2											
		C. Hesse Check Nr. 1/1 Mk. 126	28./1.	460	—	1							460	—			
„	31.	Gekürztes Porto auf Wechsel Nr. 1003	23./1.	—	30										—	30	Unkosten-Kto.
		Summa:	Mk.	3134	85		1000	—	1607	—	67	55	460	—	—	30	Unkosten-Kto.
				H.-B. Fol. 17.			= K. *Einn. Fol. 1.*		H.-B. Fol. 18.		H.-B. Fol. 19.		H.-B. Fol. 23.		H.-B. Fol. 11.		

Müssen solche Wechsel mangels Zahlung zurückgesandt werden, so ist das Giro-Konto für deren Beträge wieder zu belasten zu Gunsten des Inkassowechsel-Kontos. Daher stellen wir den Betrag des am 16. Januar remittirten Wechsels de Mk. 235.— auf der Debet-Seite in die Rubrik des Inkasso-Wechsel-Kontos ein. Die zugleich belastete Provision de Mk. —.80, sowie Protestkosten de Mk. 1.25 und Porti de Mk. —.40 gehören in die Rubriken der dafür zu erkennenden Zinsen- und Provisions-, Verlege- und Unkosten-Konten.

Die am 10. und 16. Januar an die Centrale des Giro-Verbandes und am 26. Januar an den dem Letzteren auch angeschlossenen Vorschuß-Verein zu Neustadt gesandten Diskont-Wechsel haben wir sämmtlich dem Giro-Konto zu belasten, wir buchen sie auf der Debet-Seite des Journals, und werfen ihre Beträge de Mk. 435.—, Mk. 500.— und Mk. 150.— in der Rubrik des dafür zu erkennenden Diskont-Wechsel-Kontos aus.*)

Mangels Zahlung zurückkommende Wechsel sind dem Giro-Konto wieder gutzuschreiben, an Stelle des Diskont-Wechsel-Kontos ist aber dafür das Rückwechsel-Konto zu belasten und zwar einschließlich der Kosten, wir buchen daher für den am 24. Januar zurückempfangenen Wechsel de Mk. 65.— insgesammt Mk. 67.55 im Kredit in der Rubrik des Rückwechsel-Kontos.

Werden solche unbezahlt gebliebenen Wechsel an eine andere Genossenschaft des Giro-Verbandes zurückgesandt oder kommen sie von solcher zurück, so bleiben die Buchungen genau die gleichen wie im Verkehr mit der Centrale selbst. Da sich in solchem Falle Gutschrift und Belastung bis auf die Kosten 2c. ausgleichen, so ist alsdann nur nöthig, daß der Empfänger des Rückwechsels den Mehrbetrag der anderen Genossenschaft durch Aufgabe an die Genossenschaftsbank vergüten läßt. Wird solcher Betrag, wie es auch geschieht, gleich durch Nachnahme erhoben, so sind dann durch das Giro-Journal nur die reinen Wechselbeträge zu buchen.

Die aus dem Guthaben in laufender Rechnung auf das Giro-Konto überwiesenen Mk. 2000.— haben wir im Debet des Journals unter Bank-Konto einzureihen.

---

*) Wegen des dem Vorschuß-Verein zu Neustadt gesandten Wechsels hat dieser nach Bezahlung desselben durch den Bezogenen die Gutschriftsaufgabe an die Genossenschaftsbank zu veranlassen.

Für die von der Centrale eingelösten und ihr am 30. Januar gutgeschriebenen Checks de Mk. 460.— werden die Aussteller auf Check-Konto belastet, und wird daher der Gesammtbetrag in der Rubrik für Letzteres vermerkt. Die von der Genossenschaft für ein anderes Mitglied des Giro-Verbandes bezw. Check-Verbandes eingelösten Checks buchen wir durch die Kasse auf Giro-Konto; die am 28. Januar dementsprechend verausgabten Mk. 405.— für Checks des Bankvereins zu B. belasten wir im Giro-Journal der Centrale unter Einreihung in der Rubrik des Kassa-Kontos. Seitens der bezogenen Genossenschaft erfolgt die Gutschrifts-Aufgabe an die Centrale.

Schließlich sind noch die gutgeschriebenen Mk. —.30 als Unkosten rubrizirt.

Die auf Bank-Konto, Verlege-Konto und Unkosten-Konto zu buchenden Beträge stellen wir, da für diese Konten keine Spezial-Rubriken vorhanden sind, in die Kolonne für „Verschiedene Konten" ein mit einer entsprechenden Erläuterung unter den „Anmerkungen". Die Rubriken lassen sich natürlich nach Befinden weiter ausdehnen oder beschränken.

Monatlich wird das Giro-Journal zwecks Uebertragung der Summen ins Hauptbuch abgeschlossen.

Auf jeder Seite müssen die Konto-Summen insgesammt gleich dem auf Giro-Konto zu buchenden Gesammt-Betrage sein. Die Summe der Rubrik „Verschiedene Konten" wird vor der Uebertragung natürlich in ihre einzelnen Theile zerlegt. Zu berücksichtigen ist ferner, daß die in der Rubrik „Kassa-Konto" gebuchten Beträge bereits in den Gesammtsummen der Kassen-Journale enthalten sind, und hiermit auf das Kassa-Konto des Hauptbuchs gelangen, ebenso sind die in den Kassen-Journalen auf Giro-Konto gebuchten Beträge in den Gesammtsummen des Giro-Journals enthalten, und werden mit diesen auf das Giro-Konto des Hauptbuchs übertragen. Die nothwendige Uebereinstimmung der Summen dieser korrespondirenden Rubriken wird unter denselben durch Bezeichnung der gegenseitigen Folien angedeutet.

Das Giro-Journal kann zugleich das Skontro ersetzen. Wir vermerken zu dem Zweck in demselben den Saldo Anfang des Monats, addiren ihn jedoch nicht mit auf, sondern unterstreichen ihn und zählen ihn erst Ende des Monats zur Gesammt-Umsatzsumme. Aus den Hauptsummen beider Journal-Seiten ergiebt sich alsdann der neue Debet- bezw. Kredit-Saldo, der wieder vorzutragen ist.

Besitzt eine Genossenschaft bei jeder Centrale des Giro-Verbandes ein Konto, so wird sie das Giro-Journal in zwei Theile zerlegen müssen, wenn dasselbe zugleich als Skontro dienen soll.

Auch größeren Genossenschaften ist zur Vereinfachung ihrer Memorial-Buchungen diese Journal-Einrichtung zu empfehlen.

E. Das Inkasso-Wechsel- und das Rückwechsel-Konto.

Während den Diskont-Wechseln eine Kreditgewährung zu Grunde liegt, bilden die Inkasso-Wechsel nur den Gegenstand eines für Rechnung eines Anderen auszuführenden Auftrags, deshalb trennen wir sie bücherlich von Ersteren. Auch die nach außerhalb zum Einzug gesandten und mangels Zahlung zurückkommenden Wechsel führen wir nicht über Diskontwechsel-Konto, sondern wir sehen für dieselben ein besonderes Rückwechsel-Konto vor, das uns eine Uebersicht über solche „nothleidenden" Wechsel gewährt, von deren Ankauf der Vorstand in der Regel künftig Abstand nehmen muß.

Der spezielle Nachweis der Inkasso- und der Rück-Wechsel erfordert nun für beide Arten auch besondere Wechsel-Skontren.

a) Das Inkasso-Wechsel-Skontro.

Formular Nr. 37.

Sämmtlichen Inkasso-Wechseln geben wir, sobald wir sie empfangen, eine fortlaufende Nummer, und tragen sie unter dieser mit dem Datum ihres Eingangs und der Memorial-Seite bezw. Nummer in das nach dem folgenden Formular eingerichtete einfache Wechsel-Skontro ein, dessen Rubriken von dem Wechselinhalte nur den Wechseleinsender — letzter Girant — den Bezogenen, den Betrag und den Fälligkeitstag betreffen.

Die durch die Memorial-Buchungen 1, 8 und 14 dem Inkasso-Wechsel-Konto belasteten 4 Wechsel sind gleich bei Empfang auch hier im Skontro eingetragen.

Für die Erledigung sind dieselben Rubriken wie im Diskont-Wechsel-Skontro — Formular 31 — vorgesehen; wir buchen darin aus dem Kassen-Einnahme-Journal — Nr. 11 und 19 — die erfolgten Zahlungen für Wechsel Nr. 1 und 3, und aus dem Memorial — Buchung 6 — die Rücksendung des Wechsels Nr. 2.

Formular 87.

Inkasso-Wechsel-Skontro.

Fol. 1

Laufende Nr.	Datum Monat	Datum Tag	Rem.-Fol. bzw. Nr.	Empfangen von	Bezogener bezw. Domizil	Betrag ℳ	Betrag ₰	Fälligkeits-Tag Monat	Fälligkeits-Tag Tag	Erledigt am		Erledigt Kassen-Nr. Rem.-Fol.	Erledigt durch	Provisionen
	1901													
1	Januar	7.	1	Deutsche Genossenschaftsbank Berlin	C. Hoffmann	72	—	Januar	11.	Januar	12.	11	Kassa-Konto	
2	„	„		do.	Gebr. Richter	235	—	„	12.	„	16.	M. 2	Rücksendung mit Protest	—.80
3	„	17.	3	do.	C. Müller	1200	—	„	21.	„	23.	19	Kassa-Konto	
4	„	29.	4	Volksbank zu E...	Albert Voigt	100	—	„	31.					
					Summa	8126	20	= Hauptbuch Fol. 18.						9.60

Formular 38.

1 **Rückwechsel-**

19

Datum		Wechsel-Nr.	Uebertragungs-Nr. bezw. Fol.	Eingegangen von	Girant	Bezogener
1901						
Januar	24.	R 1002	M 3	D. G.-Bk. v. S., P. & Co., Berlin	A. Steffens, hier	C. Bach
April	3	R 1012	101	Reichsbank	W Hellmann	H. Köhler

Ein äußeres, besonderes Kennzeichen tragen die Inkassowechsel auch in ihrer Nummer, die mit 1 beginnt, während wir die erste Diskontwechsel-Nummer mit 1001 bezeichneten, so daß Zweifel bei der Buchung beider Wechsel-Arten nicht entstehen können.

Die Verzeichnisse und Begleitschreiben zu den Wechselsendungen der Genossenschaftsbank können, wie wir schon bei der Besprechung des rubrizirten Memorials sahen, als Ergänzung der Grundbuchungen, also zur entsprechenden Abkürzung dieser dienen, indem sie von der übrigen Korrespondenz ganz getrennt gehalten und chronologisch unter fortlaufender Nummer geordnet und zusammengeheftet werden. Diese Verzeichnisse haben eine ganz bestimmte regelmäßige Form, die es gestattet, auf denselben den Tag des Empfanges, die Wechselnummer und den Namen des Bezogenen den vorhandenen Vermerken anzufügen. Auch kann die Zahlung oder Rückgabe darauf vermerkt werden. Auf diese Weise ist es möglich, das Inkasso-Wechsel-Skontro durch diese Verzeichnisse zu ersetzen.

b) Das Rück-Wechsel-Skontro.

Formular Nr. 38.

Die mangels Zahlung an den Verein zurückkommenden Diskont-Wechsel werden einzeln unter ihrer ursprünglichen Nummer und nach dem Datum des Eingangs in dem nach obigem

(Ricambio) Skontro. 1

01.

Wohnort	Fälligkeits-Tag		Betrag des Wechsels ℳ	₰	Betrag inkl. Kosten bis hier ℳ	₰	unsere Prov. und Verzugszinsen ℳ	₰	Erledigung Datum		Journal-Nr.	durch	Anmerkungen
	1901												
Elberfeld	Januar	18.	65	—	67	55	—	25	Januar	26.	21	Kassa-Konto	Zahlbar in Köln
hier	April	1.	300	—	303	37	1	—					
Summen am Jahresschl.			570	60	581	—	3	30					

Formular eingerichteten Skontro verzeichnet. Der Nummer stellt man dabei auf dem Wechsel wohl auch noch ein „R" vor, um diesen hierdurch von den laufenden Wechseln, die über Diskont-Wechsel-Konto zu buchen sind, zu unterscheiden. Bei häufigerem Vorkommen von Rückwechseln giebt man ihnen zuweilen auch noch eine besondere Nummer.

Die auf den Wechsel-Inhalt Bezug habenden Rubriken entsprechen im Wesentlichen denen des Diskont-Wechsel-Skontros. Neben der Betrag-Kolonne befindet sich eine solche zur Aufnahme des Wechselbetrages einschließlich der der Genossenschaft durch die nicht erfolgte Zahlung entstandenen Kosten, sowie ferner eine Rubrik für die Provision und Verzugszinsen der Genossenschaft. Für den am 24. Januar von der Deutschen Genossenschaftsbank zurückerhaltenen Wechsel de Mk. 65.— wurden einschließlich der Kosten Mk. 67.55 dem Rückwechsel-Konto belastet — vgl. Memorial-Buchung 11 —. Außer diesem Betrage wird das Mitglied, von dem der betreffende Wechsel seiner Zeit angekauft wurde, noch Mk. —.25 für Provision schuldig. Die Zahlung dieser im Skontro vermerkten Beträge erfolgte am 26. Januar — Kassen-Einnahme 21 —, sie wird in den Rubriken für die „Erledigung" gebucht.

Das zweite Beispiel betrifft einen Wechsel de Mk. 300.—, den die Genossenschaft bei der Reichsbank diskontirt hat, und der mangels

Zahlung von dieser am 3. April zurückgekommen ist. Zur Deckung müssen Mk. 303.37 einschließlich der Kosten an die Reichsbank gezahlt werden. Diesen Betrag buchen wir in Ausgabe ebenfalls auf Rückwechsel-Konto, auf dem er später bei Einlösung durch den Aussteller bezw. Giranten wieder eingenommen wird, während die hierbei ferner zur Erhebung kommenden eigenen Zinsen nebst Provision de Mk. 1.— den Ertrag bilden. Dies Beispiel ist besonders deshalb gewählt, weil es nahe liegen könnte und zuweilen auch geschieht, solche Rückwechsel gar nicht zu buchen, sondern die dafür verausgabten Beträge als Kassen-Verlege zu betrachten, die bei der Bezahlung durch den Wechselverpflichteten ausgeglichen werden, so daß dann nur die eigene Provision zu vereinnahmen ist. Solche Praxis aber ist nicht empfehlenswerth. Der thatsächliche Hergang kommt dabei in den Büchern nicht zur Darstellung, und ferner ist zu berücksichtigen, daß die Reichsbank solche Wechsel künftig in der Regel nicht wieder annimmt, weshalb eine bücherliche Kontrole derselben durch das Rück-Wechsel-Skontro zweckmäßig ist — vgl. auch das zum Kassen-Journal Ausgeführte

F. Das Konto-Korrent-Konto.

Formular Nr. 39a und b.

In laufender Rechnung gewährt die Genossenschaft ihren Mitgliedern Kredit, und sie nimmt von diesen wie auch von Nichtmitgliedern Geldeinlagen zur Verzinsung an. Das Nähere hierüber wolle man aus dem ersten Bande der Handbibliothek S. 150 u. f. ersehen. Beide Arten des Konto-Korrent-Verkehrs buchen wir über das Konto-Korrent-Konto, dessen reiner Saldo im Hauptbuche demnach sowohl Debitoren als auch Kreditoren umfaßt; man pflegt daher auch auf diesem Konto nicht nur jenen einfachen Saldo, sondern die Summe der Außenstände als Debet-Saldo, die Summe der Schulden der Genossenschaft als Kredit-Saldo beim Konto-Abschluß zu buchen.

Das erforderliche Nebenbuch zum Einzelnachweise jener Saldi kann nach dem Formulare 39a oder 39b eingerichtet werden. In der Ueberschrift der Debitoren-Konten ist in jedem Falle der Betrag des dem Kontoinhaber gewährten Kredits, sowie die Depot-Nummer, unter der die bestellten Sicherheiten — Effekten, Hypotheken, Bürgschafts-Urkunden, Depot-Wechsel u. s. w. — ruhen, anzugeben — s. Konto: A. Gebhardt —. Die Kontrole, daß das Konto durch Abhebungen, Ueberweisungen u. s. w. nicht über jene Grenze hinaus in Anspruch genommen wird, ist hierdurch erleichtert und ebenso der Nachweis der Sicherstellung, auf der diese Grenzfestsetzung beruht.

Der Konto-Korrent-Verkehr umfaßt nicht nur Kassaposten, sondern wir buchen in laufender Rechnung auch den Gegenwerth etwaiger Effekten-An- bezw. Verkäufe, diskontirte Wechsel, Checks, Ueberweisungen auf andere Konten oder von solchen und dergl. mehr.

Auf dem ersten Konto sind Mk. 3554.50 für Effekten am 21. Februar belastet, Mk. 845.— für einen vom Kontoinhaber eingereichten Check auf den Kredit-Verein zu St. . . . . . . am 7. März gutgeschrieben. Da diese Genossenschaft dem Giro- bezw. Check-Verbande angehört, wird der betr. Check ohne Abzug durch Gutschrift des vollen Betrages honorirt, zu Lasten des Giro-Konto, auf dem die Verrechnung mit dem Kredit-Verein zu St. in der bereits bekannten Weise erfolgt.

Das „Konto pro diverse“ in dem Formular 39a dient lediglich zur Abrechnung gewisser Geschäftsvorgänge mit Kunden, die kein eigenes Konto-Korrent besitzen. Es wird z. B. der für Effekten-Ankäufe von dem Auftraggeber zu zahlende Gegenwerth im Konto-Korrent-Konto demselben belastet, bis dafür Zahlung erfolgt, für Effekten-Verkäufe wird der Auftraggeber bis zur Auszahlung des Gegenwerthes erkannt.

Die aus der laufenden Rechnung der Genossenschaft mit dem Geschäftskunden sich ergebenden beiderseitigen Ansprüche und Leistungen werden in der Regel Ende jeden Halbjahrs aufgerechnet, und durch Feststellung des Ueberschusses — Saldo — ausgeglichen.*) Hierbei findet dann auch die Berechnung und Gutschrift bezw. Belastung der Zinsen statt.

Auf die Zinsrechnung ist bei der Einrichtung des Skontros Rücksicht zu nehmen. In dem nach Formular 38a eingerichteten Konto berechnen wir für alle Debet- und Kredit-Beträge gleich bei ihrer Eintragung vom Valuta-Tage ab**) bis zum Schluß der

*) Das Handelsgesetzbuch vom 10. Mai 1897 bestimmt in § 355 Abs. 2, daß der Rechnungsabschluß jährlich einmal geschieht, sofern nicht ein Anderes bestimmt ist. Der halbjährliche Abschluß muß daher besonders vereinbart werden.

**) Für Einzahlungen werden Zinsen von dem darauf folgenden Tage ab vergütet, dagegen wird der Tag der Auszahlung bei der Zinsberechnung stets mitgezählt.

Formular 39a.

Konto-Korrent-

Debet. **Carl Horst &**

1901				Betrag		Val.	Tage	Zahlen
Febr.	21.	M. 8	An Effekten-Kommissions-Konto	3554	50	20./2.	131	4656
April	2.	97	„ Kassa-Konto	600	—	2./4.	89	534
Juni	30.		„ Saldo	1270	95			1883
				5425	45			7073

Debet. **A. Gebhardt,**

1901								
Jan.	10.	7	An Kassa-Konto	1200	—	10./1.	171	2052
Febr.	16.	40	„ do.	300	—	16./2.	135	405
Juni	9.	168	„ do.	1175	—	9./6.	22	259
„	15.	179	„ do.	750	—	15./6.	16	120
„	30.		„ Zinsen, $4^1/_2$% a 1832 Zinszahlen	22	90			
„	„		„ Provision $^1/_8$% v. Mk. 3425.—	4	30			
				3452	20			2836
Juli	1.		An Saldo-Vortrag	2027	20	1./7.	180	3648

Debet. **Konto** pro

1901										
Jan.	9.	M. 1	Reichert, M.	An Eff.-Komm.-Konto . .	611	50				
„	23.	13	Laubacher, L. in N.	„ Kassa-Konto	3115	90				
Febr.	21.	M. 8	N. Zeller	„ Eff.-Komm.-Konto . .	912	10				

Konto.

Fol. 1.

Sohn, hier. Kredit.

1901				Betrag		Val.	Tage	Zahlen
Jan.	2.	2	Per Kassa-Konto	2000	—	3./1.	178	3560
Febr.	18.	75	„ do.	1800	—	19./2.	132	2376
März	7.	M. 9	„ Giro-Konto Berlin, Check a. Stettin	845	—	10./3.	111	938
Mai	15.	305	„ Kassa-Konto	350	—	16./5.	45	157
Juni	20.	386	„ do.	420	—	21./6.	10	42
„	30.		„ Zinsen 2% a. 1883 Zinszahlen	10	45			
				5425	45			7073
Juli	1.		Per Saldo-Vortrag	1270	95	1./7.	180	2288

Kredit: Mark 2000. Fol. 2.

hier. Depot-Buch Nr. 25. Kredit.

1901								
Jan.	21.	16	Per Kassa-Konto	225	—	22./1.	159	358
Mai	4.	281	„ do.	1000	—	5./5.	56	560
„	17.	312	„ do.	200	—	18./5.	43	86
Juni	30.		„ Saldo	2027	20			1832
				3452	20			2836

Diverse.

Fol. 15.

Kredit.

1901									
Jan.	7.	8	Reichert, M.	Per Kassa-Konto	600	—			
„	11.	10	Derselbe	„ do.	11	50			
„	21.	M.3	Laubacher, L. in N.	„ Eff.-Komm.-Konto . .	3115	90			

Abrechnungsperiode Zinszahlen, deren Saldo schließlich für die Zinsberechnung maßgebend ist. Für die am 2. Januar von Carl Horst & Sohn eingezahlten Mk. 2000.— betragen die Zinszahlen vom 3. Januar ab bis Ende Juni also auf 178 Tage = 3560; für die am 10. Januar an A. Gebhardt gezahlten Mk. 1200.— sind von diesem Tage ab bis 30. Juni also auf 171 Tage = 2052 Zinszahlen berechnet. Auf ersterem Konto sind die Kredit-Zahlen am Schlusse der Abrechnungsperiode um 1883 höher als die Debet-Zahlen, daher kreditiren wir dem Kontoinhaber für diesen Zinszahlen-Saldo zu 2 % = Mk. 10.45. Auf dem zweiten Konto sind die Debet-Zahlen dagegen um 1832 höher als die Kredit-Zahlen, daher belasten wir den Kontoinhaber für diesen Zinszahlen-Saldo zu 4 ½ % mit Mk. 22.90.

Diese Berechnungsart setzt voraus, daß aus dem Konto sich entweder stets ein Guthaben wie bei Carl Horst & Sohn, oder stets eine Schuld des Kontoinhabers wie bei A. Gebhardt ergiebt. Bei derartigen reinen Debitoren- oder Kreditoren-Konten wird sich der Zinszahlen-Saldo stets auf derselben Seite befinden wie der Kapital-Saldo. Am Schluß der Rechnungs-Periode tragen wir beide Saldi nach der Zinsen- bezw. auch Provisions-Buchung auf der Seite, die die kleineren Summen ergiebt, zwecks Abschluß des Kontos ein. Der Kapital-Saldo wird dann auf der entgegengesetzten Seite am ersten Tage der neuen Abrechnungs-Periode vorgetragen.

Ist der Inhaber einer laufenden Rechnung aber abwechselnd Schuldner und Gläubiger der Genossenschaft, so daß während der Abrechnungs-Periode aus dem Konto sich theils Debet-, theils Kredit-Saldi ergeben, so muß, wenn die Genossenschaft nicht geschädigt werden soll, eine andere Zinsberechnungs-Art in Anwendung gebracht werden. Wir haben angenommen, daß die Genossenschaft ihren Gläubigern 2 % Zinsen vergütet, ihre Schuldner dagegen mit 4 ½ % Zinsen belastet. Ein Mitglied A. möge z. B. am 1. Januar Mk. 1000. – entnehmen, am 31. März Mk. 3000.— einzahlen. Nach der beschriebenen Konto-Einrichtung würden wir im Debet für Mk. 1000 auf 180 Tage = 1800 Zinszahlen, im Kredit für Mk. 3000.— auf 90 Tage = 2700 Zinszahlen erhalten. Der Saldo würde im Kredit also = 900 sein, wovon Zinsen zu 2 % = Mk. 5.— zu vergüten wären. In der That schuldet A. nun aber vom 1. Januar bis 31. März Mk. 1000.—, die er mit 4 ½ % zu verzinsen hat, während er vom 1. April bis 31. Juni Mk. 2000.— Guthaben besitzt, für das er nur 2 % erhält. Danach haben wir also für Mk. 1000.— auf

90 Tage 4 $^1/_2$ % Zinsen = Mk. 11.25 zu fordern, für Mk. 2000.— auf 90 Tage 2% Zinsen = Mk. 10.— zu vergüten, so daß der Konto-Inhaber also schließlich noch Mk. 1.25 schuldig ist, während die erstere Berechnung Mk. 5.— Zinsenguthaben desselben ergab, weil keine Rücksicht auf den verschiedenartigen Saldo während der Abrechnungsperiode genommen wurde. Dies führte zu einer gleichmäßigen Verzinsung des Guthabens wie der Schuld des A. Würde A. in umgekehrtem Verhältniß für Mk. 1000.— $^1/_4$ Jahr Gläubiger und für Mk. 2000.— $^1/_4$ Jahr Schuldner sein, so würden die ihm nach dem Zinszahlen-Saldo mit 4 $^1/_2$ % belasteten Zinsen auch eine gleiche, also 4 $^1/_2$ %ige Verzinsung seines zeitweiligen Guthabens in sich schließen.

Für solche Konten mit wechselndem Debet- und Kredit-Saldo ist daher eine Einrichtung nöthig, wie sie das folgende Formular 39b veranschaulicht. Alle Buchungen erfolgen auf diesen Konten untereinander, indem deren Beträge je nach Gutschrift oder Belastung von einander getrennt werden. Bei jeder Buchung vermerken wir den hiernach sich ergebenden Saldo, wobei der Debet-Saldo durch „D" der Kredit-Saldo durch „K" bezeichnet wird. Die Zinszahlen berechnen wir dann nicht von den Umsatzsummen wie zuerst, sondern nach dem jeweiligen Saldo von einem Valuta-Tage bis zum folgenden, so daß bei jeder Eintragung immer die Zinszahl für den vorigen Saldo ermittelt wird. Kredit-Saldi ergeben Kredit-Zinszahlen für gutzuschreibende Zinsen, Debet-Saldi ergeben Debet-Zinszahlen für zu belastende Zinsen. Die Zahlen sind dementsprechend von einander getrennt. Dies ist die sog. Staffel-Zinsrechnung.

Das erste Konto ist auch bereits nach dem Formular 39a behandelt. Es ergiebt nur Debet-Saldi, demgemäß muß das Resultat hier das gleiche sein wie dort.

Der Inhaber des zweiten Kontos, A. Steffens, schuldet bis einschließlich 9. Januar Mk. 1600.—, vom 10. Januar bis 1. Februar hat er Mk. 315.50, vom 2. Februar bis 31. März Mk. 1500.— gut, vom 1. April ab ist er wieder Mk. 1500.— bis zum Schluß der Rechnungsperiode schuldig. Hieraus ergeben sich 1446 Debet-Zinszahlen, für die zu 4 $^1/_2$ % Mk. 18.10 belastet werden, und 954 Kredit-Zinszahlen, für die zu 2% Mk. 5.30 gutgeschrieben werden. Nach Belastung der Provision beträgt der End-Debet-Saldo Mk. 1517.40, der zum Ausgleich der Kapitalrubriken

Formular 39b.

Konto-Korrent-Konto.

Fol. 2. Kredit Mk. 2000.— Depot Nr. 25.

A. Gebhardt, hier.

Datum		Uebertragungs-Fol. bezw. Nr.		Umsatz Debet M	Pf	Umsatz Kredit M	Pf	Debet o. Kredit	Saldo Betrag M	Pf	Val p.	Tage	Zinszahlen Debet	Zinszahlen Kredit
1901														
Januar	10.	7	Unsere Zahlung	1200	—			D.	1200	—	10./1.	12	144	
„	21.	16	Seine „			225	—	D.	975	—	22./1.	24	234	
Februar	16.	40	Unsere „	300	—			D.	1275	—	16./2.	79	1007	
Mai	4	281	Seine „			1000	—	D.	275	—	5./5.	13	36	
„	17.	312	„ „			200	—	D.	75	—	18./5.	21	16	
Juni	9.	168	Unsere „	1175	—			D.	1250	—	9./6.	6	75	
„	15.	179	„ „	750	—			D.	2000	—	15./6.	16	320	
„	30		Zinsen 4½ % a 1832 Zinszahlen	22	90			D.	2022	90			1832	
„	„		Provision ⅛ % a. Mk. 3425.—	4	30			D.	2027	20				
„	„		Saldo			2027	20							
				3452	20	3452	20							
Juli	1		Saldo-Vortrag	2027	20			D	2027	20	1./7.			

Fol. 3.

A. Steffens, hier.

Datum		Uebertragungs-Fol. bezw. Nr.		Umsatz Debet M	Pf	Umsatz Kredit M	Pf	Debet o. Kredit	Saldo Betrag M	Pf	Val p.	Tage	Zinszahlen Debet	Zinszahlen Kredit
1901														
Januar	4	3	Unsere Zahlung	1600	—			D.	1600	—	4./1.	6	96	
„	9	M. 1	Diskontirte Wechsel Nr. 1002,4			1915	50	K.	315	50	10./1.	22		69
Februar	1.	28	Seine Zahlung			1184	50	K.	1500	—	2./2.	59		885
April	1.	95	Unsere „	3000	—			D.	1500	—	1./4.	90	1350	
Juni	30.		Debet-Zinsen 4½ % a. 1446 Zinszahlen	18	10			D.	1518	10			1446	954
„	„		Kredit-Zinsen 2 % a. 954 Zinszahlen			5	30	D.	1512	80				
„	„		Provision 1 ‰ a. Mk. 4600	4	60			D.	1517	40				
„	„		Saldo			1517	40							
				4622	70	4622	70							
Juli	1.		Saldo-Vortrag	1517	40			D.	1517	40	1./7.			

in die Kredit-Rubrik eingestellt wird. Nach Abschluß des Kontos tragen wir diesen Saldo am 1. Juli in der Debet-Rubrik vor.

Diese Konto-Einrichtung ist, da sie sich für beide Arten von Konto-Korrenten eignet, und da sie auch den jeweiligen Tages-Saldo erkennen läßt, allgemein empfehlenswerth. Gleichwohl wird doch manche Genossenschaft der ersteren Konto-Einrichtung den Vorzug geben. In solchem Falle bedarf es, wenn ein Mitglied zeitweilig Schuldner, zeitweilig Gläubiger ist, für dessen Konto am Schlusse des Halbjahrs einer besonderen Zinsenberechnung.

Die Staffel-Zinsberechnung.

Formular Nr. 40.

Die Umsatz- und Saldo-Beträge befinden sich hier unter einander, sonst entspricht die Einrichtung derjenigen des Formulars 39b.

Das erste Beispiel behandelt die Berechnung der Zinsen nach verschiedenem Zinsfuße und zwar zu $4^1/_2$% für die Debet-Saldi, zu 2% für die Kredit-Saldi während der Rechnungsperiode; es hat das Konto A. Steffens zum Gegenstande, das wir bereits vorher kennen lernten.

Ferner ist die Staffel-Zinsberechnung auch dann als praktischste Methode anzuwenden, wenn solcher verschiedener Zinsfuß während der Rechnungsperiode sich verändert, was dort, wo man denselben dem Reichsbank-Diskont anpaßt, häufiger vorkommt. Das zweite Beispiel behandelt solche Zinsberechnung mit wechselndem, verschiedenem Zinsfuße für das Konto O. Friedrichs. Es ist angenommen, daß dem Konto-Inhaber

für seine Schulden für die Zeit vom 1./1. bis 15./4. : $4^1/_2$ %
„ „ „ „ „ „ „ 16./4. „ 30./6. : 5 %
für seine Guthaben „ „ „ „ 1./1. „ 15./4. : 2 %
„ „ „ „ „ „ „ 16./4. „ 30./6. : $2^1/_2$ %

Zinsen berechnet werden. Am 6. Februar erhebt derselbe Mk. 1800.—, die er bis zum 20. Februar einschließlich — auf 15 Tage — zu verzinsen hat. Vom 21. Februar ab beträgt in Folge der an diesem Tage weiter abgehobenen Mk. 900.— die zu verzinsende Schuldsumme Mk. 2700.— und zwar bis zum 15. März, an welchem Tage durch Einzahlung von Mk. 6000.— ein Guthaben des Kontoinhabers de Mk. 3300.— entsteht, für das ihm vom 16. März ab Zinszahlen gutzuschreiben sind. Die nächste Veränderung des Kontos erfolgt erst am 1. Juni, am 15. April ändert sich aber der Zinsfuß, deshalb

Formular 40.

Staffel-Zins-

I. Konto-Korrent-Konto mit verschiedenem Zinsfuß für Debet- und Kredit-Saldi während der Abrechnungs-Periode

Debet-Zinsfuß = $4^1/_2$ %
Kredit- „ = 2 %

A. Steffens, hier.

Debet oder Kredit	Betrag ℳ	₰	Valuta Tag	Zins-Tage	Zinszahlen Debet	Zinszahlen Kredit
D.	1600	—	4./1.	6	96	
K.	1915	50	10./1.			
K.	315	50		22		69
K.	1184	50	2./2.			
K.	1500	—		59		885
D.	3000	—	1./4.			
D.	1500	—		90	1350	
D.	17	40	30./6.		1446	954
					$4^1/_2$ %	2 %
D.	1517	40	Saldo		= ℳ 18.10	= ℳ 5.30

Debet-Zinsen $4^1/_2$ % a. 1446 Zinszahlen	=	ℳ 18.10
Kredit-Zinsen 2 % a. 954 „	=	„ 5.30
Debet		ℳ 12.80
+ Provision 1 ‰ v ℳ 4600 . . .	=	„ 4.60
Debet		ℳ 17.40

werden zunächst bis zu letzterem Termin die Zahlen berechnet und alsdann die Summe der Zinszahlen-Kolonnen bis dahin festgestellt. Für das Guthaben von Mk. 3300.— sind ferner vom 16. April bis 30. Mai auf 45 Tage Zinszahlen zu berechnen, da am 1. Juni durch Abhebung von Mk. 3500.— wieder eine Schuld de Mk. 200.— entsteht, die bis zum 30. Juni unverändert bleibt, so daß darauf für 30 Tage Zinszahlen zu belasten sind. Die bis zum 15. April geltenden Zinssätze kommen demnach für die bis dahin ermittelten Zinszahlensummen, die abgeänderten Zinssätze für die vom 16. April

Berechnung.

II. Konto-Korrent-Konto mit wechselndem, verschiedenem Zinsfuß für Debet- und Kredit-Saldi während der Abrechnungs-Periode.

	v. 1./1.—15./4	v. 16./4.—30./6
Debet-Zinsfuß =	$4^1/_2$ %	5 %
Kredit- „ =	2 %	$2^1/_2$ %

Oskar Friedrichs.

Debet oder Kredit	Betrag ℳ	₰	Valuta Tag	Zins-Tage	Zinszahlen Debet	Zinszahlen Kredit
D.	1800	—	6./2.	15	270	
D.	900	—	21./2.			
D.	2700	—		25	675	
K.	6000	—	16./3.			
K.	3300	—	bis 15./4.	30		990
					945	990
K.	3300	—	16./4.	45		1485
D.	3500	—	1./6.			
D.	200	—		30	60	—
D.	4	65	30./6.		60	1485
D.	204	65				

Debet-Zinsen $4^1/_2$ % a. 945 Zinszahlen	=	ℳ 11.85		
„ 5 % a. 60 „	=	„ —.85		
Provision $^1/_8$ % a. ℳ 6200 . .	=	„ 7.75	ℳ	20.45
Kredit-Zinsen 2 % a. 990 Zinszahlen	=	ℳ 5.50		
„ $2^1/_2$ % a. 1485 „	=	„ 10.30	„	15.80
Debet			ℳ	4.65

bis 30. Juni berechneten Zahlen in Betracht. Dem Konto-Inhaber sind in Folge dessen auf 945 Debet-Zinszahlen $4^1/_2$ %, auf 60 Debet-Zinszahlen 5 % zu belasten, dagegen auf 990 Kredit-Zinszahlen 2 %, auf 1485 Kredit-Zinszahlen $2^1/_2$ % zu vergüten. Das Resultat hieraus unter Berücksichtigung von $^1/_8$ % Provision ergiebt die am Fuße der Zinsen-Staffel befindliche Berechnung.

Jedem Konto-Korrent-Kunden ist für den Schluß der Rechnungsperiode ein Konto-Auszug bezw. solche Zinsen-Staffel anzufertigen und zuzustellen, deren Richtigbefund er schriftlich zu bestätigen hat unter Anerkennung des daraus sich ergebenden Saldos.

Die Zinsenstaffel-Einrichtung eignet sich für das Konto selbst nicht, da wir aus diesem den Umsatz im Debet und Kredit wegen der Provisions-Berechnung ersehen müssen.

Diese außer den Zinsen auf den einzelnen Konten noch belasteten Provisionen berechnen wir von den Umsatzsummen auf der Debetseite jedes Kontos. Saldo-Vorträge werden davon nicht betroffen, auch werden Belastungen durch Effekten-Käufe des Kontoinhabers oder Abhebungen desselben auf von ihm verkaufte und auf seinem Konto gutgeschriebene Effekten nicht mit zur provisionspflichtigen Summe gerechnet, da die Genossenschaft ihren Nutzen hierfür bereits in der Abrechnung der betreffenden Geschäfte selbst fand. Dagegen ist für jedes Konto vorauszusetzen, daß der Umsatz mindestens gleich der doppelten Höhe des in Anspruch genommenen Höchst-Kredites ist, sonst wird eine entsprechende Summe oder ein höherer Prozentsatz der Provisionsberechnung zu Grunde gelegt.

Die hier zur Besprechung gekommenen Konto-Korrent-Zinsberechnungen erschöpfen zwar nicht alle möglichen Arten derselben, sie werden aber vollkommen ausreichend sein für den Geschäftsverkehr in den Genossenschaften. Ueber die Anwendung der retrograden Zinsberechnungs-Methode, wie über die Zinszahlen-Rechnung überhaupt giebt die kurze Darlegung im Anhange des ersten Theiles Auskunft.

G. Das Check-Konto.

Formular Nr. 41.

Der Check-Verkehr unterscheidet sich von dem Konto-Korrent-Verkehr nur dadurch, daß er ausschließlich Konten mit Guthaben der Konto-Inhaber umfaßt, und daß über diese Guthaben nur mittelst Check verfügt werden kann. Die Guthaben können natürlich auch auf Grund eines Kredites durch Ueberweisung zu Lasten des für das betreffende Mitglied geführten Konto-Korrent-Kontos gebildet werden.

In dem Check-Konto-Nebenbuche wird jedem Theilnehmer am Check-Verkehr ein Konto eröffnet, welches außer dem Namen desselben auch die Nummer des ihm ausgehändigten Check-Buches trägt.

Check-Konto.

Formular 41.

Check-Buch Nr. 1. **C. Hesse, hier.** 1

Datum Monat	Tag	Uebertragungs-Fol. bezw. Nr.	Gegenstand	Check Nr.	Betrag M	₰	Val.	Tage	Zins-zahlen
1901									
Januar	3.	4	Einzahlung		266	—	4./1	24	63
„	28.	19	Checkeinlösung, baar . . .	2	75	—			
					191	—	28./1.		
„	30.	M 4	Checkeinlösung d. Giro-Konto	1	126	—			
					65	—	28./1.		

Checkbuch Nr. 2. **A. Gebhardt, hier.** Fol. 2.

Datum Monat	Tag	Uebertragungs-Fol. bezw. Nr.	Gegenstand	Check Nr.	Betrag M	₰	Val.	Tage	Zins-zahlen
1901									
Januar	10.	9	Einzahlung		750	—	11./1.	6	45
„	11.	11	Checkeinlösung, baar . . .	51	284	—			
					466	—	17./1.	11	51
„	30.	M 4	Checkeinlösung d. Giro-Konto	52	334	—			
					132	—	28./1.	23	30
Februar	20.	59	Einzahlung		600	—			
					732	—	21./2.	189	1381
August	30.	261	Checkeinlösung, baar . . .	54	450	—			
					282	—	30./8.	4	11
Septbr.	4.	267	Checkeinlösung, baar . . .	53	120	—			
					162	—	4./9.	117	188
Dezbr.	31.		Zinsengutschrift 2 % a. 1706 Zahlen		9	45			1706
1902									
Januar	1.		Bestand		171	45	1./1.		

Checkbuch Nr. 3. **A. Steidel, hier.** Fol. 3.

Datum Monat	Tag	Uebertragungs-Fol. bezw. Nr.	Gegenstand	Check Nr.	Betrag M	₰	Val.	Tage	Zins-zahlen
1901									
Januar	21.	18	Einzahlung		460	—	22./1.	42	193
März	3.	132	„		110	—			
					570	—	4./3.	34	194
April	10.	M 4	Checkeinlösung d. Giro-Konto	101	500	—			
					70	—	8./4.	7	5
„	15.	107	Checkeinlösung, baar . . .	102	60	—			
					10	—	15./4.	165	16
Septbr.	30.	281	Rückzahl. inkl. Zins. bis dato	103	10	—	+ M 2.25 Zins		a. 408 Zhl.

Die Checks Nr. 104—150 sind zurückgeliefert am 30. 9. 1901.

Von besonderer Wichtigkeit ist die Ermittlung des Saldos nach jeder Konto-Eintragung, um, sobald ein Check zur Zahlung präsentirt wird, aus dem Konto sofort ersehen zu können, ob ein ausreichendes Guthaben des Check-Ausstellers dafür vorhanden ist. Wir buchen daher, wie aus der folgenden Konto-Einrichtung ersichtlich ist, alle Vorgänge auf diesem Geschäftsgebiete unter einander und verzeichnen nach jeder Buchung unter dem Betrage derselben den Guthaben-Bestand. Zu dem Zwecke ist die Betrag-Rubrik auf jeder zweiten Zeile mit einem Rechnungsstrich versehen. Diese Einrichtung entspricht also der Staffel-Zinsberechnung nach Formular 40. Auch die Zinszahlen werden wie dort nach denselben Grundsätzen von dem jeweiligen Guthaben-Bestande für die Zeit berechnet, während welcher derselbe unverändert bleibt. Die Nummern der eingelösten Checks werden vor der Betrag-Kolonne angegeben.

Die am 3. Januar von C. Hesse eingezahlten Mk. 266.— sind vom 4. Januar ab zu verzinsen. Am 28. Januar wurden davon Mk. 75.— auf Check Nr. 2 baar ausbezahlt, so daß Mk. 191.— verbleiben. Der am 30. Januar darnach gebuchte, von der Genossenschaftsbank eingelöste Check Nr. 1 de Mk. 126.— — s. Memorial-Buchung 15 — valutirt auch am 28. Januar, so daß von diesem Termin ab nur noch Mk. 65.— zu verzinsen sind.

Das zweite Konto für A. Gebhardt ist bis zum Jahresschluß in solcher Weise durchgeführt. Von der Summe der Zinszahlen 1706 sind 2% Zinsen mit Mk. 9.45 vergütet, wonach der Bestand, mit dem das neue Jahr beginnt, vermerkt wird. Eines besonderen Konto-Abschlusses bedarf es hier also nicht.

Das dritte Konto — A. Steidel — ist am 30. September erloschen. Die Zinszahlen werden an diesem Tage aufaddirt und die aus der Summe derselben sich ergebenden Mk. 2.25 Zinsen gelangen mit dem Guthaben-Reste von Mk. 10.— zur Auszahlung, sie werden dabei direkt auf Zinsen-Konto im Kassen-Ausgabe-Journal gebucht und auf Check-Konto des Nebenbuches nur angemerkt wegen der am Jahresschluß anzufertigenden Zusammenstellung. Die unverbrauchten Check-Formulare wird sich die Genossenschaft zurückgeben lassen müssen, worüber unter dem Konto ein Vermerk gemacht wird.

Für dieses Nebenbuch kann ebenso gut das Formular Nr. 39b des Konto-Korrent-Skontros benutzt werden. Dasselbe ist lediglich mit einer Rubrik für die Check-Nummer zu versehen, wogegen die Debet-Zinszahlen-Rubrik wegfällt, da hier nur Kredit-Saldi, also auch nur Kredit-Zinszahlen in Betracht kommen.

Die zur Ausgabe gelangenden Check-Hefte enthalten je eine gleiche Anzahl Check-Formulare, z. B. 50 Stück. Diese Checks sind fortlaufend nummerirt, so daß also das Check-Buch Nr. 1 die Checks Nr. 1—50, das Check-Buch Nr. 2 die Checks Nr. 51—100 enthält, und so fort. Für jedes Check-Buch werden 50 Pfg. erhoben und auf Unkosten-Konto vereinnahmt.

Die eingelösten Checks sind Belege für das Konto; man bewahrt sie besonders auf nach der Zeitfolge bezw. der Kassen- und Memorial-Nummer geordnet, nachdem sie mittelst des möglichst auffallenden Stempelaufdrucks „**Bezahlt am . . . 19. . .**“ entwerthet sind und die Seite des Nebenbuches darauf vermerkt wurde.

Jeder Theilnehmer am Check-Verkehr erhält außer dem Check-Buch noch ein Kontoabrechnungs-Buch, in dem er seine Checkausschreibungen selbst notirt, wohingegen seine Einzahlungen auf Check-Konto oder die sonstigen Gutschriften hierauf vom Vorstande darin bescheinigt werden.

H. Das Effekten-Kommissions-Konto.

Effekten-An- und Verkäufe sind bereits im ersten Jahre des Bestehens unserer Genossenschaft vorgekommen, sie betrafen hauptsächlich eigene Anschaffungen derselben und nur als außergewöhnliche Geschäfte kam hierbei der Ankauf bezw. Verkauf von Effekten Seitens einzelner Mitglieder der Genossenschaft in Betracht. Wo die Ausführung solcher Geschäfte für Rechnung der Mitglieder als besonderer Geschäftszweig aufgenommen wird, soll damit keineswegs einer Spekulation in Werthpapieren Vorschub geleistet werden, und die Genossenschaft wird deshalb für alle zur Ausführung kommenden Ankäufe Deckung vorher fordern.

Dieser Geschäftsverkehr wird sich nun zwar in der Praxis nicht immer so gestalten, daß sich die Deckung mit dem Ankaufs-Werth der Effekten sofort im Einklang befindet, oder daß mit dem vollzogenen Verkauf die Auszahlung des Erlöses Hand in Hand geht, vielmehr werden theils Anzahlungen mit den Ankaufs-Aufträgen und später Restzahlungen stattfinden, oder der Verein zahlt auch schon vor dem Verkauf eine runde Summe, die letzterer unzweifelhaft einbringt, aus, wobei allerdings größte Vorsicht wegen aller Möglichkeiten am Platze ist, oder es wird der Verkaufserlös erst geraume Zeit später abgehoben. In Folge solcher, mit der Ausführung der Aufträge zeitlich nicht immer zusammenfallender definitiver Erledigungen, würden wir auf dem Effekten-Kommissions-Konto Forderungen und Schulden — Debitoren und Kreditoren — erhalten. Um dies zu vermeiden, und auf diesem Konto jedes Kommissions-Geschäft glatt abzurechnen, führen wir grundsätzlich die Abrechnung mit den Kommittenten — Auftraggebern — über das Konto-Korrent-Konto. Zu dem Zwecke schrieben wir denselben also den Erlös verkaufter Effekten in laufender Rechnung gut, und belasteten sie in dieser auch für den Werth angekaufter Effekten. Alle auf Effekten-Kommissions-Geschäfte bezüglichen Zahlungen werden deshalb gleichfalls auf Konto-Korrent-Konto gebucht. Insoweit die Kommittenten nicht schon in laufender Rechnung mit der Genossenschaft stehen, errichten wir für sie ein Sammel-Konto, wie solches das Konto pro diverse im Konto-Korrent-Nebenbuche — Formular 39a — veranschaulicht; werden für denselben Kommittenten häufiger Aufträge ausgeführt, so errichtet man für ihn auch aus diesem Grunde ein besonderes Konto-Korrent-Konto.

Das Effekten-Kommissions-Konto wird auf solche Weise lediglich die Umsätze und den Ertrag dieses Geschäftszweiges ergeben, nur wenn die Genossenschaft gute, sichere Papiere nicht zur Börse giebt, sondern bis zum gelegentlichen Wiederverkauf im Kundenkreise in ihrem Besitz behält, entsteht auf diesem Konto ein Aktiv-Saldo. Zur Kontrole hierüber wie über die Erträge ist ein Nebenbuch erforderlich.

x) Das Effekten-Kommissions-Skontro.

Formular Nr. 42.

Die einzelnen, lediglich durch das Memorial zu buchenden Effekten-Kommissions-Geschäfte stellen wir in einem nach dem folgenden Formular eingerichteten Skontro zusammen, das Direktor Meißner von der Deutschen Genossenschaftsbank bereits früher empfohlen hat.

Jedes Kommissions-Geschäft umfaßt einen Ankauf und einen Verkauf. Bei Anschaffung von Effekten für ein Mitglied ist die Genossenschaft der vermittelnden Bank gegenüber Käuferin, dem Auftraggeber gegenüber Verkäuferin, bei Begebung von Effekten für ein Mitglied ist die Genossenschaft der vermittelnden Bank gegenüber Verkäuferin, dem Auftraggeber gegenüber Käuferin. Der Ankauf belastet das Effekten-Kommissions-Konto und ist also auf der linken Seite des Skontros zu buchen, für den Verkauf ist das Effekten-Kommissions-Konto zu erkennen, er gehört also auf die rechte Seite des Skontros.

Außer Rubriken für den Nominal-Betrag und den Kurs der Effekten sind auf jeder Seite zwei Betrag-Kolonnen vorgesehen, die erste derselben für die dem Kommissions-Konto zu belastenden bezw. gutzuschreibenden Gesammtsummen, die zweite derselben für diese Summen abzüglich der darin enthaltenen Zinsen. Es ergeben folgedessen die ersten Betrag-Kolonnen der beiden Seiten auch den Gesammtertrag der Geschäfte, die zweiten Betrag-Kolonnen dagegen den Ertrag, abgesehen von etwaigen Zinsgewinnen, also den reinen Provisions- bezw. Kurs-Gewinn. Der Unterschied zwischen diesen beiden Ergebnissen entspricht daher dem Zinsen-Ertrage.

Am 8. Januar hat die Genossenschaft im Auftrage für M. Reichert Mk. 600.— 3 ½ % Deutsche Reichsanleihe von der Deutschen Genossenschaftsbank von Sörgel, Parrisius & Co. in Berlin angekauft. Auf Grund der hierüber von Letzterer am 9. Januar eingehenden Rechnung wird das Effekten-Kommissions-Konto für Mk. 610.40 belastet — Ankauf von der Bank —, für Mk. 611.50 erkannt — Verkauf an den Auftraggeber —, vgl. Memorial-Buchung 2 und 3. Der Mehrbetrag im Kredit von Mk. 1.10 ist der Gewinn. Da in beiden Gesammtbeträgen Mk. —.50 Zinsen enthalten sind, stellen wir in die zweiten Betrag-Kolonnen des Skontros Mk. 609.90 im Debet und Mk. 611.— im Kredit ein. Auch hieraus ergiebt sich der Gewinn von Mk. 1.10, da ein Unterschied in den Zinsen nicht vorliegt.

Am 20. Januar sind im Auftrage von L. Laubacher von diesem erhaltene Frcs. 4000.— Italien. Mittelmeer-Eisenbahn-Obligationen durch die Genossenschaftsbank verkauft. Den Erlös de Mk. 3121.10 wird diese schuldig zu Gunsten des Kommissions-Kontos — Verkauf —, dagegen schuldet Letzteres abzüglich Provision Mk. 3115.90 dem Auftraggeber — Ankauf —, vergl. Memorial-Buchungen 9 und 10. Auch hierbei sind die Zinsen auf beiden Seiten gleichmäßig berechnet, so daß sich sowohl aus den Gesammtsummen des Skontros, wie aus diesen exklusive Zinsen das gleiche Resultat von Mk. 5.20 Provisions-Gewinn ergiebt.

In gleicher Weise wurden die am 21. Februar gekauften Fl. 1000.— 4 % ige Ungarische Goldrente und Mk. 1500.— 3½ % ige Preußische-Boden-Kredit-Pfandbriefe zum Kaufpreise von Mk. 3548.60 im Debet, die dafür vom Auftraggeber zu erstattenden Mk. 3554.50 im Kredit des Skontros gebucht. Die am gleichen Tage für R. Zeller

Formular 42.

Debet. **Effekten-Kommissions-**

Datum Monat	Datum Tag	Rem.-Fol. od. Nr.	Gekauft von	Schluß-Noten Nr.	Effekten-Gattung	Nominal-Betrag Währung	Nominal-Betrag Summe	Kurs	Ausmachender Gesammt-Betrag ℳ	₰	Ausmachender Betrag exkl. Zinsen ℳ	₰
1901 Jan.	9.	1	Dtsch. Genossenschafts-bank	—	3½ % Deutsche Reichs-anleihe	Mk.	600	101,60	610	40	609	90
„	21.	3	L. Laubacher in N.	2	4 % Italien Mittelm.-Eisenb.-Obl.	Fr.	4000	97,40	3115	90	3108	80
Febr.	21	8	Dtsch. Genossenschafts-bank	3	4 % Ungarische Gold-rente	Fl. öst.	1000	100,20	3548	60	3517	10
„	„	„	do.	3	3½ % Preuß. Boden-Kredit-Pfandbr.	Mk	1500	99,—				
„	„	„	do.	4	3½ % Preuß. Konsols u. s. w.	„	900	100,50	909	70	905	30
									.		.	
									.		.	
Dez.	31.		Gewinn						81	50	72	—
					Debet-Summen am Jahresschlusse				42641	50	42451	50
1902 Jan	1.		Bestand		3½ % Preuß Konsols	„	600	—	606	—	600	75

ferner noch angekauften Mk. 900.— 3½ % igen Preußischen Konsols sollen durch eine Depositen-Einlage beglichen werden, die jedoch erst Ende Februar fällig ist, und berechnet die Genossenschaft daher bis zu diesem Termine Effekten-Zinsen zu ihren Gunsten. Die Effekten kosten einschließlich Kourtage rc. Mk. 905.30, an Zinsen waren Mk. 4.40 zu vergüten, Gesammtbetrag = Mk. 909.70 — Debet des Skontros —; dagegen hat der Auftraggeber einschließlich Provision der Genossenschaft Mk. 906.85 und für Zinsen Mk. 5.25 zu vergüten, also den Gesammtbetrag von Mk. 912.10 — Kredit des Skontros —. Aus den Gesammtsummen des Skontros von Mk. 912.10 im Kredit und Mk. 909.70 im Debet folgt, daß insgesammt Mk. 2.40 verdient sind. Aus den Beträgen exklusive Zinsen von Mk. 906.85 im Kredit und Mk. 905.30 im

Debet ergiebt sich der Provisions-Gewinn = Mk. 1.55. Daraus folgt, daß der Zinsen-Gewinn: Mk. 2.40 — Mk. 1.55 = Mk. —.85 ist.

Mit solchem Zinsen-Gewinn hat die Genossenschaft nicht immer zu rechnen. Selbst wenn ein Kommittent eine Zeit lang für gekaufte Effekten den Gegenwerth schuldig bleibt, so wird die Genossenschaft

Skontro.

Kredit.

Datum Monat	Datum Tag	Rem.-Fol. od. Nr.	Verkauft an	Schluß-Noten-Nr.	Effekten-Gattung	Nominal-Betrag Währung	Nominal-Betrag Summe	Kurs	Ausmachen der Gesammt-Betrag ℳ	₰	Ausmachen der Betrag excl. Zinsen ℳ	₰
1901												
Jan.	9.	1	M. Reichert	—	$3^1/_2$% Deutsche Reichsanleihe	Mk.	600	101.60	611	50	611	—
„	21.	8	Dtsch. Genossenschaftsbank	1	4% Italien. Mittelm.-Eisenb.-Obl.	Fr.	4000	97,40	3121	10	3114	—
Febr.	21.	9	Karl Horst & Sohn	5	4% Ungarische Goldrente	Fl. öst.	1000	100,20	3554	50	3523	—
"	"	"	do.	5	$3^1/_2$% Preuß. Boden-Kredit-Pfandbr.	Mk.	1500	99,—				
"	"	„	R. Zeller	6	$3^1/_2$% Preuß. Konsols u. s. w.	„	900	100,50	912	10	906	85
									.		.	
									.		.	
Dez.	31.		Bestand		$3^1/_2$% Preuß. Konsols	„	600	Ank.-W.	606	—	600	75
									42 641	50	42 481	50

zu ihrem eigenen Vortheil Debitoren-Zinsen anstatt Effekten-Zinsen berechnen. Nur wenn eigene Bestände auf Kommissions-Konto vorkommen, sind größere Zinserträge hierdurch möglich.

Am Fuße des Formulars sind die am Jahresschlusse sich ergebenden Summen vermerkt, und aus ihnen auch die Ergebnisse ermittelt. Die Handhabung entspricht der des früheren Effekten-Skontros.

Gewissen Effekten-Arten, die häufiger an- bezw. verkauft werden, eröffnet man in diesem Nebenbuche auch wohl besondere Konten, entsprechend der für den Nachweis der eigenen Effekten der Genossenschaft getroffenen Einrichtung — vgl. I. Theil, Formular 15 —. Jedes derartige Konto ist mit dem Namen der betr. Effekten-Gattung zu überschreiben, wogegen die besondere Rubrik hierfür dann fortfallen kann, und am Jahresschlusse sind die Summen der verschiedenen Konten zusammenzustellen, wie wir später sehen werden.

b) Das Depot-Buch II — Außen-Depots —.

Formular Nr. 43.

Das Depot-Buch ist ein Hülfsbuch, um eine Kontrole auszuüben über die der Genossenschaftsbank eingelieferten Stücke, die bei derselben in Folge eines Limitums — vorgeschriebenen äußersten Preises zum Verkauf —, oder aus anderem Grunde vielleicht längere Zeit bis zum Verkaufsvollzug ruhen, sowie über die von der Bank dem Vereine noch zu liefernden Stücke, die eventuell auch im Bank-Depot bleiben — Ankauf für Depot —. Zu dem Zwecke führen wir ein Depot-Konto solcher außerhalb befindlichen Effekten der Genossenschaft bezw. der Auftraggeber.

Jede Effekten-Sendung der Genossenschaft an die Bank und jeder Ankauf von Effekten Seitens der Letzteren für die Genossenschaft wird als „Eingang" (ins Depot der Bank) gebucht mit dem Datum und der Bezeichnung der Sendung bezw. des Ankaufs. Ferner umfassen diese Eintragungen noch den Nominal-Betrag, die Gattung, Nummer und den Eigenthümer der Effekten.

Jede Effekten-Sendung der Bank an die Genossenschaft und jeder vollzogene Verkauf der an die Bank gesandten Effekten Seitens der Letzteren wird im „Ausgang" (aus dem Depot der Bank) bei den betreffenden Stücken vermerkt.

Diese Buchungen geschehen bei der Absendung bezw. dem Empfange von Werthpapieren und bei An- und Verkäufen der Bank auf Grund der Nummernverzeichnisse bezw. Rechnungen der Letzteren.

Die am 9. Januar auf Effekten-Kommissions-Konto gebuchten Mk. 600.— $3^1/_2$ %ige Deutsche Reichs-Anleihe sind am 8. Januar von der Genossenschaftsbank angekauft, daher in unser Depot bei derselben eingegangen. Am 11. Januar erhielt die Genossenschaft diese Papiere, deren Ausgang aus jenem Depot wir daher mit der Bezeichnung „Hersendung" und mit dem Datum des Empfangs vermerken. Am 19. Januar sind Frcs. 4000.— Mittelmeer-Eisenbahn-Obligationen an die Genossenschaftsbank zum Verkauf gesandt, sie gehen zunächst durch Hinsendung in unser Depot ein — s. Eingang —, am 20. Januar verlassen sie dasselbe wieder in Folge Verkaufs — s. Ausgang —.

1 **Depot-Konto II.** Formular 43.

Deutsche Genossenschaftsbank von Sörgel, Parrisius & Co. in Berlin.

Eingang						Ausgang	
Datum	durch	Nominal-Betrag	Bezeichnung	Nr.	Eigenthümer	Datum	durch
1901							
Jan. 9.	Ankauf	Mk. 600	3½ % Dtsch. Reichs-Anleihe	10 163 10 164	M. Reichert, hier	Jan. 11.	Herfdg.
„ 19.	Hinsdg.	Frcs. 4000	4 % Mittelmeer-Esb. Obligation	1218 3164 – 3166	L. Laubacher i. R.	„ 20.	Verk.
Febr. 21.	Ankauf	Fl. 1000	4 % Ungarische Gold-Rente	987	Carl Horst & Sohn, hier		
„ „	do.	Mk. 1500	3½ % Preuß. Boden-Kredit-Pfdbr.	1487 2310 815	do.		
„ „	do.	„ 400	3½ % Preuß. Konsols	12015/6	R. Zeller, hier	Febr 28	Herfdg.
„ „	do.	„ 500	do.	3809	do.	„ „	do.

Alle Stücke, bei denen im Depot-Buch kein Ausgang vermerkt ist, bilden also den **Bestand des Depots** bei der Genossenschaftsbank. Halbjährlich sendet Letztere ein Verzeichniß der in ihrem Besitze befindlichen Werthpapiere der Genossenschaft, das mit den offenen Posten unseres Depot-Kontos übereinstimmen muß, und danach als richtig anerkannt wird. Steht die Genossenschaft in solcher Weise mit mehreren Banken in Verbindung, so wird sie für jede derselben ein Depot-Konto eröffnen.

Wir bezeichnen dieses Buch mit Depot-Buch II zum Unterschiede von dem Depot-Buch I, in dem wir alle bei der Genossenschaft zur Verwahrung oder als Pfand ruhenden Papiere notiren — s. Formular 13 —.

---

c) Das Journal zum Effekten-Kommissions-Konto.

Formular Nr. 44.

Eine **besondere Art der Grundbuchungen** der Effekten-Kommissions-Geschäfte veranschaulicht die folgende Journal-Einrichtung.

Die einzelnen Geschäfts-Vorgänge werden in diesem Journal entsprechend den früheren Memorial-Buchungen verzeichnet, dabei

Formular 44.

Journal zum

Debet.

Datum		Gegenstand und Berechnung					Nr. der Schluß-Note	Uebertragungs-Folio	Ausmachender Betrag An Konto-Korrent-Konto		Banken-Konto	
									M	Pf	M	Pf
1901												
Jan.	9.			An Dtsch. Genossenschaftsb. v. S., P. & Co. Berlin für am 8./1. gek.				2				
		Mk.	600	3 1/2 % Dtsch. Reichsanl. à 101.60 =	M. 609	60						
				3 1/2 % Zinsen a. 8 Tage =	„ —	50						
				Courtage 1/2 ‰ =	„ —	30					610	40
				Val. p. 8./1.								
Jan.	21.			An L. Laubacher in N. für am 20./1. verkaufte				15				
		Frcs.	4000	4 % Italien. Mittelmeer-Eisenb.-Obl.			2					
				à 97.40 =	M. 3116	80						
				+ 4 % Zinsen a. 20 Tage =	„ 7	10						
					M. 3123	90						
				Courtage 1/2 ‰ = Mk. 1.60								
				Stempel = „ 1.20								
				unsere Provision 1/6 % = „ 5.20	„ 8	—			3115	90		
									3115	90	610	40
									H.-B. Fol. 16.		H.-B. Fol 5.	
				Per Effekten-Komm.-Konto					Mk. 3726.30 H.-B.-Fol. 20.			
Febr.	21.			An Dtsch. Genossenschaftsbank Berlin für am 20. Febr. gekaufte				2				
		Fl.	1000	= Mk. 2025 4 % Ungar. Goldrente			3					
				à 100.20 =	M. 2029	05						
				Zinsen a 50 Tage =	„ 11	25						
				Courtage 1/2 ‰ =	„ 1	10						
					M. 2041	40						
		Mk.	1500	3 1/2 % Preuß. Boden-Kredit-Pfdbr.			3					
				à 99 = Mk. 1485.—								
				Zinsf. 3 1/2 % a. 140 T. = „ 20.25								
				Courtage 1/2 ‰ = „ —75	„ 1506	—						
		Mk.	900	3 1/2 % Preuß. Consols			4					
				à 100.50 = Mk. 904.50								
				Zinsen 50/3 1/2 = „ 4.40								
				Courtage = „ —.50	„ 909	40						
				Stempel 1.20 + —.30 =	„ 1	50					4458	30
				Val. p. 20./2.								

Effekten-Kommissions-Konto.

Fol. 1.

Kredit.

Datum			Gegenstand und Berechnung			Nr. der Schluß-Note	Uebertragungs-Folio	Ausmachender Betrag Per Konto-Korrent-Konto ℳ	₰	Banken-Konto ℳ	₰
1901											
Jan. 9.			Per M. Reichstein				15				
			für am 8./1. gekaufte								
	Mk.	600	3½% Dtsch. Reichsanl. à 101.60 =	M. 609	60						
			3½ Zinsen a. 8 Tage =	„ —	50						
			Courtage ½‰ =	„ —	30						
			unsere Provision ⅛% =	„ 1	10			611	50		
Jan. 21.			Per Dtsch. Genossenschaftsbank v. S, P. & Co. Berlin für am 20./1. verkaufte				2				
	Frcs.	4000	4% Italien. Mittelmeer-Eisenb.-Obl.			1					
			à 97.40 =	M. 3116	80						
			4% Zinsen a. 20 Tage =	„ 7	10						
				M. 3123	90						
			1/1 Courtage ½‰ = Mk. 1.60								
			Stempel = „ 1.20	„ 2	80					3121	10
			Val. p. 20./1.								
								611	50	3121	10
								H.-B.-Fol. 16.		H.-B.-Fol. 5.	
			An Effekten-Komm.-Konto					Mk. 3732.60 H.-B.-Fol. 20.			
Febr. 21.			Per Carl Horst & Sohn, hier				1				
			für am 20./2. gekaufte								
	Fl.	1000	4% Ungar. Goldrente } Berechnung	M. 2041	40	5					
	Mk.	1500	3½ Preuß. Boden-Kredit-Pfandbr. } s. Debet	„ 1506	—						
			⅛% Provision v. Mk. 2029 und Mk 1485 =	„ 5	90						
			Stempel =	„ 1	20			3554	50		
				Val. p. 20/2.							
			Per R. Zeller hier				15				
			für am 20./2. gekaufte								
	Mk.	900	3½ Preuß. Consols à 100.50 =	M. 904	50	6					
			Zinsen bis Ende Februar 60/3½ =	„ 5	25						
			Courtage =	„ —	5.						
			Provision ⅛% =	„ 1	55						
			Stempel =	„ —	30			912	10		

jedoch so geordnet, daß alle dem Kommissions-Konto zu belasten-den Posten auf der Debet-Seite, alle demselben gutzuschreiben-den Posten auf der Kredit-Seite untereinander gebucht werden. Für die ausmachenden Beträge befinden sich auf jeder Seite zwei Kolonnen zur Trennung derselben, je nachdem sie dem Konto-Korrent-Konto — dem Auftraggeber — oder dem Bank-Konto — der vermittelnden Bank — erkannt oder belastet werden müssen. Den Gegenwerth der für den Auftraggeber angekauften Effekten hat die Genossenschaft der Bank zu vergüten, von dem Auftraggeber dagegen zu fordern, wir belasten deshalb das Effekten-Kommissions-Konto zu Gunsten des „Bank-Konto“, und erkennen dasselbe zu Lasten des „Konto-Korrent-Konto“ — s. Buchung vom 9. Januar betr. die für M. Reichert gekauften Mk. 600.— $3\frac{1}{2}$% ige Deutsche Reichs-anleihe —. Den Gegenwerth der für den Auftraggeber verkauften Effekten hat die Genossenschaft von der Bank zu fordern, dagegen dem Auftraggeber zu vergüten, wir erkennen daher das Effekten-Kommissions-Konto zu Lasten des „Bank-Konto“, und belasten es zu Gunsten des „Konto-Korrent-Konto“ — s. Buchung vom 21. Januar betreffend die für L. Laubacher verkauften Frcs. 4000.— 4 %ige Italien. Mittelmeer-Eisenb.-Obligationen.

Aus diesem Journal erfolgt die Uebertragung der Buchungen auf die Nebenbücher des Bank-Kontos und des Konto-Korrent-Kontos in der üblichen Weise. Am Monatsschluß addiren wir die Betrag-Kolonnen auf zwecks Uebertragung der Summen auf die Hauptbuch-Konten.

Die Rubriken der Debet-Seite ergeben für Januar Mk. 3115.90 zur Gutschrift auf Konto-Korrent-Konto und Mk. 610.40 zur Gut- auf Bank-Konto. Den Gesammtbetrag von Mk. 3726.30 belasten wir dem Effekten-Kommissions-Konto — Per Effekten-Kommissions-Konto —.

Auf der Kredit-Seite ergeben die einzelnen Rubriken für Januar Mk. 611.50 zu Lasten des Konto-Korrent-Konto und Mk. 3121.10 zu Lasten des Bank-Konto. Den Gesammt-Betrag von Mk. 3732.60 schreiben wir dem Effekten-Kommissions-Konto gut — An Effekten-Kommissions-Konto —.

Dieses Effekten-Journal ist ebenso wie das Diskont-Wechsel-Journal und das Giro-Journal geeignet, die Memorial-Buchungen zu ersetzen. Alle diese Journal-Einrichtungen beruhen auf denselben Grundsätzen wie die Kassa-Journale.

d) Anhang: Die Schluß-Note.

Formular Nr. 45.

Die Bestimmungen des Reichsstempelgesetzes vom 27. April 1894 sind bei den Effekten-Geschäften zu beachten. Im Wesentlichen handelt es sich darum, daß über alle Effekten-An- und Verkaufs-Geschäfte, insoweit der Werth des Gegenstandes des Geschäfts 600.— Mk. übersteigt,*) versteuerte Schlußnoten auszufertigen sind. Die Genossenschaft erhält von ihrer Bank, durch die sie die Effekten bezieht oder begiebt die Schlußnoten, sie hat andererseits ihrem Auftraggeber solche zu ertheilen. Die Schlußnoten werden fortlaufend numerirt. Das erste über Mk. 600.— Deutsche Reichsanleihe in unserem Skontro verzeichnete Geschäft blieb steuerfrei. Ueber das zweite Geschäft — verkaufte Frcs. 4000.— Mittelmeer-Obligat. — erhielt die Genossenschaft von der Bank eine Note — Nr. 1 —, sie fertigt dagegen für ihren Kommittenten solche aus — Nr. 2 — und so fort.

Bei jedem Auftrage an die Bank zum An- oder Verkauf von Effekten ist, im Falle es sich um ein Kommissions-Geschäft handelt, eine hierauf bezügliche Angabe nöthig, damit die Schlußnote „in Kommission" ausgefertigt werde. Es bleibt alsdann die von der Genossenschaft ihrem Auftraggeber innerhalb 3 Tagen auszufertigende Note von der Stempel-Abgabe befreit, wenn darin vermerkt wird:

> „Eine versteuerte Schlußnote über denselben Betrag und denselben Preis mit Nr. .... befindet sich in unseren Händen."

Will die Genossenschaft diesen Vortheil ihren Auftraggebern sichern, so ist zu beachten, daß bei mehreren, gleichzeitigen Aufträgen diejenigen genau bezeichnet werden, für die eine besondere

---

*) Bei Geschäften über die unter Nr. 2, Befreiungen Z. 1, und Nr. 3 des Tarifs zum Stempelgesetz aufgeführten Papiere bleibt der den Nennwerth übersteigende Kurswerth außer Betracht, wenn der gesammte Nennwerth Mk. 5000.— nicht übersteigt. Dies betrifft Renten und Schuldverschreibungen des Reichs und der Bundesstaaten, inländische auf den Inhaber lautende und auf Grund staatlicher Genehmigung ausgegebene Renten- und Schuldverschreibungen der Kommunalverbände, der Kommunen, der Korporationen ländlicher oder städtischer Grundbesitzer, der Grundkredit- und Hypothekenbanken oder der Transportgesellschaften, sowie die Interimsscheine über Einzahlungen auf diese Werthpapiere.

Formular 45.

Schlußnote.

Vorschuß-Verein zu
Eingetragene Genossenschaft
mit (un-)beschränkter Haftpflicht.

(Ort) ... ., den *21. Februar 1901.*

Schlußnote Nr. 5.

An *Herren Karl Horst & Sohn, hier.*

Von Vorschuß-Verein zu ....
Eingetragene Genossenschaft mit (un)beschränkter Haftpflicht.

Lieferungstermin per Kasse. Abgabenpflichtiger Werth des Geschäfts: ℳ 3514.

Gegenstand des Geschäfts	Kurs	Berechnung
Wir kauften in Ausführung Ihres gefl. Auftrages		
Fl. 1000,— 4%/o Ungarische Goldrente	*100,20*	*= M. 2029,05* *4 %/o Zinsen a. 50 Tage = „ 11,25* *Courtage 1/2 %/oo . . = „ 1,10* *Provision 1/6 %/o . . = „ 3,40* *M. 2044,80*
M. 1500,— 3 1/2 %/o Preuss. Boden-Kredit-Pfandbr.	*99*	*= M. 1485,—* *3 1/2 Zinsen a. 140 Tage . . . = „ 20,25* *Courtage 1/2 %/oo . . = „ —,75* *Provision 1/6 %/o . . = „ 2,50* *Stempel . . . . . = „ 1,20* *Val. p. 20./2. M. 3554,50* *zu Ihren Lasten.*
Eine versteuerte Schlußnote über denselben Betrag und denselben Preis mit Nr. *3* befindet sich in unserem Besitze.		Hochachtungsvoll Vorschuß-Verein zu ..... Eingetragene Genossenschaft mit (un)beschränkter Haftpflicht. *Würdig.* *Treu.*

Die Schlußnoten sind nach der Zeitfolge nummerirt fünf Jahre lang aufzubewahren.

Note gewünscht wird. Die am 21. Februar gebuchten Ankäufe betreffen:

Fl. 1000.— 4 %ige Ungarische Goldrente Mk. 1500.— 3 ½ %ige Pr. Boden-Kredit-Pfandbriefe	erste Kommission,
„ 900.— 3 ½ %ige Preuß. Konsols	zweite Kommission.

Die ersten beiden Aufträge sind von Karl Horst & Sohn, der letztere Auftrag ist von R. Zeller ertheilt. Deshalb setzen wir in dem Schreiben an die Bank neben der Bezeichnung der Effekten die obigen Vermerke — erste Kommission, zweite Kommission —. Die Genossenschaft erhält dann dementsprechend zwei Kommissions-Noten, auf Grund welcher sie ihren Auftraggebern stempelfreie Schlußnoten ausfertigen kann.

Für die Schlußnoten benutzen wir das nebenstehende Formular. Die Bemerkung über die im Besitze des Vereins befindliche versteuerte Note fällt auf Noten über solche Geschäfte, die der Verein als Selbst-Kontrahent ausführt, und die er daher zu versteuern hat, natürlich fort. Die Schlußnote besteht aus zwei Hälften, jede mit dem gleichen Inhalt. Die eine Hälfte bekommt der Auftraggeber, die andere bleibt im Besitze der Genossenschaft, und wird von dieser mit den übrigen Schlußnoten der Zeitfolge nach nummerirt aufbewahrt.

Die „Berechnung" des Effekten-Geschäftes bildet keinen wesentlichen Bestandtheil der Schlußnote, sie ist in derselben aufgenommen, um die Ausfertigung einer besonderen Rechnung dafür zu ersparen. Als Beispiel für die Ausfertigung der Noten sind die für die Firma Karl Horst & Sohn bewirkten Ankäufe in dem Formular mit schräger Schrift verzeichnet.

Wegen der Nummernaufgabe an den Kommittenten, der bei Aufbewahrung und Verwaltung von Werthpapieren zu beobachtenden Regeln u. s. w. wird auf die Darlegungen im ersten Band der Handbibliothek S. 174 u. f. verwiesen. Ein Effekten-Stücke-Konto bezw. Nummern-Buch zur Kontrolle der Verloosungen, Koupons-Trennung u. s. w. befindet sich im ersten Theile dieser Anleitung — Formular 16 —.

J. Das Koupons- und Geldsorten-Konto.

Formular Nr. 46.

Von der Mehrzahl der Genossenschaften werden Koupons wie baare Kasse behandelt. Wo solche Werthe jedoch häufig und in größerer

Anzahl sich sammeln, und auch ausländisches Papier- und Münz-Geld vorzukommen pflegt, da empfiehlt es sich, für diese Bestände ein besonderes Konto zu errichten. Unsere Genossenschaft entschließt sich hierzu, indem sie am 7. Januar ihren Vorrath jener Werthe de Mk. 124.15 auf Koupons- und Geldsorten-Konto verausgabt — Ausgabe Nr. 5 —. Diesem Konto werden alle fortan in den Besitz der Genossenschaft gelangenden Koupons und Geldsorten nach dem Betrage, zu welchem sie in Zahlung genommen werden, belastet, der Erlös aus ihnen wird demselben dagegen gutgeschrieben. Da bei der Umwechslung unter Umständen eine Provision gekürzt wird, andererseits auch ausländische Werthe Kursschwankungen unterliegen, so ergiebt das Konto Gewinn oder Verlust, jenachdem der Erlös höher oder niedriger ist als der vergütete Betrag.

Bei Einrichtung eines Nebenbuches zu diesem Hauptbuch-Konto ist die Kontrole der Bestände nach ihren Nominal-Beträgen zu berücksichtigen, daher errichten wir für jede Münz-Art ein besonderes Konto, welches mit der Einheit derselben überschrieben wird. Wir haben also ein Konto für Mark, Kronen (österr. Währung), Francs u. s. w. Die Debet-Seite ist mit „Eingang", die Kredit-Seite mit „Ausgang" bezeichnet. Außer dem Datum der Uebertragungs-Nummer bezw. -Seite und dem Betrag jeder Buchung wird darin angegeben, von wem wir die Werthe empfingen, bezw. an wen wir sie gegeben haben, welcher Art dieselben sind — Koupons, Banknoten, Münzen —, die Stückzahl, die Nominal-Beträge und der Kurs bei ausländischen Werthen.

Die am 7. Januar verausgabten Mk. 124.15 mögen sich aus folgenden Werthen zusammensetzen:

Konto 1	12 Koupons	über	Mk. 71.50	im Werthe von	Mk.	71.50	
Konto 2	2 „	„	Kr.ö.W. 24.—	„ „ „	„	20.20	
	1 Banknote	„	„ 10.—	„ „ „	„	8.45	
Konto 3	3 Koupons	„	Frcs. 30.—	„ „ „	„	24.—	Sa. Mk. 124.15,

die nach diesen verschiedenen Arten im Skontro gebucht sind.

Am 26. Januar leistete A. Steffens eine Zahlung mit

Konto 1	7 Koupons	über Mk. 50.50 im Werthe von		Mk. 50.50	
„ 3	1 Goldmünze	„ Frcs. 20.— à 80 =	Mk. 16.—		
		abzgl. für Inkasso =	„ —.10	„ 15.90	Sa. Mk. 66.40

Nach dieser Berechnung wurde der Gegenwerth verausgabt — Ausgabe Nr. 16 — und auf den Konten für Mark und Francs gebucht.

Formular 46.

Koupons- und Sorten-Skontro.

Eingang. **Mark.** **Ausgang.** Fol. 1.

Datum		Nr. bezw. Fol.	Empfangen von	Art.	Stückzahl	Nominal-Betrag	Kurs	Vergüteter Werth ℳ ₰	Datum		Nr. bezw. Fol.	Gegeben an:	Art.	Stückzahl	Nominal-Betrag	Kurs	Erlös ℳ ₰
1901									1901								
Januar	6.	5	Bestand	Koup.	12	71 50		71 50	Januar	31	M 5	Dtsch. Gen.-Bk. in Berlin	Koup.	19	122 —	—	122 —
„	16.	16	A. Steffens	„	7	50 50		50 50									

Kronen, österr. Währung. Fol. 2.

Datum		Nr. bezw. Fol.	Empfangen von	Art.	Stückzahl	Nominal-Betrag	Kurs	Vergüteter Werth ℳ ₰	Datum		Nr. bezw. Fol.	Gegeben an:	Art.	Stückzahl	Nominal-Betrag	Kurs	Erlös ℳ ₰
1901									1901								
Januar	6.	5	Bestand	Koup.	2	24 —	84.50	20 20	Januar	31.	M 5	Dtsch. Gen.-Bk. in Berlin	Koup.	2	24 —	84.90	20 25
„	„	5	do.	Note	1	10 —	„	8 45	„	„	„ „	do.	Note	1	10 —	„	8 50

Francs. Fol. 3.

Datum		Nr. bezw. Fol.	Empfangen von	Art.	Stückzahl	Nominal-Betrag	Kurs	Vergüteter Werth ℳ ₰	Datum		Nr. bezw. Fol.	Gegeben an:	Art.	Stückzahl	Nominal-Betrag	Kurs	Erlös ℳ ₰
1901									1901								
Januar	6.	5	Bestand	Koup.	3	30 —	80.—	24 —	Januar	31	M 5	Dtsch. Gen.-Bk. in Berlin	Koup.	3	30 —	80.80	24 20
„	26.	16	A. Steffens	Gold	1	20 —	80.—	15 90	„	„	„ „	do.	Gold	1	20 —	81.00	16 20
Juni	20.	187	C. Kühn	Koup.	5	70 —	80.—	56 —	Juli	15.	„ 121	do.	Koup.	5	70 —	80.70	56 40
Dezbr.	3.	372	Heinr. Arndt	Gold	1	20 —	80.60	16 10	Dezbr.	31.		Bestand	„	5	50 —	81.20	40 60
„	„	„	do.	Koup.	5	50 -	80.60	40 80	„	„		do.	Gold	1	20 —	„	16 25
„	31.		Gewinn					1 35									
						190 —		153 65							190 —		153 65
1902																	
Januar	1.		Bestand	Koup.	5	50 —	81.20	40 60									
„	„		do.	Gold	1	20 —	„	16 25									

Bei Annahme von Koupons und Sorten wird jedesmal eine solche Aufstellung derselben zu fordern sein, die einen Beleg zu der betreffenden Grundbuchung bildet, und nach der dann auch die Uebertragung auf die einzelnen Konten des Nebenbuches erfolgt.

Ende Januar wurden jene Werthe der Genossenschaftsbank zur Gutschrift übersandt. Auf Grund der Memorialbuchung 16 erfolgen die Buchungen im Ausgang der Konten. Das Mark-Konto ist dadurch vollständig ausgeglichen, auf dem Gulden-Konto ist ebenfalls kein Nominal-Bestand zu verzeichnen, dagegen ist der Erlös de Mk. 28.75 — Kredit — gegenüber der Aufwendung de Mk. 28.65 — Debet — um 10 Pfg. höher — Gewinn —. Das Ergebniß wird am Jahresschluß aus jedem Konto ermittelt und, wie das Francs-Konto zeigt, auf demselben gebucht. Letzteres ergiebt am Jahresschluß einen Debet-Saldo von Mk. 55.50 für den Nominal-Bestand von Frcs. 70.—. Dieser setzt sich aus Frcs. 50.— Koupons und Frcs. 20.— Gold zusammen, die zum Kurse von 81.20 am 31. Dezember Mk. 40.60 und Mk. 16.25, zusammen Mk. 56.85 werth sind, so daß gegenüber dem Saldo ein Mehrwerth, also ein Gewinn von Mk. 1.35 zu verzeichnen ist. Diesen Gewinn stellen wir ins Debet, den Bestand nach dem Nominal-Betrage und Kurs-Werthe ins Kredit des Kontos ein, dessen Betrag-Rubriken sich darnach auf beiden Seiten ausgleichen. Nach Abschluß des Kontos wird der Bestand unter dem 1. Januar des neuen Jahres wieder nach seinen einzelnen Arten vorgetragen. So wird jedes Konto für Ende des Jahres zum Abschluß gebracht, Verluste würden im Kredit zu vermerken sein.

Für die Genossenschaft ist von großem Werthe, jederzeit zu wissen, von wem sie die in ihrem Besitze befindlichen Koupons und Noten erhielt, um sich am Vorbesitzer wegen etwa nothleidender Werthe schadlos zu halten, oder um den Besitzer eines Werthpapiers auf die vielleicht erfolgte Ausloosung und Kündigung, die erst bei der Einziehung des Koupons bekannt wird, aufmerksam machen zu können. Man pflegt zu solchem Zweck bisweilen den Namen des Vorbesitzers auf dem Koupon zu vermerken. Dies wird jedoch nicht immer erwünscht sein. Dagegen ist folgende Handhabung zu empfehlen: Die Verzeichnisse, die bei Einreichung von Koupons und Geldsorten der Genossenschaft zu übergeben sind, werden vom Besitzer jener Werthe unterzeichnet, mit Datum sowie fortlaufender Nummer versehen und aufbewahrt. Diese Nummer nebst Datum wird auch auf jedem zu dem Verzeichnisse gehörigen Koupon, bezw.

bei Noten auf einem diesen angehefteten Zettel notirt. Auf Grund der bzgl. Nummer ist alsdann stets ohne Mühe festzustellen, wer der Vorbesitzer des Koupons 2c. war. Werden keine Verzeichnisse gefordert, so sind wenigstens die Namen derjenigen, von denen die Genossenschaft Koupons empfängt, in einer Liste unter fortlaufender Nummer zu vermerken, auf den Koupons wird dann die Nummer dieser Liste angegeben.

K. Das Kosten- und Verlege-Konto.

Formular Nr. 47.

Kosten und Verlege erfahren in der Praxis der Genossenschaften eine verschiedenartige Behandlung. Theils werden sie auf Unkosten-Konto verausgabt, theils als Kassen-Auslagen behandelt, theils führt man sie über ein besonderes Konto. Durch diese Ausgaben entstehen Forderungen der Genossenschaft, die bei Aufstellung der Bilanz, soweit sie einbringlich erscheinen, auch zu berücksichtigen sind. Daher sollte man derartige Aufwendungen nicht von vornherein als Geschäftskosten behandeln, sie aber auch ebensowenig ungebucht lassen — vgl. das zum Kassen-Journal Ausgeführte —. Es empfiehlt sich vielmehr, die Buchung über ein besonderes Kosten- und Verlege-Konto vorzunehmen. Den Spezial-Nachweis für dessen Umsätze und Bestände führen wir durch ein Nebenbuch, in dem jedem Schuldner ein Konto einfachster Art errichtet wird. Das folgende Formular veranschaulicht dies.

Die Genossenschaft hat aus Veranlassung einer Wechsel-Klage gegen M. Voigt Mk. 5.40 Kosten am 10. Januar zu zahlen gehabt, die wir in Ausgabe — vgl. Journal Nr. 8 — auf „Kosten und Verlege-Konto" buchen und ins Debet des für M. Voigt im Nebenbuche hierzu errichteten Kontos übertragen. Die Ursache, aus welcher diese Ausgabe und darnach dieses Konto entstanden ist, vermerken wir als „Anmerkung" in der hierfür vorhandenen Rubrik.

Selbst wenn von vornherein bekannt sein sollte, daß die aus solchen Ausgaben entstehenden Forderungen uneinbringlich sind, und deshalb am Jahresschlusse als Verlust abgeschrieben werden müssen, so ist deshalb solche Verbuchung doch nicht überflüssig, dieselbe bietet den nicht zu unterschätzenden Vortheil, daß bei einer wiedereintretenden Zahlungsfähigkeit eines solchen Schuldners jene abgeschriebenen Auslagen und Kosten mit Leichtigkeit zu ermitteln sind. Auch behält der Vorstand dieselben hierdurch stets vor Augen.

Formular 47.

Kosten- und Verlege-Skontro.

1

Debet.			M. Voigt, hier.			Kredit.						Anmerkungen.
1901 Jan.	10.	8	An Kassa-Konto	5	40							Wechselklage über 300 Mk.

5

Konto für Verschiedene.

1901 Jan.	15.	10	An Kassa-Konto	1	25	1901 Jan.	16.	M.2	Per Giro-Konto	1	25	Für Dtsch. Gen.-Bank.

Auslagen, die kurzer Hand wieder ersetzt werden, führt man über ein „Konto für Verschiedene", wie z. B. die Protestkosten de Mk. 1.25, die auf Inkassowechsel Nr. 2 am 15. Januar für die Genossenschaftsbank verauslagt, und dann am 16. Januar dieser auf Giro-Konto belastet sind — vgl. Ausgabe-Journal Nr. 10 und Memorial-Buchung Nr. 6 —. In den Anmerkungen wird der Schuldner dafür bezeichnet. Die Ausgleichung jedes Debet-Postens erfolgt auf derselben Linie im Kredit.

III. Die Jahresrechnung.

Ueber die Geschäftsvorgänge und die Ergebnisse aus ihnen im zweiten Geschäftsjahre hat der Vorstand wieder Rechnung zu legen. Zu diesem Zwecke sind am Jahresschlusse, ebenso wie am Ende des ersten Jahres die Vermögensbestände festzustellen und darnach die Bücher abzuschließen. Insoweit hiervon die Gebiete, auf denen sich die Geschäfte im ersten Jahre schon bewegten, betroffen werden, ist die erforderliche Anleitung im ersten Theile bei Besprechung der Jahresrechnung gegeben. Hierzu werden die folgenden Ausführungen mit Bezug auf die neuen Geschäftszweige lediglich eine Ergänzung bilden.

A. Die Inventur.

Formular Nr. 48 und 49.

Vorstand und Aufsichtsrath werden gemeinschaftlich nach Geschäftsschluß am 31. Dezember, wie am Schlusse des ersten Geschäftsjahres die Kassenbücher abzuschließen und die Bestände an baarem Gelde, Vorschuß-Wechseln und Effekten festzustellen, die Depots zu prüfen haben. Ferner wird diese Inventur-Arbeit noch auf die Feststellung des Bestandes an Diskont-Wechseln, Inkasso- und Rück-Wechseln, sowie an Koupons und Geldsorten auszudehnen sein.

Sämmtliche hierzu erforderlichen Aufstellungen fertigt der Vorstand schon vorher an. Zu den Wechsel-Listen bedient er sich des folgenden Formulars, das die Wechsel-Nummer, den Namen des Ausstellers bezw. Giranten und des Bezogenen, den Betrag und den Fälligkeitstag umfaßt. Inkasso-Wechsel und Rück-Wechsel sind von den Diskont-Wechseln getrennt zu verzeichnen. Bei Rückwechseln wird der Wechselbetrag einschließlich der Kosten angegeben, da diese dem Rückwechsel-Konto mit belastet sind.

Der Aufsichtsrath hat die Bestände alsdann durch Vergleich derselben mit den Aufzeichnungen des Vorstandes festzustellen. Zweckmäßig wird es bei größeren Wechsel-Beständen sein, die Listen derselben nach den Monaten, in denen die Wechsel fällig werden, abzutheilen, um wie bei der Vorschuß-Wechsel-Inventur die Prüfung durch mehrere Aufsichtsrathsmitglieder zu gleicher Zeit zu ermöglichen.

Die vorhandenen Koupons und Geldsorten sind lediglich nach den Summen ihrer Nominal-Beträge bei der Inventur festzustellen. Wir verzeichnen sie daher nach den verschiedenen Münz-Systemen wie im Skontro. Die hierzu benutzte Liste dient später zugleich zur Ermittlung des Vermögenswerthes dieser Bestände und als Rechnungs-Auszug aus dem Nebenbuche. — Vgl. die Formulare auf S. 244 und 245 —.

Als weitere Inventur-Bestände verzeichnen wir:

Mk. 4600.20 baare Kasse
„ 50620.— Vorschuß-Wechsel

als Bestand des Effekten-Kontos:

Mk. 7200.— Aktien der Deutschen Genossenschaftsbank
„ 1500.— $3^1/_2\%$ ige Berliner Stadt-Obligationen

als Bestand des Effekten-Kommissions-Kontos:

Mk. 600.— $3^1/_2\%$ ige Preußische Konsols.

Die Prüfung der Depots wird auch die Depot-Wechsel, Kredit-Verträge und sonstigen Urkunden über die im Konto-Korrent-Verkehr eingeräumten Kredite zu umfassen haben.

Formular 48.

Diskont-Wechsel-Inventur-Liste.

Im Monat Januar 1902 fällige Wechsel.

Nr.	Aussteller bzw. Girant	Bezogener	Betrag ℳ	Betrag ₰		Fällig am
1183	G. Becker	Joh. Wilde	130	—	4.	Januar
1177	A. Steffens	K. Buchholz, Halberstadt	300	—	6.	"
		u. s. w.				
		Sa.	6387	40		
		Zusammenstellung.				
		Wechsel im Januar fällig	6387	40		
		do. " Februar "	4815	40		
		do. " März "	5002	50		
		do. " April "	200	—		
		Bilanz-Saldo =	16405	30	=	Hauptbuch Fol. 15

Inkassowechsel.

Nr.	Aussteller bzw. Girant	Bezogener	Betrag ℳ	Betrag ₰		Fällig am
87	Dtsch. Gen.-Bk	R. Schmidt	150	—	1.	Januar
89	do.	C. Bürger	64	20	2.	"
		Bilanz-Saldo =	214	20	=	Hauptbuch Fol. 18

Rückwechsel.

Nr.	Aussteller bzw. Girant	Bezogener	Betrag ℳ	Betrag ₰		Fällig am
R.1145	H. Richter	F. Lau, Hannover	130	40	27.	Dezember
		Bilanz-Saldo =	130	40	=	Hauptbuch Fol. 19

, den 31. Dezember 1901.

Der Vorstand. (Unterschriften.) — Der Aufsichtsrath. (Unterschriften.)

Vorstand und Aufsichtsrath unterzeichnen die Inventur-Listen, deren Gesammtergebnisse alsdann in dem über die Inventur aufzunehmenden Protokolle anzugeben sind.

Der Inventur schließt sich später die Kontrole der von dieser nicht betroffenen Vermögens-Bestände, sowie der Schulden der Genossenschaft und schließlich die Bilanzprüfung Seitens des Aufsichts-

Formular 49.

Koupons- und Sorten-Inventur-Liste.

Bezeichnung	Nominal-Betrag			Kurs	Werth ℳ	₰	Summa ℳ	₰	Gewinn ℳ	₰	Verlust ℳ	₰
Mark												
3 Koupons à Mk. 20.—	Mk.	60	—		60	—						
6 „ „ „ 17.50	„	105	—		105	—						
5 „ „ „ 5.25	„	26	25		26	25	191	25	1	10		
	Mk.	191	25									
Francs												
5 Koupons à Frcs. 10.—	Frcs.	50	—	81.20	40	60						
1 Gold „ „ 20.—	„	20	—	„	16	25	56	85	1	35	—	—
	Frcs.	70	—									
österr. Kronen	—	—	—	—	—	—	—	—	2	20	—	—
Livre Sterling												
2 Koupons à 3 £	£	6		20.40	122	40	122	40	—	—	—	55
				Bilanz-Saldo			370	50	4	65	—	55
							H.-B. Fol. 21.		Rein-Gewinn Mk. 4.10			

, den 31. Dezember 1901.

Der Vorstand. (Unterschriften.) Der Aufsichtsrath. (Unterschriften.)

rathes an. Die Außenstände und die Schulden der Genossenschaft auf Konto-Korrent-Konto werden durch Vergleich der vom Vorstand inzwischen eingezogenen Anerkenntnisse der Konto-Inhaber mit den Kontoabschlüssen festgestellt. Ebenso werden die Bank-Konten und das Giro-Konto auf Grund der hierzu eingehenden Rechnungsauszüge geprüft. Die Forderungen an Kosten und Verlegen werden nach den Ausgabe-Belegen und etwaigen Klage-Akten zu prüfen sein. Bezüglich der Guthaben-Bestände der Theilnehmer am Check-Verkehr werden Vergleiche mit den Konto-Abrechnungs-Büchern der Letzteren, ähnlich wie es mit den Spareinlage-Büchern nach den früheren Darlegungen geschieht, eine Kontrole ermöglichen.

Die Feststellung der Bonität der Außenstände wird in der Regel nicht bei der Inventur-Aufnahme selbst erfolgen können; diese wichtige und unerläßliche Arbeit ist dann an der Hand der Inventur-Listen ebenfalls nachträglich vorzunehmen.

B. Der Bücher-Abschluß und die Konto-Auszüge.

Formular Nr. 50—52.

Die weiteren zur Rechnungslegung erforderlichen Arbeiten sind alsbald nach Jahresschluß in Angriff zu nehmen. Dabei ist zunächst wieder zu berücksichtigen, daß die Genossenschaft ihren Gläubigern Zinsen zu vergüten, ihren Schuldnern in laufender Rechnung solche zu belasten hat. Die Zinsberechnungen werden also zuerst nöthig sein, und auf Grund derselben bewirken wir die erforderlichen Buchungen diesmal vor Aufstellung der Roh-Bilanz für den Jahresschluß. Das geschieht mittelst des Memorials in folgender Weise:

Dez. 31.	Per Spareinlagen-Depositen- u. Check-Zinsen-Konto.		
	An Folgende — laut Rechnungsauszügen —.		
	An Spareinlagen-Konto.		
	Gutzuschreibende Zinsen für 1901 . . .	Mk. 812.80	
	An Check-Konto		
	Desgl.	„ 185.30	Mk. 998.10
„	Per Zinsen- u. Provisions-Konto.		
	An Folgende — laut Rechnungsauszügen —.		
	An Konto-Korrent-Konto.		
	Gutzuschreibende Zinsen für das II. Halbjahr 1901*)	„ 52.50	
	An Bank-Konto.		
	Desgl. für das II. Halbjahr 1901 . . .	„ 22.—	
	An Giro-Konto.		
	Gutzuschreibende Spesen für das II. Halbjahr 1901	„ 3.90	Mk. 78.40
„	Per Folgende — laut Rechnungsauszügen —.		
	An Zinsen-Konto.		
	Per Konto-Korrent-Konto.		
	Zu belastende Zinsen p. II. Halbjahr 1901	„ 573.20	
	Per Giro-Konto.		
	Desgleichen	„ 14.50	Mk. 587.70

*) Die Zinsen des ersten Halbjahrs werden für die Konto-Korrent-Gläubiger sowie Schuldner in gleicher Weise berechnet und gebucht, desgleichen werden auf den Bank-Konten und auf dem Giro-Konto halbjährlich auf Grund der Rechnungsauszüge der Banken Zinsen und Spesen gebucht.

Nachdem diese Buchungen erfolgt sind, schließen wir erst das Memorial ab, mit dessen Gesammtsummen dann jene Beträge auf die Hauptbuch-Konten gelangen. Hiernach fertigen wir die Roh-Bilanz für Ende Dezember an. Dieselbe mag folgendes Resultat ergeben:

Roh-Bilanz für den 31. Dezember 1901

Umsatz im Monat				Gesammtsummen				Seite des Hauptbuchs	Konti	Saldo			
Debet		Kredit		Debet		Kredit				Aktiva		Passiva	
ℳ	₰	ℳ	₰	ℳ	₰	ℳ	₰			ℳ	₰	ℳ	₰
36040	—	35703	90	380701	30	376101	10	1	Kassa-Konto	4600	20	—	—
—		1020	—	12	—	22552	50	2	Geschäftsantheil-Konto	—	—	22540	50
—	—	15	—	—	—	738	—	3	Reservefond-Konto	—	—	738	—
9650	—	8380	—	100360	—	49740	—	4	Vorschuß-Wechsel-Konto	50620	—	—	—
10200	—	10200	—	140500	-	140500	—	„	Prolongationen	—	—	—	—
3942	50	2582	10	48511	60	32106	30	15	Diskont-Wechsel-Konto	16405	30	—	—
8953	—	7498	80	96060	40	81052	40	16	Konto-Korrent-Konto	15008	—	—	—
2598	25	2782	—	30410	-	30883	60	5	Bank-Konto	—	—	473	60
1158	—	1055	70	15212	50	14602	—	17	Giro-Konto	610	50	—	—
622	—	700	—	8126	20	7912	—	18	Inkasso-Wechsel-Konto	214	20	—	—
—	—	—	—	581	—	450	60	19	Rück-Wechsel-Konto	130	40	—	—
—	-	—	—	20360	—	10605	—	6	Effekten-Konto	9755	—	—	—
3381	—	3387	20	42560	-	42035	50	20	Effekten-Kommissions-Konto	521	50	—	—
391	—	110	50	1787	40	1421	—	21	Koupons- u. Geldsorten-Konto	366	40	—	—
4	90	6	—	17	10	10	40	22	Kosten- u. Verlege-Konto	6	70	—	—
25	—	—	—	500	—	—	—	7	Inventar-Konto	500	—	—	—
2860	30	4317	—	28162	70	69364	—	8	Spareinlagen-Konto	—	—	41201	30
500	—	1800	—	5100	—	17100	—	9	Depositen-Konto	—	—	12000	—
2206	10	4000	—	21210	40	41385	30	23	Check-Konto	—	—	20174	90
108	—	348	80	191	10	3698	-	10	Zinsen- u. Provisions-Konto	—	—	3506	90
1189	80	—	—	1366	90	126	70	24	Spareinlagen-, Depositen- u. Check-Zinsen-Konto	1240	20	—	—
81	15	3	50	704	10	50	30	11	Geschäftsunkosten-Konto	653	80	—	—
—	—	—	—	25	-	25	—	12	Dividenden-Konto	—	—	—	—
—	—	—	—	82	30	82	30	13	Gewinn- u. Verlust-Konto	—	—	—	—
83910	50	83910	50	942542	—	942542	—			100635	20	100635	20

Der Abschluß der Nebenbücher bezw. der einzelnen Konten dieser kann nunmehr in Angriff genommen werden. Derselbe erfolgt jedoch definitiv immer erst, nachdem wir uns überzeugt haben, daß der Saldo der Roh-Bilanz durch das Ergebniß des betreffenden Skontros richtig nachgewiesen ist. Zu diesem Nachweise sind die erforderlichen Rechnungs-Auszüge aus den Konten der Nebenbücher anzufertigen. Ist keine Uebereinstimmung zwischen dem Roh-Bilanz-Saldo und dem Resultat des Skontros bezw. des Rechnungs-Auszuges aus diesem vorhanden, so müssen Fehler bei den Uebertragungen der Grundbuchungen in das Nebenbuch oder bei Ermittelung der Saldi dieses

Formular 50.

Der Rechnungs-Auszug zum Konto-Korrent-Konto.

Fol.	Namen	Summa Debet ℳ	₰	Summa Kredit ℳ	₰	Zinsen Debet ℳ	₰	Zinsen Kredit ℳ	₰	Saldo Debet ℳ	₰	Saldo Kredit ℳ	₰
1	C. Horst & Sohn	4154	50	5415	—	—	—	10	45	—	—	1270	95
2	A. Gebhardt	3425	—	1425	—	27	20	—	—	2027	20	—	—
3	A. Steffens	4600	—	3100	—	22	70	5	30	1517	40	—	—
		u. s. w.											
	I. Semester: Mk.	38404	—	27219	—	382	90	37	80	14879	70	3349	60
	+ Zinsen „	382	90	37	80	Kreditoren Mk.				3349	60		
	Summen „	38786	90	27256	80	Deb.-Saldo „				11530	10		
	Kredit-Summe „	27256	80										
	Debet-Saldo „	11530	10										
	II. Semester: Mk.	71580	—	57092	70	573	20	52	50	24410	—	9402	—
	+ Zinsen „	573	20	52	50					= H.-B.-Fol. 16.			
	„	72153	20	57145	20								
	Kredit-Summe „	57145	20										
	Debet-Saldo „	15008	—	= Roh-Bilanz									

vorgekommen sein, die durch Nachrechnen und Kollationiren zu suchen und dann zu berichtigen sind.

Zwecks Ermittelung der den Gläubigern und Schuldnern durch Zuschreibung zu den Kapital-Beträgen zu vergütenden bezw. zu belastenden Zinsen ist zuerst die Anfertigung von Rechnungs-Auszügen zum Spareinlagen-Konto und eventuell zum Bank-Konto — s. Formulare 20 und 23 — zum Konto-Korrent-Konto und Check-Konto und der Abschluß des Giro-Skontros nöthig.

Das Konto-Korrent-Konto. Der halbjährlich anzufertigende Auszug zum Konto-Korrent-Konto umfaßt sowohl Guthaben als auch Schulden der Konto-Inhaber und demgemäß gutzuschreibende und zu belastende Zinsen. Dementsprechend enthält das Formular des Rechnungs-Auszuges sowohl für die Zinsen, wie für die Saldi Debet- und Kredit-Rubriken.

Es werden zunächst die Seitensummen jedes Kontos vor der Zinsenbuchung vermerkt, aus denen sich nach Hinzurechnung der

Formular 51.

Rechnungs-Auszug zum Check-Konto.

Fol.	Saldo ℳ	Saldo ₰	Zinsen Gutschrift ℳ	Zinsen Gutschrift ₰	Zinsen Zahlung ℳ	Zinsen Zahlung ₰	Saldo einschl. Zinsengutschrift ℳ	Saldo einschl. Zinsengutschrift ₰
1	810	—	3	20	—	—	813	20
2	162	—	9	45	—	—	171	45
3	—	—	—	—	2	25		
			u. s. w.					
Summa: Mk.	19989	60	185	30	8	—	20174	90
Zinsengutschrift: „	185	30					= H.-B. Fol. 23	
Bestand: „	20174	90						

Zinsen der Konto-Saldo ergiebt. Der Rechnungsauszug enthält als Beispiele die Abschlußsummen unserer Konten in Formular 39a und b und dann das Endresultat jedes Semesters. Am Jahresschlusse ergeben die Umsatzsummen zuzüglich der Zinsen den Debet-Saldo von Mk. 15008.— in Uebereinstimmung mit der Roh-Bilanz. Nach den Summen der Saldo-Rubriken sind

Mk. 24410.— Debitoren
„ 9402.— Kreditoren

zu verzeichnen, so daß das Resultat hieraus auch das nämliche ist. Die Saldi der Debitoren und Kreditoren sind für die Bilanz und den Abschluß des Hauptbuch-Kontos maßgebend.

Kürzen wir von den Gesammtbeträgen aus den Debet- und Kredit-Summen der einzelnen Konti die darin enthaltenen Debet- und Kredit-Saldi der Bilanz zu Anfang der betreffenden Abrechnungs-Periode, so muß das Resultat den Umsatzsummen des Konto-Korrent-Kontos im Hauptbuche für den entsprechenden Zeitraum gleich sein. Diese Probe zeigt, im Fall das Ergebniß des Auszuges mit dem Roh-Bilanz-Saldo nicht übereinstimmen sollte, an, ob der Unterschied auf der Debet- oder Kredit-Seite der Konti des Nebenbuches zu suchen ist.

Als Zinsenergebniß des ganzen Jahres ist aus den beiden Halbjahrauszügen ein Ertrag von Mk. 956.10, eine Aufwendung von Mk. 90.30 zu verzeichnen.

Das Check-Konto. Der Rechnungs-Auszug zum Check-Konto enthält nach dem vorstehenden Formular zunächst den sich vor der Zinsenbuchung aus dem staffelartig eingerichteten Konto ergebenden Guthaben-Saldo, sodann die gutzuschreibenden Zinsen, die im Laufe des Jahres für letzteres auf erloschenen Konten gezahlten Zinsen und schließlich den nach der Zinsengutschrift sich ergebenden Saldo. Die Genossenschaft hatte am Jahresschluß den Mk. 19 989.60 betragenden Checkeinlagen Mk. 185.30 Zinsen zuzuschreiben, nachdem bereits im Laufe des Jahres Mk. 8.— Zinsen gezahlt waren. Darnach schuldete sie auf diesem Konto insgesammt Mk. 20 174.90. Dieser Saldo muß wieder mit demjenigen der Roh-Bilanz bezw. des Hauptbuch-Kontos Fol. 23 übereinstimmen.

Das Giro-Konto. Das Skontro über den Giro-Verkehr mit der Deutschen Genossenschaftsbank liefert in Uebereinstimmung mit dem Konto-Auszuge der Bank den Nachweis über das Zinsergebniß und den Roh-Bilanz-Saldo.

Wir nehmen an, daß an Zinsen und Spesen dem Konto im ersten Semester Mk. 9.50 belastet, Mk. 2.10 gutgeschrieben sind, im zweiten Semester Mk. 14.50 belastet, Mk. 3.90 gutgeschrieben sind, wodurch insgesammt Mk. 24.— Kredit und Mk. 6.— Debet-Beträge des Zinsen-Kontos nachgewiesen sind, daß ferner das Konto mit einem Debet-Saldo von Mk. 610.50 Ende des Jahres abschließt.

Hiermit sind alle diejenigen Konten erledigt, deren Kapital-Saldi am Jahresschlusse Zinsen zuzuschreiben waren. Auf Grund der Auszüge sind diese Zinsenbuchungen vorzunehmen.

Ueber das Ergebniß der Geschäftsvorgänge auf den weiteren Wirthschafts-Gebieten, auf die wir die Wirksamkeit der Genossenschaft in diesem Jahre ausdehnten, werden die folgenden Nachweise geführt.

Das Diskont-Wechsel-Konto. Der Bestand an Diskont-Wechseln ist zunächst durch die Inventur-Aufnahme in der dem Roh-Bilanz-Saldo von Mk. 16 405.30 entsprechenden Höhe festgestellt; wir schließen das Wechsel-Skontro nunmehr ab, das die Gesammt-Summe der angekauften Wechsel nach dem Debet des Hauptbuch-Kontos und ferner jenen Bestand in der dafür vorhandenen Rubrik nachweist — vgl. Formular 31 —.

Auch ermitteln wir aus dem Skontro die auf Zinsen-Konto vereinnahmte Diskont-Summe de Mk. 440.50, die auf Unkosten-Konto vereinnahmten Spesen de Mk. 18.10 und schließlich stellen wir in demselben auch die für die vorhandenen Wechsel im voraus erhobenen Zinsen in gleicher Weise wie in der Vorschuß-Wechsel-Liste mittelst der Zinszahlen fest. Diese ergeben die Gesammtsumme 6048, wovon die Zinsen zu $5^0/_0$ = Mk. 84.— betragen.

Die bei Ermittlung des Ergebnisses des Wechsel-Diskont-Geschäftes zu berücksichtigenden Zinsen und Provisionen, die von der Genossenschaft für von ihr weiterbegebene Wechsel bezahlt wurden, können wir in ihrer Gesammtsumme aus der Liste der Giro-Verbindlichkeiten — Formular 33 —, in der wir dieselben notirten, feststellen; sie betragen Mk. 36.—.

Eine dritte Kontrole des Wechselbestandes würde sich durch eine Zusammenstellung der Giro-Verpflichtungen der Mitglieder aus dem Wechsel-Obligo-Konto ergeben.

Das Inkasso-Wechsel-Konto. Die Inventur ergab auch den Inkasso-Wechsel-Bestand mit Mk. 214.20 dem Bilanz-Saldo entsprechend. Da es sich hierbei in der Regel um wenige aus dem Inkasso-Wechsel-Skontro leicht nachzuweisende Posten handelt, so schließen wir Letzteres nur dahin ab, daß wir die Gesammtsumme der empfangenen Inkasso-Wechsel feststellen, die dem Debet-Umsatz im Hauptbuch-Konto entsprechen muß.

Einen Ertrag haben wir auf diesem Konto durch Provisionen zu verzeichnen für unbezahlt gebliebene Inkasso-Wechsel im Giro-Verkehr, und für etwaige sonstige Inkasso-Provisions-Aufträge. Jene Provisionen haben wir im Skontro einzeln verzeichnet, sie ergeben insgesammt Mk. 9.60 — vgl. Inkasso-Wechsel-Skontro, Formular 37 —.

Das Rückwechsel-Konto. Auch für einen etwaigen Rückwechsel-Bestand führen wir durch die Inventur den ersten Nachweis, der alsdann durch die offenen Posten des Rückwechsel-Skontros weiter erbracht wird. Der Abschluß des Letzteren — vgl. Formular 38 — läßt ferner die Gesammtsumme der im Rechnungsjahre empfangenen Rückwechsel de Mk. 581.— erkennen und den Ertrag an Provisionen und Zinsen hieraus = Mk. 3.30.

Das Effekten-Kommissions-Konto. Den Einzel-Nachweis des Effekten-Kommissions-Geschäftes ergiebt das Skontro — Formular 42 —. Ein Mehrbetrag der Nominal-Summen im Debet über diejenigen im Kredit zeigt den Effekten-Bestand an, den wir höchstens zum

Formular 52.

Rechnungs-Auszug zum Effekten-Kommissions-Konto.

Fol.	Effekten-Gattung	Nominal-Beträge			Debet ausmachender Betrag		Kredit ausmachender Betrag		
		Debet		Kredit	in Summa	exkl. Zinsen	in Summa	exkl. Zinsen	
1	3½% Dtsch. Reichsanleihe	Mk.	3000	3000	3120 —	3084 —	3126 20	3089 —	
2	4% Italien. Mittelmeer-Oblig.	Frcs.	4000	4000	3115 90	3108 80	3121 10	3114 —	
3	3½% Preuß. Konsols	Mk.	1500	900	1512 45	1510 45	912 10	906 85	
	u. s. w.								
	Summa:				42560 —	42379 50	42035 50	41850 75	
	Kredit-Summen				42035 50	41850 75			
	Debet-Saldo				524 50	528 75			= Roh-Bilanz-Saldo
	Bestand:								
	Mk. 600.— 3½% Preußische Konsols				606 —	600 75			= H.-B. Fol. 20.
	Gewinn				81 50	72 —			

Tages-Kurse zu den Kredit-Umsatzsummen hinzurechnen. Unsere, durch die Inventur als Bestand nachgewiesenen Mk. 600.— 3½% igen Preußischen Konsols mögen bei Ankauf Mk. 600.75 ohne Zinsen gekostet haben. Da der Kurs am Jahresschluß einen höheren Werth ergiebt, wir hieraus aber keinen buchmäßigen Gewinn herleiten wollen, so bewerthen wir die Effekten zum Ankaufspreis zuzüglich der anhaftenden Zinsen für ein Vierteljahr de Mk. 5.25 mit Mk. 606.—. Der hiernach aus dem Skontro festzustellende Kredit-Saldo von Mk. 81.50 bezw. Mk. 72.— exklusive Zinsen entspricht dem erzielten Gewinn.

Sind für einzelne Effekten-Gattungen besondere Konten im Nebenbuche eingerichtet, so sind diese in gleicher Weise abzuschließen und ist dann ein Rechnungs-Auszug in vorstehender Form anzufertigen, in welchem wir die Nominal- und die ausmachenden Beträge der verschiedenen Konten zusammenstellen. Aus deren Gesammtsummen ergiebt sich ein Debet-Saldo von Mk. 524.50, entsprechend der Roh-Bilanz bezw. von Mk. 528.75 ohne Rücksicht auf Zinsen. Der Mehrwerth der vorhandenen Effekten ergiebt den gleichen Gewinn von Mk. 81.50, der in Mk. 72.— Provisions- und Kurs-Gewinn und Mk. 9.50 Zinsen besteht.

Das Koupons- und Geldsorten-Konto. Bei der Inventur haben wir die Nominal-Bestände der vorhandenen Koupons und Geldsorten festgestellt. Die Inventur-Liste dient uns zugleich als Rechnungs-Auszug. Wir vermerken darin den Kurswerth der verschiedenen Sorten und das Gewinn- bezw. Verlust-Resultat nach den Konten im Nebenbuche. Insgesammt hatten die Bestände am Jahresschluß einen Verkaufswerth von Mk. 370.50. Da der Roh-Bilanz-Saldo nur Mk. 366.40 beträgt, so ist der Mehrwerth ein Gewinn = Mk. 4.10, der sich nach dem Ergebnisse der einzelnen Konten aus Mk. 4.65 Gewinn und Mk. —.55 Verlust zusammensetzt.

Das Kosten- und Verlege-Konto. Um die durch Kosten und Verlege entstandenen Forderungen nach der Roh-Bilanz nachzuweisen, bedarf es einer Zusammenstellung der Saldi der Nebenbuch-Konten. Das kann in einfachster Weise geschehen durch Aufzeichnung der Folien, Namen und Beträge. Verlustposten sind in dieser Liste zu kennzeichnen, damit sie später vom Bestande wieder abgesetzt werden.

Unser Saldo nach der Roh-Bilanz möge nur einen Posten von Mk. 6.70 betreffen, der ganz zur Abschreibung kommen wird.

Wegen der Anfertigung der Rechnungs-Auszüge zum Spareinlagen-Konto, Depositen-Konto, Geschäftsantheil-Konto, Effekten-Konto, des Nachweises der Erträge und Bestände an Vorschüssen sowie der Saldi des Kassa-Kontos, Reservefond-Kontos und Inventar-Kontos ist auf die Ausführungen im ersten Theile Seite 108 u. f. Bezug zu nehmen.

Nach den Skontro-Abschlüssen und den Rechnungsauszügen können wir nun die Summen der Zinsen-Einnahmen wie Ausgaben prüfen. Diese theilten wir lediglich nach ihrem Ursprung aus gewinnbringenden Geschäftszweigen — Vorschuß-, Wechsel-, Konto-Korrent- u. s. w. Zinsen — und aus den zu verzinsenden fremden Geldern — Spareinlagen-, Depositen-, Check-Zinsen — in zwei Konten von einander ab, da wir bei der Büchereinrichtung jedoch Rücksicht darauf nahmen, daß bei jedem Geschäftsvorgang auch die etwaigen Zins- und Provisions-Erträge bezw. Zinsenlasten im Nebenbuche mit verzeichnet wurden, so ist es mittelst der Rechnungsauszüge nun auch möglich, nachzuweisen, wie sich die Gesammtsummen dieser Zinsen auf die einzelnen Wirthschaftsgebiete vertheilen.

Dem **Zinsen- und Provisions-Konto** sind nach der Roh-Bilanz insgesammt Mk. 3698.— kreditirt.

Davon sind	Mk. 118.50	Vortrag aus voriger Rechnung für vorauserhobene Vorschuß-Zinsen,
	„ 440.50	Diskont laut Diskont-Wechsel-Skontro,
	„ 956.10	den Schuldnern belastete Konto-Korrent-Zinsen nach den Rechnungsauszügen für beide Halbjahre,
	„ 24.—	Giro-Zinsen, laut Rechnungs-Auszügen der Bank für I. und II. Halbjahr,
	„ 9.60	Provision für Inkasso-Wechsel, laut Inkasso-Wechsel-Skontro,
	„ 3.30	Provision und Zinsen für Rückwechsel, laut Rückwechsel-Skontro,
ferner mögen	„ 2130.—	Vorschuß-Zinsen vereinnahmt sein, laut Vorschuß-Wechsel-Liste
und	„ 16.—	Bank-Zinsen, laut Rechnungsauszug den Bank-Konten belastet sein,
zusammen	Mk. 3698.—	= Haupt-Buch Fol. 10.

Die Summe der Debet-Seite des Kontos ist = Mk. 191.10.

Davon sind	Mk. 20.70	Vortrag aus voriger Rechnung für Vorschuß-Rest-Zinsen,
	„ 36.—	Diskont für weiterbegebene Wechsel, laut Liste der Giro-Verpflichtungen,
	„ 90.30	den Gläubigern gutgeschriebene Konto-Korrent-Zinsen, nach den Rechnungs-Auszügen für beide Halbjahre,
	„ 6.—	Spesen auf Giro-Konto, laut Rechnungs-Auszügen der Bank für I. und II. Halbjahr,
ferner mögen	„ 15.—	Vorschuß-Zinsen rückvergütet sein, laut Vorschuß-Wechsel-Liste,
und	„ 23.10	Zinsen den Banken laut Rechnungsauszug vergütet sein
zusammen	Mk. 191.10	= Haupt-Buch Fol. 10.

Zu diesem Zinsen-Konto sind durch die Abschlüsse der Vorschuß-Wechsel-Liste und des Diskont-Wechsel-Skontros wieder diejenigen Zinsen festgestellt, die für das folgende Rechnungsjahr vom 1. Januar bis zur Fälligkeit der Wechsel vorauserhoben wurden. Dies mögen Mk. 330.80 für Vorschüsse und Mk. 84.— für Diskont-Wechsel sein, die wir daher von der Zinsen-Einnahme bezw. dem Roh-Bilanz-Saldo für 1902 zu reserviren haben, so daß sie als Saldi in Passiva verbleiben. Ferner ermitteln wir durch die Vorschuß-Wechsel-Liste wie früher die rückständigen Zinsen der Wechsel, die vor dem 31. Dezember fällig waren aber unerledigt blieben, für die Zeit von deren Fälligkeits-Tage bis Jahresschluß, dieselben mögen Mk. 30.— betragen, die als Forderungen der Genossenschaft zum Vermögensbestande gehören.

Dem **Spareinlagen-, Depositen- und Check-Zinsen-Konto** sind nach der Roh-Bilanz insgesammt Mk. 1366.90 belastet. Davon

entfallen	Mk.	193.30	auf Zinsen für Check-Einlagen, die mit Mk. 8.— gezahlt und mit Mk. 185.30 gutgeschrieben wurden, laut Rechnungs-Auszug,
ferner mögen	„	836.90	Zinsen für Spareinlagen sein, wovon Mk. 24.10 gezahlt und Mk. 812.80 gutgeschrieben wurden, laut Rechnungsauszug,
und	„	336.70	Depositen-Zinsen, laut Rechnungsauszug, ausgezahlt sein.
zusammen	Mk.	1366.90	= Haupt-Buch Fol. 24.

Im Debet dieses Kontos befindet sich lediglich der aus der Bilanz p. 1900 vorgetragene Saldo de Mk. 126.70, die für das vorige Rechnungsjahr noch zu zahlen waren.

Während alle Check-Einlagen und Spareinlagen-Zinsen mittelst Zuschreibung zu den Kapital-Beträgen berichtigt sind, bleiben für Depositen am Jahresschluß noch Mk. 106.— zu zahlen, die nicht kapitalisirt, sondern als Zinsen-Schuld der Genossenschaft in der Bilanz berücksichtigt werden.

Die Debet-Umsätze auf dem **Unkosten-Konto** werden nach den Kassen-Belegen nachgewiesen, die Kredit-Seite des Kontos enthält außer dem Saldo von Mk. 20.— die vereinahmten Spesen für Wechsel laut Diskont-Wechsel-Skontro und Kosten der verkauften Abrechnungs-Bücher über Spareinlagen- und Checkguthaben entsprechend der Anzahl der neueröffneten Konten und dem dafür berechneten Einzelpreise.

Durch die Rechnungs-Auszüge und Abschlüsse der Nebenbücher haben wir nun sowohl die Roh-Bilanz-Saldi nachgewiesen als auch zugleich festgestellt, welche Forderungen und Schulden wir in unserer Vermögens-Bilanz zu berücksichtigen haben. Insoweit hiervon jene Roh-Bilanz-Saldi abweichen, stellt der Unterschied Gewinn oder Verlust dar, den wir derart auf den einzelnen Konten zu buchen haben, daß sich aus diesen die Bestände der wirklichen Vermögens-Bilanz als Saldi schließlich ergeben.

C. Die Abschluß-Buchungen.

Formular 53.

Die zu dem vorerwähnten Zweck erforderlichen Abschluß-Buchungen ermitteln wir durch eine Gegenüberstellung der einzelnen Saldi der Roh-Bilanz und der Ergebnisse der dazu gehörigen Bücher-Abschlüsse bezw. Rechnungs-Auszüge. Wir bewirken diese Buchungen, die in dem folgenden Formulare zusammengestellt sind, nach denselben Grundsätzen wie bei dem Rechnungs-Abschluß für 1900 — vergl. diesen S. 117 u. f. —.

Abschreibungen an Außenständen.

Während die Saldi des Kassa-Kontos, Geschäftsantheil-Kontos und vorerst auch des Reservefond-Kontos keine Aenderungen erfordern, haben wir die Außenstände im Vorschuß-Wechsel-, Diskont-Wechsel-, Konto-Korrent- und auch Rückwechsel-Konto daraufhin zu prüfen, ob in ihnen keine Verluste oder zweifelhafte Forderungen enthalten sind, die den handelsgesetzlichen Bestimmungen entsprechend abzuschreiben, oder auf ihren wirklichen Werth zurückzuführen sein würden.

Bei der vorjährigen Rechnung war ein Vorschuß de Mk. 30.— als Verlust abzuschreiben, diesmal möge zu Zweifeln bezüglich der Einbringlichkeit nur ein Diskont-Wechsel de Mk. 300.— Anlaß geben, der auch in Folge Klage-Erhebung bereits Kosten verursachte. Da der Verlust hieran jedoch noch nicht feststeht, reserviren wir vom Geschäftsertrage einen dem wahrscheinlichen Ausfall entsprechenden Betrag von Mk. 150.— auf einem Rückstellungs- oder Delkredere-Konto, während der Wechsel vorerst in voller Höhe in Aktiva verbleibt. Wir belasten daher das Gewinn- und Verlust-Konto für Mk. 150.— zu Gunsten des Delkredere-Kontos, als dessen Saldo wir diesen Betrag unter die Passiven der Bilanz einstellen, um ihn nach ziffernmäßiger Feststellung des Ausfalls zur Deckung desselben zu benutzen — Abschluß-Buchung 1 —.

Die drei folgenden Konten: Bank-Konto, Giro-Konto, Inkasso-Wechsel-Konto schließen in der Roh-Bilanz mit den auch für die Vermögens-Bilanz maßgebenden Beständen ab, so daß weder Gewinn noch Verlust darauf zu buchen ist.

Effekten.

Die Bestände des Effekten-Kontos — eigene Rechnung — wurden bei der Inventur nach den Nominal-Beträgen festgestellt, sie mögen folgende Kurs- und Zins-Werthe haben:

		Kurswerth	Zinswerth
Mk. 7200.—	Deutsche Genossenschaftsbank-Aktien	Mk. 8640.—	Mk. 288.—
„ 1500.—	$3^1/_2$ %ige Berliner Stadt-Oblig. .	„ 1500.—	„ —.—
		Mk 10140.—	Mk. 288.—
	Summa	Mk. 10428.—	

Der Saldo des Effekten-Kontos beträgt nur „ 9755.—, um diesen auf den wirklichen Werth zu erhöhen, sind Mk. 673.— dem Effekten-Konto zu belasten. Nach dem Rechnungs-Auszuge möge sich dieser Ueberschuß aus Mk. 253.— Kursgewinn und Mk. 420.— Zins-Ertrag zusammensetzen. Im Jahre zuvor war ein Kursverlust zu verzeichnen, der dem Gewinn- und Verlust-Konto belastet wurde. Dementsprechend würde der diesmalige Kursgewinn hierauf auch nebst dem Zins-Gewinn zu kreditiren sein. Da derselbe jedoch in der Hauptsache das Ergebniß eines nur buchmäßigen Mehrwerthes der vorhandenen Effekten ist, deren Kurs nach Jahresschluß auch bereits wieder zurückgegangen sein kann, so entschließen wir uns, jene Mk. 253.— nicht als Gewinn zu vertheilen, sondern einen Spezial-Reservefond daraus zu bilden, um sie bei vielleicht wieder eintretender Werthverminderung der Effekten zur Deckung hierfür bereit zu haben. Demgemäß stellen wir der Belastung des Effekten-Kontos mit Mk. 673.— die Gutschrift von Mk. 420.— Zinsen auf Gewinn- und Verlust-Konto und von Mk. 253.— Kursgewinn auf Spezial-Reservefond-Konto gegenüber — Abschluß-Buchung 2 —.

Von den Kommissions-Effekten blieb am Jahresschluß ein unverkaufter Bestand im Besitze der Genossenschaft von Mk. 600.— $3^1/_2$ %ige Preuß. Konsols, die wir laut Rechnungs-Auszug mit Mk. 606.— in Aktiva einstellen wollen. Den Saldo des Kontos von Mk. 524.50 nach der Roh-Bilanz haben wir daher durch Belastung von Mk. 81.50 auf jenen Vermögens-Werth zu erhöhen. Dagegen erkennen wir hierfür das Gewinn- und Verlust-Konto — Abschluß-Buchung 3 —.

Den Vermögens-Werth der vorhandenen Koupons und Geldsorten haben wir im Rechnungs-Auszuge auf Mk. 370.50 festgestellt und den Gewinn hieran auf Mk. 4.10, die wir dem Koupons- und Geldsorten-Konto zu belasten haben, um seinen Saldo von Mk. 366.40 nach der Roh-Bilanz auf jenen Vermögenswerth zu bringen, dagegen erkennen wir das Gewinn- und Verlust-Konto — Abschluß-Buchung 4 —. Koupons und Geldsorten.

Der Saldo des Kosten- und Verlege-Kontos von Mk. 6.70 entstand aus Kosten für den bereits erwähnten nothleidenden Wechsel, Kosten.

für den wir Mk. 150.— in Delkredere stellten, wir schreiben die Kosten deshalb als Verlust ganz ab, durch Gutschrift auf jenem Konto und Belastung des Gewinn- und Verlust-Kontos — Abschluß-Buchung 5 —.

Inventar.

Das Inventar-Konto erfordert wieder eine Abschreibung von 10% seines Saldos de Mk. 500.—, den wir daher durch Gutschrift von Mk. 50.— zu Lasten des Gewinn- und Verlust-Kontos auf Mk. 450.— ermäßigen. — Abschluß-Buchung 6 —.

Aktiv-Zinsen und Provisionen.

Die auf dem Zinsen- und Provisions-Konto im Kredit und Debet nach der Roh-Bilanz sich ergebenden Gesammtsummen haben wir bereits durch die Rechnungs-Auszüge und Bücher-Abschlüsse in ihre einzelnen Theile nach den verschiedenen Wirthschaftsgebieten zerlegt. Zugleich wurde dabei festgestellt, daß von den Zinsen-Einnahmen auf Vorschuß- und Diskont-Wechsel Mk. 330.80 und Mk. 84.— für vorauserhobene Zinsen abzusetzen sind. Da das Zinsen-Konto für alle Einnahmen erkannt ist, so haben wir demselben daher Mk. 414.80 zu belasten zu Gunsten des Zinsen-Kontos in neuer Rechnung. Dagegen waren Mk. 30.— Zinsen für Vorschüsse rückständig, die noch zum Ertrag zählen, daher dem Zinsen-Konto gutzuschreiben sind, zu Lasten desselben in neuer Rechnung. — Abschluß-Buchungen 7 und 8 —. Das Zinsen-Konto enthält dann für neue Rechnung im Kredit Mk. 414.80, im Debet Mk. 30.—. Diese Beträge bleiben wie im vorigen Jahr Saldi des Kontos, alle übrigen Summen ergeben den Gewinn, sie betragen

im Kredit:	Mk. 3698.—	laut Roh-Bilanz		
	„ 30.—	rückständige Vorschuß-Zinsen, zusammen	Mk.	3728.—
im Debet:	Mk. 191.10	laut Roh-Bilanz		
	„ 330.80	vorauserhobene Vorschuß-Zinsen		
	„ 84.—	vorauserhobener Diskont, zusammen	Mk.	605.90

Der Mehrbetrag der Kreditsumme von . . . . . Mk. 3122.10 ist zum Ausgleich dieser dem Zinsen-Konto zu belasten, dem Gewinn- und Verlust-Konto gutzuschreiben — Abschluß-Buchung 9 —.

Passiv-Zinsen.

Die Aufwendungen auf Spareinlagen-Depositen- und Check-Zinsen-Konto erhöhen sich um Mk. 106.— Depositen-Zinsen, die bis Jahresschluß noch nicht abgehoben waren, und zur Auszahlung im nächsten Jahre zu reserviren sind. Das Konto ist dafür zu belasten zu Gunsten desselben in neuer Rechnung — Abschluß-Buchung 10 —. Die hierdurch ins Kredit gelangenden Mk. 106.— bleiben Saldo. Die übrigen Summen des Kontos betragen:

im Debet Mk. 1366.90 laut Roh-Bilanz
„ 106.— noch zu zahlende Zinsen zusammen . . Mk. 1472.90
im Kredit Mk. 126.70 laut Roh-Bilanz . . . . „ 126.70

Der Mehrbetrag der Debetsumme von . . . . . Mk. 1346.20 ist zum Ausgleich dieser dem Konto gutzuschreiben zu Lasten des Gewinn- und Verlust-Kontos — Abschluß-Buchung 11 —.

Der Saldo des Unkosten-Kontos de Mk. 653.80 wird, da keine Kosten des Rechnungsjahres unbezahlt blieben, in gleichem Betrage dem Konto zu seiner Ausgleichung erkannt, dem Gewinn- und Verlust-Konto belastet — Abschlußbuchung 12 —.

Die Konten des Hauptbuches schließen nunmehr mit den für den Vermögens- und Schulden-Nachweis maßgebenden Beständen ab. Die Außenstände und Werthobjekte sind durch die Debet-Saldi, das eigene Vermögen sowie die Schulden der Genossenschaft durch die Kredit-Saldi, und der Ueberschuß Ersterer über Letztere, der Gewinn durch den Kredit-Saldo des Gewinn- und Verlust-Kontos nachgewiesen. Stellen wir diese Saldi geordnet zusammen, so erhalten wir folgende

Aktiva. Debet-Saldi. **Vermögens-Uebersicht.** **Passiva.** Kredit-Saldi.

Fol.				Fol.			
1	Kassa-Konto	4600	20	2	Geschäftsantheil-Konto .	22540	50
4	Vorschuß-Konto . . .	50620	—	3	Reservefond-Konto . .	738	—
15	Diskont-Wechsel-Konto .	16405	30	25	Delkredere-Konto . .	150	—
16	Konto-Korrent-Konto .	24410	—	26	Spezial-Reservefond-Konto	253	—
17	Giro-Konto	610	50	8	Spareinlagen-Konto .	41201	30
18	Inkasso-Wechsel-Konto .	214	20	9	Depositen-Konto . . .	12000	—
19	Rückwechsel-Konto . .	130	40	16	Konto-Korrent-Konto .	9402	—
6	Effekten-Konto, eigene Rechnung	10428	—	23	Check-Konto	20174	90
20	Effekten-Kommissions-Konto	606	—	5	Bank-Konto	473	60
21	Koupons- u. Geldsorten-Konto	370	50	10	Zinsen- und Provisions-Konto	414	80
7	Inventar-Konto . . .	450	—	24	Spareinlagen-pp.Zinsen-Konto	106	—
10	Zinsen- und Provisions-Konto	30	—	13	Gewinn- und Verlust-Konto	1421	—
	Summa ℳ	108875	10		Summa ℳ	108875	10

Zu berücksichtigen ist schließlich noch die Vertheilung des Gewinn-Saldos, insofern hierdurch andere Saldi eine Veränderung erfahren.

Auf Grund von Beschlüssen und Verträgen mögen von dem Geschäftsertrage de . . . . Mk. 1421.—

für den Vorstand 10 % Tantieme =	Mk. 142.10		
für den Aufsichtsrath als feste jährliche Vergütung	„ 100.—		
und zu Verbandsbeiträgen	„ 40.—	Sa.	„ 282.10
zurückzustellen sein, sodaß darnach			Mk. 1138.90

als Reingewinn zur Verfügung der Generalversammlung verbleiben.

Wir nehmen an, daß Letztere, dem Vorschlag von Vorstand und Aufsichtsrath entsprechend, folgende Beschlüsse hierzu faßt.

Gewährung von 5 % Dividende auf Mk. 11628.— dividendenberechtigte Geschäftsguthaben der Mitglieder	Mk. 581.40
Ueberweisung an den Reservefond (zur Erhöhung desselben auf Mk. 1000.—)	„ 262.—
desgl. an den Spezial-Reservefond (zur Erhöhung desselben auf Mk. 450.—)	„ 197.—
Aufwendung für gemeinnützige Zwecke	„ 50.—
Vortrag auf neue Rechnung	„ 48.50
Sa.	Mk. 1138.90

Insoweit diese Gewinn-Vertheilung eine **Erhöhung der Reserven** und eine **Dividenden-Forderung der Mitglieder** veranlaßt, bringen wir dies mittelst der Abschluß-Buchung 13 auf den Hauptbuch-Konten zum Ausdruck. Die dann noch zu berücksichtigenden Vergütungen an Vorstand und Aufsichtsrath, Verbandsbeiträge und Aufwendungen für gemeinnützige Zwecke belassen wir als Ausgabe-Reste neben dem unvertheilten, für das nächste Jahr verbleibenden Gewinn-Rest auf Gewinn- und Verlust-Konto, das durch die späteren Auszahlungen bis auf jenen Gewinn-Rest beglichen wird. Das Dividenden-Konto wird durch die Auszahlung und Gutschrift der Dividenden ebenfalls im neuen Jahre beglichen werden.

Die Haupt-Buch-Konten bringen wir nunmehr zum Ausgleich, indem wir die einzelnen Saldi auf denjenigen Seiten buchen, die die kleineren Summen ergeben, die Debet-Saldi — Aktiva — also auf den Kredit-Seiten zu Lasten des Bilanz-Kontos, die Kredit-Saldi — Passiva — auf den Debet-Seiten zu Gunsten des Bilanz-Kontos — Abschluß-Buchung 14 und 15 —. Darnach werden in der üblichen Weise alle Konten abgeschlossen, und deren Saldi unter dem 1. Januar des neuen Jahres vorgetragen.

Formular 53.

Die Abschluß-Buchungen.

Dezember 1901.

		Buchung 1.				
H.-B. Fol. 13	31.	Gewinn- u. Verl.-Konto Soll				
„ „ 25		An Delkredere-Konto				
		Rückstellung für den wahrscheinlichen Ausfall auf Wechsel Nr. 1064	150	—	150	—
		Buchung 2.				
H.-B. Fol. 6	„	Effekten-Konto Soll				
		An Folgende				
„ „ 13		An Gewinn- u. Verl.-Konto				
		Zinsen-Ertrag, laut Rechnungs-Auszug	420	—		
„ „ 26		An Spez.-Reservefond-Konto				
		Kursgew., laut Rechnungs-Auszug	253	—	673	—
		Buchung 3.				
H.-B. Fol. 20	„	Effekten-Komm.-Konto Soll				
„ „ 13		An Gewinn- u. Verl.-Konto				
		Provisions- u. Kurs-Gew. aus Effekten-Kommissions-Geschäften . . . . . . } l. Rechn.-Auszug	72	—		
		Zins-Ertrag daraus . . } l. Rechn.-Auszug	9	50	81	50
		Buchung 4.				
H.-B. Fol. 21	„	Koupons- u. Geldf.-Konto Soll				
„ „ 13		An Gewinn- u. Verl.-Konto				
		Gewinn durch Umwechselung von Koupons und fremden Geldsorten, laut Rechnungs-Auszug . . .	4	10	4	10
		Buchung 5.				
H.-B. Fol. 13	„	Gewinn- u. Verlust-Konto Soll				
„ „ 22		An Kosten- u. Verlege-Konto				
		Verlust durch Klagekosten . . .	6	70	6	70

Dezember 1901.

		Buchung 6.				
H.-B. Fol. 13	31.	Gewinn- und Verlust-Konto Soll				
„ „ 7		An Inventar-Konto				
		10% Abschreibung am Inventar-Werth	50	—	50	—
		Buchung 7.				
H.-B. Fol. 10	„	Zinsen- u Provisions-Konto Soll				
„ „ 10		An Zinsen- und Provisions-Konto — Neue Rechnung —				
		Für 1902 vorauserhobene Zinsen, laut Vorschuß-Wechsel-Liste . .	330	80		
		desgleichen, laut Diskont-Wechsel-Skontro	84	—	414	80
		Buchung 8				
H.-B. Fol. 10	„	Zinsen- u. Provisions-Konto — Neue Rechnung — Soll				
„ „ 10		An Zinsen- und Provisions-Konto				
		Für 1901 rückständige Zinsen, laut Vorschuß-Wechsel-Liste	30	—	30	—
		Buchung 9.				
H.-B. Fol. 10		Zinsen- u. Provisions-Kto. Soll				
„ „ 13		An Gewinn- u. Verlust-Konto				
		Ertrag für 1901	3122	10	3122	10
		Buchung 10.				
H.-B. Fol. 24	„	Spareinlagen-, Depositen- u. Check-Zinsen-Konto Soll				
„ „ 24		An dasselbe Konto — Neue Rechnung —.				
		Für 1901 noch zu zahlende Depositen-Zinsen, laut Rechnungs-Auszug	106	—	106	—

Dezember 1901.

		Buchung 11.				
H.-B. Fol. 13	31.	Gewinn- u. Verlust-Konto Soll				
„ „ 24		An Spareinlagen-, Depositen- und Check-Zinsen-Konto				
		Zinsenlasten für 1901	1346	20	1346	20
		Buchung 12.				
H.-B. Fol. 13	„	Gewinn- u. Verlust-Konto Soll				
„ „ 11		An Unkosten-Konto				
		Geschäftsunkosten für 1901 . .	653	80	653	80
		Buchung 13.				
		Laut Beschluß der Generalversammlung vom 1902				
H.-B. Fol. 13	„	Gewinn- u. Verlust-Konto Soll				
		An Folgende:				
„ „ 12		An Dividenden-Konto				
		5% Dividende auf Mk. 11628.— Guthaben der Mitglieder . .	581	40		
„ „ 3		An Reservefond-Konto				
		Ueberweisung vom Gewinn .	262	—		
„ „ 26		An Spezial-Reservefond-Konto				
		desgleichen	197	—	1040	40
		Buchung 14.				
H.-B. Fol. 14	„	Bilanz-Konto Soll — Aktiva —				
		An Folgende:				
„ „ 1		An Kassa-Konto	4600	20		
„ „ 4		„ Vorschuß-Konto	50620	—		
„ „ 15		„ Diskont-Wechsel-Konto . .	16405	30		
„ „ 16		„ Konto-Korrent-Konto . . .	24410	—		
„ „ 17		„ Giro-Konto	610	50		
„ „ 18		„ Inkasso-Wechsel-Konto . . .	214	20		
„ „ 19		„ Rückwechsel-Konto	130	40		
„ „ 6		„ Effekten-Konto	10428	—		
„ „ 20		„ Effekten-Kommissions-Konto .	606	—		
„ „ 21		„ Koupons- u. Geldsorten-Konto	370	50		
„ „ 7		„ Inventar-Konto	450	—		
„ „ 10		„ Zinsen- und Provisions-Konto	30	—	108875	10

Dezember 1901.

		Buchung 15.				
	31.	Folgende Sollen:				
H.-B. Fol. 14		An Bilanz-Konto — Passiva —				
„ „ 2		Geschäfts-Antheil-Konto . . . Soll	22 540	50		
„ „ 3		Reservefond-Konto . . . . . „	1 000	—		
„ „ 25		Delkredere-Konto . . . . . . „	150	—		
„ „ 26		Spezial-Reservefond-Konto . . „	450	—		
„ „ 8		Spareinlagen-Konto . . . . „	41 201	30		
„ „ 9		Depositen-Konto . . . . . . „	12 000	—		
„ „ 16		Konto-Korrent-Konto . . . . „	9 402	—		
„ „ 23		Check-Konto . . . . „	20 174	90		
„ „ 5		Bank-Konto . . . . „	473	60		
„ „ 10		Zinsen- und Provisions-Konto „	414	80		
„ „ 24		Spareinlagen- pp. Zinsen-Konto „	106	—		
„ „ 12		Dividenden-Konto . . . . . „	581	40		
„ „ 13		Gewinn- und Verlust-Konto . „	380	60	108875	10

D. Die Bilanz und der gedruckte Geschäftsbericht.

Die Vermögensverhältnisse der Genossenschaft haben wir zunächst durch die Zusammenstellung der Debet- und Kredit-Saldi der Haupt-Konten vor der Vertheilung des Gewinnes die **Brutto-Bilanz** ermittelt, sie enthält den Gewinn auf der Passiv-Seite. Sodann bringt das Bilanz-Konto des Hauptbuches den Vermögensstand nach der Gewinn-Vertheilung die **Netto-Bilanz** zum Ausdruck, sie zeigt die Veränderung der Reserven, den Dividenden-Saldo und als Gewinn-Saldo die Ausgaben-Reste und den Gewinn-Vortrag. Diese Netto-Bilanz dient uns zugleich als Eröffnungs-Bilanz des neuen Rechnungsjahres.

Mindestens eine Woche vor der Generalversammlung, die über Gewährung von Dividende, Zuweisung zu den Reserven, Aufwendungen zu gemeinnützigen und sonstigen Zwecken zu beschließen hat, ist die Jahresrechnung und Bilanz wieder zur Einsicht der Genossen auszulegen — § 48 des Gen.-Gesetzes — und nachdem in dieser Generalversammlung über die Bilanz Beschluß gefaßt ist, muß letztere binnen 6 Monaten nach Ablauf des Geschäftsjahres veröffentlicht werden — §§ 33 und 139 des Gen.-Gesetzes —. Mit Bezug auf Erfüllung dieser gesetzlichen Bestimmungen und wegen der Aufstellung des Geschäfts-Berichtes wird auf die im ersten Theile dieses Buches enthaltenen Darlegungen verwiesen.

Die für den gedruckten Geschäftsbericht erforderlichen zahlenmäßigen Zusammenstellungen sind am Schlusse dieses Abschnittes angeführt. Sie betreffen die Geschäfts-Uebersicht, die Gewinn- und Verlust-Berechnung, die Brutto-Bilanz, die Gewinn-Vertheilung und die nach dieser sich ergebende Netto-Bilanz sowie die Bewegung der Mitgliederzahl, die für Genossenschaften mit beschränkter Haftpflicht auch auf Guthaben-Bestände und Haftsummen auszudehnen ist. Hierunter befindet sich die Zeichnung des Vorstandes und ferner die Bescheinigung des Aufsichtsrathes über Prüfung und Richtigbefund der Jahresrechnung.

Man wird diesen Zusammenstellungen zunächst wieder einen allgemeinen Bericht über die geschäftlichen Verhältnisse, der Entwicklung und Einrichtungen der Genossenschaft und wichtige Vorkommnisse im Laufe des Jahres voranschicken, und ihnen auch Erläuterungen und Mittheilungen folgen lassen. Der Entwurf des vollständigen Geschäftsberichts für das erste Geschäftsjahr giebt hierfür eine Anleitung.

Zur Veröffentlichung der Bilanz in Form der Bekanntmachung nach §§ 33 und 139 des Gen.-Gesetzes benutzen wir wieder die Brutto-Bilanz unter Erläuterung des darin enthaltenen Rein-Gewinnes gemäß der beschlossenen Vertheilung desselben. Die Veröffentlichung würde in der folgenden Form zu bewirken sein, womit wir alle Obliegenheiten in Bezug auf die Jahresrechnung erfüllt haben.

Bekanntmachung nach §§. 33 Abs. 2 und 139 des Genossenschaftsgesetzes.

Vorschuß-Verein zu . . . . .

Eingetragene Genossenschaft mit unbeschränkter *(beschränkter)* Haftpflicht.

Aktiva. Bilanz für den 31. Dezember 1901. Passiva.

Aktiva	Mk.	Pf.	Passiva	Mk.	Pf.
Kassen-Bestand	4600	20	Mitglieder-Guthaben	22540	50
Vorschüsse	50620	—	Reservefond	738	—
Diskont-Wechsel	16405	30	Delkredere	150	—
Konto-Korrent-Außenstände	24410	—	Spezial-Reservefond	253	—
Guthaben auf Giro-Konto	610	50	Spareinlagen	41201	30
Inkasso-Wechsel	214	20	Depositen	12000	—
Rück-Wechsel	130	40	Konto-Korrent-Verpflichtungen	9402	—
Effekten, Konto eigener Rechnung	10428	—	Check-Konto-Einlagen	20174	90
„ , Kommissions-Konto	606	—	Bank-Schulden	473	60
Koupons und Geldsorten	370	50	Vorauserhobene Zinsen für 1902	414	80
Inventar	450	—	Noch zu zahlende Depositen-Zinsen	106	—
Zinsen-Forderungen	30	—	Reingewinn:		
			noch zu zahlende Kosten Mk. 282.10		
			5% Dividende . . . . „ 581.40		
			Ueberweisung		
			an den Reservefond . . . „ 262.—		
			an den Spezial-Reservefond . . . „ 197.—		
			für gemeinnützige Zwecke . . . „ 50.—		
			Gewinn-Vortrag . . . „ 48.50		
			Summa:	1421	—
	108875	10		108875	10

Mitgliederzahl bei Beginn des Jahres 1901 = 117
davon gehen ab: ein im Jahre 1900 verstorbenes, nachträglich erst abgemeldetes Mitglied 1
In Folge Uebertragung des Guthabens im Laufe des Jahres ausgeschiedene Mitglieder . . . . . 2 zus. 3 114
Im Laufe des Jahres beigetretene Genossen 68
Mitgliederzahl am Schlusse des Jahres 182
Von diesen Mitgliedern scheiden mit Jahresschluß aus 7
Mithin Bestand der Mitglieder zu Beginn des Jahres 1902 175

Die Geschäftsguthaben der Mitglieder haben sich im Laufe des Jahres 1901 um Mk. 10890.50 vermehrt, die Haftsummen in der gleichen Zeit um 23700.— vermehrt. Am Jahresschlusse haben 182 Genossen für Mk. 60600.— Haftsummen zusammen aufzukommen.

. . . . . ., den 25. Februar 1902.

Vorschuß-Verein zu . . . . . .

Eingetragene Genossenschaft mit unbeschränkter (*beschränkter*) Haftpflicht.

. . . .

Direktor. Kassirer. Kontroleur.

Anmerkung. Was durch schrägen Druck hervorgehoben ist, haben nur die Genossenschaften mit beschränkter Haftpflicht zu veröffentlichen.

Die zahlenmäßigen Zusammenstellungen
zum
Geschäfts-Berichte
für 1901.

I. Geschäfts-Uebersicht.

Bestände am 1.1.1901 ℳ	₰	Debet-Umsatz in 1901 ℳ	₰	Summa ℳ	₰	Konti	Bestände am 1.1.1901 ℳ	₰	Kredit-Umsatz in 1901 ℳ	₰	Summa ℳ	₰
837	45	379863	85	380701	30	Kassa-Konto	—	—	376101	10	376101	10
—	—	12	—	12	—	Geschäftsantheil-Konto .	11650	—	10902	50	22552	50
—	—	—	—	—	—	Reservefond-Konto . .	540	—	198	—	738	—
38148	—	62212	—	100360	—	Vorschuß-Wechsel-Konto .	—	—	49740	—	49740	—
—	—	140500	—	140500	—	Prolongationen . . .	—	—	140500	—	140500	—
—	—	48511	60	48511	60	Diskont-Wechsel-Konto .	—	—	32106	30	32106	30
—	—	96060	40	96060	40	Konto-Korrent-Konto .	—	—	81052	40	81052	40
715	60	29694	40	30410	—	Bank-Konto	—	—	30883	60	30883	60
—	—	15212	50	15212	50	Giro-Konto	—	—	14602	—	14602	—
—	—	8126	20	8126	20	Inkasso-Wechsel-Konto .	—	—	7912	—	7912	—
—	—	581	—	581	—	Rückwechsel-Konto . . .	—	—	450	60	450	60
5851	10	14508	90	20360	—	Effekten-Konto	—	—	10605	—	10605	—
—	—	42560	—	42560	—	Effekten-Komm.-Konto .	—	—	42035	50	42035	50
—	—	1787	40	1787	40	Koupons- und Geldsorten-Konto	—	—	1421	—	1421	—
—	—	17	10	17	10	Kosten- u. Verlege-Konto	—	—	10	40	10	40
365	85	134	15	500	—	Inventar-Konto . . .	—	—	—	—	—	—
—	—	28162	70	28162	70	Spareinlagen-Konto . .	25976	20	43387	80	69364	—
—	—	5100	—	5100	—	Depositen-Konto . . .	7400	—	9700	—	17100	—
—	—	21210	40	21210	40	Check-Konto	—	—	41385	30	41385	30
20	70	170	40	191	10	Zinsen- und Provisions-Konto	118	50	3579	50	3698	—
—	—	1366	90	1366	90	Spareinlagen-, Depositen- u. Check-Zinsen-Konto	126	70	—	—	126	70
—	—	704	10	704	10	Geschäftsunkosten-Konto .	20	—	30	30	50	30
—	—	25	—	25	—	Dividenden-Konto . .	25	—	—	—	25	—
—	—	82	30	82	30	Gewinn- und Verlust-Konto	82	30	—	—	82	30
45938	70	896603	30	942542	—		45938	70	896603	30	942542	—

II. Gewinn- und Verlust-Berechnung.

a. Geschäfts-Ertrag.

Zinsen für Vorschüsse:			
Vortrag der im Jahre 1900 vorauserhobenen		Mk. 118.50	
Einnahme		„ 2130.—	
Rückstände Ende 1901		„ 30.—	
		Mk. 2278.50	
davon sind			
Reste aus dem Jahre 1900	Mk. 20.70		
zurückvergütet	„ 15.—		
für das Jahr 1902 vorauserhoben . . .	„ 330.80	„ 366.50	Mk. 1912.—
Zinsen und Provision für diskontirte Wechsel:			
Einnahme		Mk. 440.50	
davon sind für weiterbegebene Wechsel verwendet	Mk. 36.—		
und für das Jahr 1902 vorauserhoben . . .	„ 84.—	„ 120.—	„ 320.50
Zinsen und Provisionen im Konto-Korrent-Verkehr:			
Den Konto-Inhabern wurden belastet			„ 956.10
Zinsen und Spesen im Bank- und Giro-Verkehr:			
zu unseren Gunsten		Mk. 40.—	
„ „ Lasten		„ 29.10	„ 10.90
Provisionen für Inkassa-Wechsel			„ 9.60
Zinsen und Provisionen für Rückwechsel			„ 3.30
Zinsen-Ertrag aus eigenen Effekten			„ 420.—
Ertrag aus Effekten-Kommissions-Geschäften:			
Provisions- und Kurs-Gewinne . .		Mk. 72.—	
Zinsen		„ 9.50	„ 81.50
Gewinn an Koupons und Geldsorten			„ 4.10
		Gesammt-Ertrag	Mk. 3718.—

b. Geschäfts-Lasten.

Zinsen für Spareinlagen:			
gezahlt wurden		Mk. 24.10	
gutgeschrieben wurden		„ 812.80	Mk. 836.90
Zinsen für Depositen:			
Ausgabe		Mk. 336.70	
davon sind vorgetragene Zinsen-Saldi p. 1900		„ 126.70	
		Mk. 210.—	
für 1901 sind noch zu zahlen ...		„ 106.—	„ 316.—
Zinsen im Konto-Korrent-Verkehr:			
Den Konto-Inhabern wurden gutgeschrieben ...			„ 90.30
Zinsen für Check-Konto-Einlagen:			
gezahlt wurden		Mk. 8.—	
gutgeschrieben		„ 185.30	„ 193.30
Geschäftsunkosten:			
Ausgabe		Mk. 704.10	
davon sind Restausgaben für das Jahr 1900 .	Mk. 20.—		
Einnahmen für Porti, Abrechnungsbücher u. dgl.	„ 30.30	„ 50.30	„ 653.80
Kosten und Verlege:			
Abschreibung			„ 6.70
Abschreibung auf Inventar:			
10 % von Mk. 500.—			„ 50.—
Rückstellung für eine zweifelhafte Wechselforderung .			„ 150.—
		Gesammt-Lasten	Mk. 2297.—

Gesammt-Ertrag	Mk. 3718.—
Gesammt-Lasten	„ 2297.—
Reingewinn	Mk. 1421.—

III. Bilanz.

Aktiva.	Mk.	Pf.	Passiva.	Mk.	Pf.
Kassa-Bestand	4600	20	Mitglieder-Guthaben	22540	50
Vorschüsse	50620	—	Reservefond	788	—
Diskont-Wechsel	16405	30	Delkredere	150	—
Konto-Korrent-Außenstände . . .	24410	—	Spezial-Reservefond	253	—
Guthaben auf Giro-Konto	610	50	Spareinlagen	41201	80
Inkasso-Wechsel	214	20	Depositen	12000	—
Rück-Wechsel	130	40	Konto-Korrent-Verpflichtungen . .	9402	—
Effekten, Konto eigener Rechnung .	10428	—	Check-Konto-Einlagen	20174	90
„ , Kommissions-Konto . . .	606	—	Bank-Schulden	473	60
Koupons und Geldsorten	370	50	Vorschuß-Zinsen, vorauserhoben f. 1902	380	80
Inventar	450	—	Diskont „ „ „	84	—
Zinsen-Forderungen	30	—	Depositen-Zinsen, noch zu zahlende .	106	—
			Gewinn	1421	—
	108875	10		108875	10

IV. Gewinn-Vertheilung.

Von dem Gewinn für 1901 . . . . . . de Mk. 1421.— sind auf Grund von Verträgen und Generalversammlungs-Beschlüssen zunächst

10 % Tantième zu gewähren mit Mk. 142.10
dem Aufsichtsrath zu vergüten „ 100.—
Verbands-Beiträge zu zahlen . „ 40.— Sa. „ 282.10

danach verbleibt zur Verfügung der General-Versammlung ein Reingewinn von . . Mk. 1138.90

Vorstand und Aufsichtsrath schlagen folgende Vertheilung desselben vor:

1. Gewährung von 5 % Dividende auf Mk. 11628 dividendenberechtigtes Guthaben der Mitglieder Mk. 581.40
2. Ueberweisung an den Reservefond . . . . . „ 262.—
3. Ueberweisung an den Spezial-Reservefond . . . „ 197.—
4. Aufwendung für gemeinnützige Zwecke . . . . „ 50.—
5. Vortrag des Restes auf neue Rechnung . . „ 48.50

Summa Mk. 1138.90

Nach Annahme dieser Vorschläge ergiebt sich folgende

Aktiva. V. Netto-Bilanz. Passiva.

Aktiva	ℳ	₰	Passiva	ℳ	₰
Kassen-Bestand	4600	20	Mitglieder-Guthaben	22540	50
Vorschüsse	50620	—	Reservefond	1000	—
Diskont-Wechsel	16405	30	Delkredere	150	—
Konto-Korrent-Außenstände	24410	—	Spezial-Reservefond	450	—
Guthaben auf Giro-Konto	610	50	Spareinlagen	41201	30
Inkasso-Wechsel	214	20	Depositen	12000	—
Rück-Wechsel	130	40	Konto-Korrent-Verpflichtungen	9402	—
Effekten — Kto eigener Rechn. —	10428	—	Check-Konto-Einlagen	20174	90
desgl. — Kommiss.-Konto —	606	—	Bank-Schulden	473	60
Koupons- und Geldsorten	370	50	Vorschuß-Zinsen, vorauserhobene für 1902	330	80
Inventar	450	—	Diskont-Zinsen, vorauserhobene für 1902	84	—
Zinsen-Forderungen	30	—	Depositen-Zinsen, noch zu zahlende	106	—
			Dividende	581	40
			Ausgaben-Reste: Tantièmen, Vergütung, Verbandsbeiträge	282	10
			Gewährung zu gemeinnützigen Zwecken	50	—
			Gewinn-Vortrag auf neue Rechnung	48	50
	108875	10		108875	10

VI. Bewegung der Mitgliederzahl. *Guthaben und Haftsummen.*

Die Genossenschaft zählt bei Beginn des Geschäftsjahres . . . . 117 Mitglieder,

Hiervon sind in Abgang zu stellen:

1. ein im Jahre 1900 bereits verstorbenes, erst im Berichtsjahre nachträglich für Ende 1900 abgemeldetes Mitglied 1
2. die durch Uebertragung ihres Guthabens gemäß §. 76 des Genossenschafts-Gesetzes ausgeschiedenen Mitglieder . . . . 2 zus. 3 „

114 Mitglieder

Im Laufe des Jahres sind beigetreten . . . . 68 „

Bestand am Schlusse des Geschäftsjahres 1901 . 182 Mitglieder.

Von diesen Mitgliedern sind mit Ende des Jahres ausgeschieden

in Folge Aufkündigung	4	
„ „ Tod	1	
„ „ Ausschluß	2	zus. 7 Mitglieder

Mitglieder-Zahl am 1. Januar 1902 = 175.

Betrag der Geschäftsguthaben zu Anfang des Jahres	*Mk. 11650.—*
„ „ „ „ Ende „ „	*„ 22540.50*
Mithin Zunahme im Laufe des Jahres um . . .	*Mk. 10890.50*

Von den 182 Mitgliedern hatten Ende des Jahres 167 je einen Geschäfts-Antheil, 10 je zwei und 5 je 3 Antheile, zusammen 202 Antheile.

Die Haftsumme betrug demnach am Ende des Jahres	*„ 60600.—*
„ „ „ dagegen zu Anfang „ „	*„ 36900.—*
Mithin Zunahme im Laufe des Jahres um . . .	*Mk. 23700.—*

, den 5. Februar 1902.

Vorschuß-Verein zu . . . . . .
eingetragene Genossenschaft mit unbeschränkter *(beschränkter)* Haftpflicht.

Direktor Kassirer. Kontroleur.

Vorstehende Jahresrechnung und Bilanz ist von uns in allen Theilen geprüft, und nach den ordnungsmäßig geführten Büchern für richtig befunden. Auch wurden die vorhandenen Vermögens-Werthe bei der Inventur am Jahresschlusse vollständig nachgewiesen.

, den 10. Februar 1902.

Der Aufsichtsrath des Vorschuß-Vereins zu . . . .
eingetragene Genossenschaft, mit unbeschränkter *(beschränkter)* Haftpflicht.

Anm.: Alles was durch schräge Schrift hervorgehoben ist, gilt für Genossenschaften, die auf der beschränkten Haftpflicht beruhen.

IV. Anhang.

Die amerikanische Buchführung.

Formular Nr. 54.

Eine besondere Art der doppelten Buchführung ist die in Amerika zuerst in Anwendung gebrachte, und daher sogenannte amerikanische Buchführung. Dieselbe beruht, wie bereits im ersten Theile dieses Buches S. 21 u. f. ausgeführt ist, auf den Grundgesetzen der doppelten Buchführung. Nach diesen ordneten wir alle Geschäfts-Vorkommnisse nach den Wirthschaftsgebieten an, die von denselben betroffen wurden, und zwar so, daß für jedes Geschäft auf einem Konto ein Forderungs- und zugleich auf einem anderen Konto ein Schuld-Posten entstand. Jede Kassen-Einnahme führte zu einer Forderung der Genossenschaft an das Kassa-Konto — Debitor — und zu einer Schuld der Genossenschaft auf dem Konto des davon betroffenen Wirthschafts-Gebietes — Kreditor —; für jede Kassen-Ausgabe wurde das Kassa-Konto Kreditor, das Konto des davon betroffenen Wirthschafts-Gebietes Debitor. Der Entstehung einer Schuld auf der einen Seite stand die Entstehung einer Forderung auf der anderen Seite gegenüber und umgekehrt. Diese doppelte Buchung setzt uns in den Stand, jederzeit aus den Büchern zu ersehen, wieviel insgesammt die Außenstände an Vorschüssen betrugen, welchen Gesammtwerth die Effekten, das Inventar hatte, wieviel die Genossenschaft den Spareinlegern schuldete, wieviel sie bei Banken schuldete oder von solchen zu fordern hatte, wieviel das Genossenschafts-Vermögen betrug, wieviel an Zinsen verdient, an Unkosten aufgewendet wurden u. s. w. Die geordnete Zusammenstellung aller Resultate auf den Geschäftsgebieten ergab gleiche Gesammtsummen der Debitoren- und Kreditoren-Bestände — die Bilanz. Wir erreichten diesen Zweck der Buchführung durch die rubrizirte Einrichtung der Kassen-Journale, durch systematische Anordnung der Memorialbuchungen bezw. mittelst der Spezial-Journale, durch das Hauptbuch und das Bilanz-Buch. Die amerikanische Buchführung will denselben Zweck durch ein Buch erreichen, in dem sie alle von uns angewendeten Einrichtungen kombinirt, — durch das Haupt-Journal, wie es das folgende Formular veranschaulicht.

Für jedes Wirthschafts-Gebiet sind in diesem Journal Doppel-Rubriken, eine „Debet"- und eine „Kredit"-Rubrik, vorgesehen, entsprechend den Konten unseres Hauptbuches. Die Bestände der

Eröffnungs-Bilanz werden zuerst gebucht, dabei sind die Aktiven in die einzelnen Debet-Kolonnen, die Passiven in die Kredit-Kolonnen einzustellen, genau so wie im Hauptbuche. Dann folgen die einzelnen Geschäftsvorkommnisse der Zeitfolge nach geordnet; es werden also Einnahmen, Ausgaben und ebenso alle die Kasse gar nicht berührenden Geschäfte ohne Unterschied hinter einander gebucht. Von dem Betrage eines jeden Geschäfsvorganges wird zunächst eine erste Notiz in der vor den Konto-Rubriken vorhandenen Kolonne „Prima-Nota" genommen. Dieser Betrag wird alsdann in der Kredit-Rubrik des zu erkennenden Kontos und in der Debet-Rubrik des zu belastenden Kontos vermerkt.

Als Bestände sind die Zahlen unserer Eröffnungs-Bilanz p. 1. Januar 1901 in dem vorliegenden Formular gebucht. Die Summe dieser Aktiven bezw. Passiven de Mk. 45938.70 befindet sich in der Prima-Nota-Rubrik. Hiernach sind die Geschäfts-Vorkommnisse eingetragen, die unseren früheren Buchungen im Januar 1901 zu Grunde liegen.

Die von Karl Horst & Sohn eingezahlten Mk. 2000.— zur Gutschrift in laufender Rechnung sind wie jede Einnahme dem Kassa-Konto zu belasten — Debet-Rubrik —, dem Konto-Korrent-Konto zu erkennen — Kredit-Rubrik —; Spareinlagen werden dementsprechend dem Spareinlagen-Konto, Zinsen-Einnahmen dem Zinsen-Konto kreditirt u. s. w.

Für den am 2. Januar diskontirten Wechsel Nr. 1001 haben wir in unserem früheren Kassen-Journal Mk. 200.— auf Diskont-Wechsel-Konto verausgabt, Mk. —.90 auf Zinsen-Konto vereinnahmt. Hier erkennen wir das Kassa-Konto lediglich für die Netto-Ausgabe von Mk. 199.10 — Kredit-Rubrik —, belasten dagegen das Wechsel-Konto für Mk. 200.— — Debet-Rubrik — und erkennen ferner das Zinsen-Konto für Mk. —.90 — Kredit-Rubrik. — Das Resultat ist das gleiche; Spareinlagen-Rückzahlungen werden in der Spareinlagen-Konto-Rubrik, Unkosten in der Unkosten-Konto-Rubrik debitirt, und so fort.

Die von der Genossenschaftsbank am 1. Januar empfangenen Inkasso-Wechsel de Mk. 307.— finden wir unter Nr. 12 gebucht. Der Betrag ist im Debet des Inkasso-Wechsel-Kontos im Kredit des Giro-Kontos verzeichnet. Das am 9. Januar gebuchte Effekten-Kommissions-Geschäft erfordert die Gutschrift von Mk. 610.45 auf Bank-Konto zu Lasten des Effekten-Kommissions-Kontos, und die Belastung von Mk. 611.50 auf Konto-Korrent-Konto zu Gunsten des Effekten-Kommissions-Kontos. Für die an demselben Tage dem Mitgliede A. Steffens diskontirten und gutgeschriebenen Wechsel de Mk. 1935. — sind dem Wechsel-Konto Mk. 1935.— belastet — Debet-Rubrik —, dem Konto-Korrent-Konto dagegen Mk. 1915.50, dem Zinsen-Konto Mk. 19.20, dem Unkosten-Konto Mk. —.30 gutgeschrieben — Kredit-Rubrik —.

Mit den Grundbuchungen werden also deren Beträge nach den verschiedenen Wirthschaftszweigen und zugleich nach Debitoren und Kreditoren angeordnet. Die Rubriken dieses Journals ersetzen unsere Hauptbuch-Konten, sie enthalten die Beträge der einzelnen Geschäfte, die im Hauptbuch nach ihren monatlichen Gesammtsummen enthalten sind. Die Summen der Debet- und Kredit-Rubriken ergeben Ende Januar natürlich dieselben Saldi wie unser Hauptbuch, aus dem wir dieselben in der Roh-Bilanz zusammenstellten — vgl. diese Seite 188 —.

In der Konto pro Diverse-Rubrik sind alle diejenigen Bestände und Umsätze aufzunehmen, für die eine besondere Rubriken-Abtheilung nicht vorhanden ist. Es werden zu denselben die nöthigen Erläuterungen als „Anmerkungen" gegeben.

Um nicht zu große Beträge als Summen der einzelnen Seiten übertragen zu müssen, beginnt man jeden neuen Monat ohne irgendwelchen Vortrag. Der Monat Februar würde also nur die Buchungen der in demselben vorkommenden Geschäfte enthalten. Zu den hieraus sich ergebenden Umsatz-Summen des Monats setzt man alsdann die Gesammt-Summen aus dem Januar, um so die „Gesammt-Summen bis Ende Februar" zu erhalten, und daraus wieder die Bestände zu ermitteln. Ende März werden zu den Umsatz-Summen die Gesammtsummen „bis Ende Februar" hinzugefügt, und so fort bis zum Jahresschlusse. Aus dem so geführten Journal lassen sich nicht nur am Monatsschlusse, sondern auch zu jeder beliebigen andern Zeit im Laufe des Monats die Bilanz-Bestände ermitteln, man braucht nur die Summen der verschiedenen Rubriken zu den entsprechenden Gesammtsummen des vorhergehenden Monats hinzuzusetzen. Dies ist aber nicht etwa ein Vortheil des kombinirten Journals vor unserer früheren Einrichtung der Kassen-Journale und des rubrizirten Memorials, denn auch hiernach ist es jederzeit möglich, die Vermögens-Bilanz festzustellen ohne zeitraubende Vorarbeiten.

Die amerikanische Buchführungsart wird nicht selten als eine ideale Einrichtung bezeichnet. Offenbar ist der Nutzen der chronologischen und systematischen Anordnung aller Geschäfts-Vorkommnisse in einem Buche ein großer, andererseits sind aber auch bei solcher Einrichtung der Bücher gewisse Umstände zu berücksichtigen. Die Ausdehnung des Haupt-Journals wird eine sehr große, wenn man nicht durch Unterbringung zu vieler Buchungen in der Konto pro Diverse-Rubrik die Uebersicht erschweren, und damit den eigentlichen Zweck der Einrichtung wieder zum Theil aufheben will. Dann hat aber die übersichtliche Zusammenstellung der monatlichen Gesammtumsätze, wie solche nach den Kassen-Journalen und dem Memorial in unserem Hauptbuche erfolgte, einen gewissen Nutzen, den das amerikanische Journal vermissen läßt. Wir gewinnen dadurch einen bequemeren Ueberblick über die gesammten Jahresumsätze; ferner läßt sich zum Beispiel ohne Schwierigkeit aus dem Hauptbuch feststellen, wieviel Checks durch Baarzahlung aus der Kasse der Genossenschaft, wieviel durch Verrechnung beglichen sind, in welchem Monate auf einem Konto besonders bemerkenswerthe Umsätze stattfanden u. s. w. Bei Anwendung des amerikanischen Journals ist zur Erreichung dieser Zwecke die Durchsicht der Buchungen, der Monatsendsummen oder der daraus zusammengestellten Roh-Bilanzen erforderlich. In der That hat sich bei der praktischen Anwendung des amerikanischen Journals der Mangel eines Hauptbuches in dieser Weise fühlbar gemacht, und man hat dann meist Letzteres wieder eingeführt zur Ergänzung jener Einrichtung, als deren wesentlicher Bestandtheil dasselbe jedoch nicht gilt.

Sicherlich ist die geschilderte bücherliche Einrichtung für den Geschäftsverkehr in den Genossenschaften geeignet, und sie hat sich unter den Vorständen derselben bereits manche Freunde erworben. Von kleineren wie auch von größeren Genossenschaften wird dieselbe benutzt. Die Frage, ob sie sich für alle Genossenschaften eignet, ist nicht ohne weiteres zu bejahen, jedenfalls bietet sie keine besondere Veranlassung, von den in den beiden Theilen dieses Buches geschilderten, meist in Anwendung befindlichen und empfohlenen Einrichtungen abzugehen.

Die Nebenbücher — Skontren — müssen selbstverständlich bei Anwendung des amerikanischen Journals genau in derselben Weise geführt werden, wie bei jeder anderen Art der Grundbuchungen.

Herrosé & Ziemsen, Gräfenhainichen.

Laufende Nr.	Namen	Gegenstand	Uebertragungs-Fol. oder Nr.	Prima-Nota M	Prima-Nota ₰	Kass[e] Debet M
1	Bilanz-Saldi	Bestände am 1. Januar 1901		45938	70	837
2	Horst, C. & Sohn	deren Einzahlung a. Konto-Korrent-Konto	1	2000	—	2000
3	Schrader, B.	unsere Zahlung f. Diskont-Wechsel Nr. 1001	1001	200	—	—
4	Hesse, C.	dessen Einzahlung a. Check-Konto und für das Check-Buch	1	266	50	266
5	Merker, A.	unsere Zahlung a. Spareinlage Nr. 32	32	460	—	—
6	Born, Gertrud	deren Einzahlnng a. „ „ 3	3	30	—	30
7	Lange, E.	dessen Abzahlung a. Vorschuß Nr. 54 inkl. Zinsen	54	220	—	220
8	Steffens, A.	unsere Zahlung a. Konto-Korrent-Konto	3	1600	—	—
9	Kontroleur	„ „ als Restvergütung p. 1900	—	20	—	—
10	Verschiedene Koupons	Absonderung des Bestandes aus der Kasse	1—3	124	15	—
11	Reichert, M.	dessen Zahlung für anzukaufende Effekten	15	600	—	600
12	Dtsch. Genossenschaftsbank, Giro-Konto	empfangene Inkassowechsel, lt. Brief Nr. 1	1	307	—	—
13	Dtsch. Genossenschaftsbank, Bank-Konto	angekaufte Effekten, lt. Nota Nr. 1	2	610	40	—
14	Reichert, M.	Belastung f. vorige Effekten, einschl. Provision	15	611	50	—
15	Steffens, A.	diskontirte und gutzuschreibende Wechsel Nr. 1002—4	3	1935	—	—
16	Wagner, Fr.	unsere Zahlung für Depositen-Zinsen	2	90	—	—
17	Gebhardt, A.	„ „ a. Konto-Korrent-Konto	2	1200	—	—
18	Derselbe	dessen „ a. Check-Konto inkl. Buchkosten	2	750	50	750
19	Dtsch. Genossenschaftsbank, Giro-Konto	hingesandte Wechsel Nr. 1002 Mk. 65 p. 18./1. „ 1003 „ 370 p. 19./1. Val. p. 23./1.	1	435	—	—
20	Gerichtskasse	unsere Zahlung, Kosten i. S.: M. Voigt	1	5	40	—
21	Reichert, M.	dessen „ für Effekten	15	11	50	11
22	Hoffmann, C.	„ „ „ Inkassowechsel Nr. 1	1	72	—	72
23	Verschiedene, laut Wechsel-Skontro	unsere „ „ diskontirte Wechsel 1005—7	1005—7	718	—	—
24	Dtsch. Genossenschaftsbank, Giro-Konto	unsere Zahlung, Protestkosten	5	1	25	—
25	Wilde, C.	dessen „ , Zinsen für Vorschuß Nr. 1	1	1	—	1
26	Naumann, C.	„ „ , Eintrittsgeld	—	3	—	3
27	Dtsch. Genossenschaftsbank, Giro-Konto	M./Z. hingesandter Inkasso-Wechsel Nr. 2 Val. p. 16./1.	1	237	45	—
28	Dtsch. Genossenschaftsbank, Giro-Konto	hingesandter Wechsel Nr. 1006 p. 24./1. Val. p. 26./1.	1	500	—	—
29	Dtsch. Genossenschaftsbank, Giro-Konto	empfangene Inkasso-Wechsel, lt. Brief Nr. 2	1	1200	—	—
30	Gebhardt, A.	unsere Zahlung, Check Nr. 2/51	2	284	—	—
31	Straubing, L.	dessen „ , Depositen Nr. 6	6	1500	—	1500
32	Gebhardt, A.	„ „ , Konto-Korrent-Konto	2	225	—	225
33	Hallinger, M.	unsere „ , Vorschuß Nr. 168	168	200	—	—
34	Steidel, A.	dessen Zahlung, Check-Konto inkl. Buchkosten	3	460	50	460
35	Dtsch. Genossenschaftsbank, Bank-Konto	verkaufte Effekten, lt. Nota Nr. 2	2	3121	10	—

Amerikanisch

Jo

Monat

…häfts-Antheil-Konto				Vorschuß-Konto				Diskont-Wechsel-Konto				Konto-Korrent-Konto				Bank-Konto				Giro-Konto			
…bet		Kredit		Debet		Kredit		Debet		Kredit		Debet		Kredit		Debet		Kredit		Debet		Kredit	
	₰	ℳ	₰	ℳ	₰	ℳ	₰	ℳ	₰	ℳ	₰	ℳ	₰	ℳ	₰	ℳ	₰	ℳ	₰	ℳ	₰	ℳ	₰
—	—	11650	—	38148	—	—	—	—	—	—	—	—	—	—	—	715	60	—	—	—	—	—	—
—	—	—	—	—	—	—	—	—	—	—	—	—	—	2000	—	—	—	—	—	—	—	—	—
—	—	—	—	—	—	—	—	200	—	—	—	—	—	—	—	—	—	—	—	—	—	—	—
—	—	—	—	—	—	—	—	—	—	—	—	—	—	—	—	—	—	—	—	—	—	—	—
—	—	—	—	—	—	—	—	—	—	—	—	—	—	—	—	—	—	—	—	—	—	—	—
—	—	—	—	—	—	—	—	—	—	—	—	—	—	—	—	—	—	—	—	—	—	—	—
—	—	—	—	—	—	200	—	—	—	—	—	—	—	—	—	—	—	—	—	—	—	—	—
—	—	—	—	—	—	—	—	—	—	—	—	1600	—	—	—	—	—	—	—	—	—	—	—
—	—	—	—	—	—	—	—	—	—	—	—	—	—	—	—	—	—	—	—	—	—	—	—
—	—	—	—	—	—	—	—	—	—	—	—	—	—	—	—	—	—	—	—	—	—	—	—
—	—	—	—	—	—	—	—	—	—	—	—	—	—	600	—	—	—	—	—	—	—	—	—
—	—	—	—	—	—	—	—	—	—	—	—	—	—	—	—	—	—	—	—	—	—	307	—
—	—	—	—	—	—	—	—	—	—	—	—	—	—	—	—	—	—	610	40	—	—	—	—
—	—	—	—	—	—	—	—	—	—	—	—	611	50	—	—	—	—	—	—	—	—	—	—
—	—	—	—	—	—	—	—	1935	—	—	—	—	—	1915	50	—	—	—	—	—	—	—	—
—	—	—	—	—	—	—	—	—	—	—	—	—	—	—	—	—	—	—	—	—	—	—	—
—	—	—	—	—	—	—	—	—	—	—	—	1200	—	—	—	—	—	—	—	—	—	—	—
—	—	—	—	—	—	—	—	—	—	—	—	—	—	—	—	—	—	—	—	—	—	—	—
—	—	—	—	—	—	—	—	—	—	435	—	—	—	—	—	—	—	—	—	435	—	—	—
—	—	—	—	—	—	—	—	—	—	—	—	—	—	—	—	—	—	—	—	—	—	—	—
—	—	—	—	—	—	—	—	—	—	—	—	—	—	11	50	—	—	—	—	—	—	—	—
—	—	—	—	—	—	—	—	—	—	—	—	—	—	—	—	—	—	—	—	—	—	—	—
—	—	—	—	—	—	—	—	718	—	—	—	—	—	—	—	—	—	—	—	—	—	—	—
—	—	—	—	—	—	—	—	—	—	—	—	—	—	—	—	—	—	—	—	—	—	—	—
—	—	—	—	—	—	—	—	—	—	—	—	—	—	—	—	—	—	—	—	—	—	—	—
—	—	—	—	—	—	—	—	—	—	—	—	—	—	—	—	—	—	—	—	237	45	—	—
—	—	—	—	—	—	—	—	—	—	—	—	—	—	—	—	—	—	—	—	—	—	—	—
—	—	—	—	—	—	—	—	—	—	500	—	—	—	—	—	—	—	—	—	500	—	—	—
—	—	—	—	—	—	—	—	—	—	—	—	—	—	—	—	—	—	—	—	—	—	1200	—
—	—	—	—	—	—	—	—	—	—	—	—	—	—	—	—	—	—	—	—	—	—	—	—
—	—	—	—	—	—	—	—	—	—	—	—	—	—	—	—	—	—	—	—	—	—	—	—
—	—	—	—	—	—	—	—	—	—	—	—	—	—	225	—	—	—	—	—	—	—	—	—
—	—	—	—	200	—	—	—	—	—	—	—	—	—	—	—	—	—	—	—	—	—	—	—
—	—	—	—	—	—	—	—	—	—	—	—	—	—	—	—	—	—	—	—	—	—	—	—
—	—	—	—	—	—	—	—	—	—	—	—	—	—	—	—	3121	10	—	—	—	—	—	—

…e Buchführung

…urnal

…Januar 1901

Inkasso-Wechsel-Konto Debet M.	Pf.	Kredit M.	Pf.	Rückwechsel-Konto Debet M.	Pf.	Kredit M.	Pf.	Koupons- und Sorten-Konto Debet M.	Pf.	Kredit M.	Pf.	Kosten- u. Verlege-Konto Debet M.	Pf.	Kredit M.	Pf.	Spareinlagen-Konto Debet M.	Pf.	Kredit M.	Pf.	Depositen-Konto Debet M.	Pf.	Kredit M.	Pf.	Ch… Debet M.
—	—	—	—	—	—	—	—	—	—	—	—	—	—	—	—	—	—	25976	20	—	—	7400	—	—
—	—	—	—	—	—	—	—	—	—	—	—	—	—	—	—	—	—	—	—	—	—	—	—	—
—	—	—	—	—	—	—	—	—	—	—	—	—	—	—	—	—	—	—	—	—	—	—	—	—
—	—	—	—	—	—	—	—	—	—	—	—	—	—	—	—	—	—	—	—	—	—	—	—	—
—	—	—	—	—	—	—	—	—	—	—	—	—	—	—	—	460	—	—	—	—	—	—	—	—
—	—	—	—	—	—	—	—	—	—	—	—	—	—	—	—	—	—	30	—	—	—	—	—	—
—	—	—	—	—	—	—	—	—	—	—	—	—	—	—	—	—	—	—	—	—	—	—	—	—
—	—	—	—	—	—	—	—	—	—	—	—	—	—	—	—	—	—	—	—	—	—	—	—	—
—	—	—	—	—	—	—	—	—	—	—	—	—	—	—	—	—	—	—	—	—	—	—	—	—
—	—	—	—	—	—	—	—	124	15	—	—	—	—	—	—	—	—	—	—	—	—	—	—	—
—	—	—	—	—	—	—	—	—	—	—	—	—	—	—	—	—	—	—	—	—	—	—	—	—
307	—	—	—	—	—	—	—	—	—	—	—	—	—	—	—	—	—	—	—	—	—	—	—	—
—	—	—	—	—	—	—	—	—	—	—	—	—	—	—	—	—	—	—	—	—	—	—	—	—
—	—	—	—	—	—	—	—	—	—	—	—	—	—	—	—	—	—	—	—	—	—	—	—	—
—	—	—	—	—	—	—	—	—	—	—	—	—	—	—	—	—	—	—	—	—	—	—	—	—
—	—	—	—	—	—	—	—	—	—	—	—	—	—	—	—	—	—	—	—	—	—	—	—	—
—	—	—	—	—	—	—	—	—	—	—	—	—	—	—	—	—	—	—	—	—	—	—	—	—
—	—	—	—	—	—	—	—	—	—	—	—	—	—	—	—	—	—	—	—	—	—	—	—	—
—	—	—	—	—	—	—	—	—	—	—	—	—	—	—	—	—	—	—	—	—	—	—	—	—
—	—	—	—	—	—	—	—	—	—	—	—	5	40	—	—	—	—	—	—	—	—	—	—	—
—	—	—	—	—	—	—	—	—	—	—	—	—	—	—	—	—	—	—	—	—	—	—	—	—
—	—	72	—	—	—	—	—	—	—	—	—	—	—	—	—	—	—	—	—	—	—	—	—	—
—	—	—	—	—	—	—	—	—	—	—	—	—	—	—	—	—	—	—	—	—	—	—	—	—
—	—	—	—	—	—	—	—	—	—	—	—	1	25	—	—	—	—	—	—	—	—	—	—	—
—	—	—	—	—	—	—	—	—	—	—	—	—	—	—	—	—	—	—	—	—	—	—	—	—
—	—	—	—	—	—	—	—	—	—	—	—	—	—	—	—	—	—	—	—	—	—	—	—	—
—	—	235	—	—	—	—	—	—	—	—	—	—	—	1	25	—	—	—	—	—	—	—	—	—
—	—	—	—	—	—	—	—	—	—	—	—	—	—	—	—	—	—	—	—	—	—	—	—	—
1200	—	—	—	—	—	—	—	—	—	—	—	—	—	—	—	—	—	—	—	—	—	—	—	—
—	—	—	—	—	—	—	—	—	—	—	—	—	—	—	—	—	—	—	—	—	—	—	—	284
—	—	—	—	—	—	—	—	—	—	—	—	—	—	—	—	—	—	—	—	—	—	1500	—	—
—	—	—	—	—	—	—	—	—	—	—	—	—	—	—	—	—	—	—	—	—	—	—	—	—
—	—	—	—	—	—	—	—	—	—	—	—	—	—	—	—	—	—	—	—	—	—	—	—	—
—	—	—	—	—	—	—	—	—	—	—	—	—	—	—	—	—	—	—	—	—	—	—	—	—
—	—	—	—	—	—	—	—	—	—	—	—	—	—	—	—	—	—	—	—	—	—	—	—	—

...fekten-Kom-missions-Konto Debet		Kredit		Zinsen- u. Provisions-Konto Debet		Kredit		Unkosten-Konto Debet		Kredit		Konto pro Diverse Debet		Kredit		Prolongationen		Anmerkungen
ℳ	₰	ℳ	₰	ℳ	₰	ℳ	₰	ℳ	₰	ℳ	₰	ℳ	₰	ℳ	₰	ℳ	₰	
	—	—	—	20	70	118	50	—	—	20	—	6216	95*	774	—**	—	—	*M. 5851.10 Effekten-Konto, eigene R. „ 365.85 Inventar-Konto M. 6216.95.
	—	—	—	—	—	—	—	—	—	—	—	—	—	—	—	—	—	
	—	—	—	—	—	—	90	—	—	—	—	—	—	—	—	—	—	
	—	—	—	—	—	—	—	—	—	—	50	—	—	—	—	—	—	
	—	—	—	—	—	—	—	—	—	—	—	—	—	—	—	—	—	**M. 540.— Reservefond-Konto „ 25.— Dividenden-Konto „ 126.70 Depositen-Zinsen-Kto. „ 82.30 Gew. u. Verl.-Kto. M. 774.—
	—	—	—	—	—	—	—	—	—	—	—	—	—	—	—	—	—	
	—	—	—	—	—	20	—	—	—	—	—	—	—	—	—	1600	—	
	—	—	—	—	—	—	—	—	—	—	—	—	—	—	—	—	—	
	—	—	—	—	—	—	—	20	—	—	—	—	—	—	—	—	—	
	—	—	—	—	—	—	—	—	—	—	—	—	—	—	—	—	—	
	—	—	—	—	—	—	—	—	—	—	—	—	—	—	—	—	—	
	—	—	—	—	—	—	—	—	—	—	—	—	—	—	—	—	—	
0	40	—	—	—	—	—	—	—	—	—	—	—	—	—	—	—	—	
	—	611	50	—	—	—	—	—	—	—	—	—	—	—	—	—	—	
	—	—	—	—	—	19	20	—	—	—	30	—	—	—	—	—	—	
	—	—	—	—	—	—	—	—	—	—	—	90	—	—	—	—	—	Spareinl.- pp. Zinsen-Konto
	—	—	—	—	—	—	—	—	—	—	—	—	—	—	—	—	—	
	—	—	—	—	—	—	—	—	—	—	50	—	—	—	—	—	—	
	—	—	—	—	—	—	—	—	—	—	—	—	—	—	—	—	—	
	—	—	—	—	—	—	—	—	—	—	—	—	—	—	—	—	—	
	—	—	—	—	—	—	—	—	—	—	—	—	—	—	—	—	—	
	—	—	—	—	—	—	—	—	—	—	—	—	—	—	—	—	—	
	—	—	—	—	—	3	45	—	—	—	45	—	—	—	—	—	—	
	—	—	—	—	—	—	—	—	—	—	—	—	—	—	—	—	—	
	—	—	—	—	—	1	—	—	—	—	—	—	—	—	—	125	—	
	—	—	—	—	—	—	—	—	—	—	—	—	—	3	—	—	—	Reservefond-Konto
	—	—	—	—	—	—	80	—	—	—	40	—	—	—	—	—	—	
	—	—	—	—	—	—	—	—	—	—	—	—	—	—	—	—	—	
	—	—	—	—	—	—	—	—	—	—	—	—	—	—	—	—	—	
	—	—	—	—	—	—	—	—	—	—	—	—	—	—	—	—	—	
	—	—	—	—	—	—	—	—	—	—	—	—	—	—	—	—	—	
	—	—	—	—	—	—	—	—	—	—	—	—	—	—	—	—	—	
	—	—	—	—	—	2	50	—	—	—	—	—	—	—	—	—	—	
	—	—	—	—	—	—	—	—	—	—	50	—	—	—	—	—	—	
	—	3121	10	—	—	—	—	—	—	—	—	—	—	—	—	—	—	

36	Laubacher, L. in N . . .	Gutschrift für vorige Effekten abzüglich Provision	15	3115	90	—	—	—
37	Derselbe „	unsere Zahlung für Effekten	15	3115	90	—	—	3115
38	Müller, C.	dessen „ „ Inkasso=Wechsel Nr. 3	3	1200	—	1200	—	—
39	Dtsch. Genossenschaftsbank, Giro=Konto	M./Z. zurückempfangener Wechsel, lt. Brief Nr. 3	1	67	55	—	—	—
40	Dtsch. Genossenschaftsbank, Per Giro=, An Bank=Konto	Ueberweisung v. Letzterem a. Ersteres, Val. p. 23./1.	1 u. 2	2000	—	—	—	—
41	Verschiedene, laut Wechsel=Skontro	unsere Zahlung, diskontirte Wechsel 1008—9	1008/9	265	—	—	—	262
42	Schulze's, G. Erben	„ „ für Guthaben Nr. 16	16	12	—	—	—	12
43	Steffens, A.	„ „ „ Koupons lt. Nota	1 u. 3	66	40	—	—	66
44	Derselbe	seine „ „ Rückwechsel Nr. 1002	R 1002	67	80	67	80	—
45	Dtsch. Genossenschaftsbank, Giro=Konto	an Vorschuß=Verein zu N . . . gesandter Wechsel Nr. 1009 p. 28./1. Val. p. 6./2.	1	150	—	—	—	—
46	Ehrhardt, R.	unsere Zahlung, Dividende für 1900	4	15	—	—	—	15
47	Dtsch. Genossenschaftsbank, Giro=Konto	deren Baarsendung, Val. p. 26./1.	1	1000	—	1000	—	—
48	Hesse, C.	unsere Zahlung für Check Nr. 1/2	1	75	—	—	—	75
49	Müller, C. für Rechnung der Dtsch. Genossenschaftsbank, Giro=Konto	„ „ für Check Nr. 245/46 des Bankvereins zu B. Val. p. 28./1.	1	405	—	—	—	405
50	Dtsch. Genossenschaftsbank, Giro=Konto	von der Volksbank zu E . . . empfangener Inkasso=Wechsel, laut Brief Nr. 4	1	100	—	—	—	—
51	Dtsch Genossenschaftsbank, Giro=Konto	von derselben eingelöste Checks	1					
	f. Rechn. A. Gebhardt	Nr. 2/52 de Mk. 334	2					
	„ „ C. Hesse	Nr. 1/1 „ „ 126 Val. p. 28./1.	1	460	—	—	—	—
52	Kurze, G.	dessen Zahlung, Wechsel Nr. 1001	1001	200	—	200	—	—
53	Dtsch. Genossenschaftsbank, Bank=Konto	hingesandte Koupons und Geldsorten, laut Nota Nr. 3	2	191	15	—	—	—
54	Dtsch. Genossenschaftsbank, Giro=Konto	derselben gutzuschreibendes Porto, Val. p. 23./1.	1	—	30	—	—	—
55	Verschiedene, lt. Mitglieder=Beitrags=Liste	deren Zahlung auf den Geschäftsantheil	—	748	50	748	50	—
56	Vorstand	unsere „ , Tantieme für 1900	—	32	30	—	—	32
57	Verband der Kredit=Genossenschaften	„ „ , Beitrag für 1900	—	30	—	—	—	30
58	Porto=Kasse, lt. Porto=Buch	„ „ , Porti im Monat Januar	—	3	65	—	—	3
		Gesammtsummen Ende Januar 1901		79260	40	10193	75	8913
								Debet=Saldo = Mk. 1280.3

	—	—	—	—	—	—	—	—	—	—	—	3115	90	—	—	—	—	—	—	—	—	—	—	—	—
	—	—	—	—	—	—	—	—	—	3115	90	—	—	—	—	—	—	—	—	—	—	—	—	—	—
	—	—	—	—	—	—	—	—	—	—	—	—	—	—	—	—	—	—	—	—	—	—	—	1200	—
	—	—	—	—	—	—	—	—	—	—	—	—	—	—	—	—	—	—	—	67	55	—	—	—	—
	—	—	—	—	—	—	—	—	—	—	—	—	—	—	—	2000	—	2000	—	—	—	—	—	—	—
	—	—	—	—	—	265	—	—	—	—	—	—	—	—	—	—	—	—	—	—	—	—	—	—	—
	—	—	—	—	—	—	—	—	—	—	—	—	—	—	—	—	—	—	—	—	—	—	—	—	—
	—	—	—	—	—	—	—	—	—	—	—	—	—	—	—	—	—	—	—	—	—	—	—	—	—
	—	—	—	—	—	—	—	—	—	—	—	—	—	—	—	—	—	—	—	—	—	—	—	—	—
	—	—	—	—	—	—	—	150	—	—	—	—	—	—	—	—	—	150	—	—	—	—	—	—	—
	—	—	—	—	—	—	—	—	—	—	—	—	—	—	—	—	—	—	—	—	—	—	—	—	—
	—	—	—	—	—	—	—	—	—	—	—	—	—	—	—	—	—	—	—	1000	—	—	—	—	—
	—	—	—	—	—	—	—	—	—	—	—	—	—	—	—	—	—	—	—	—	—	—	—	—	—
	—	—	—	—	—	—	—	—	—	—	—	—	—	—	—	—	—	405	—	—	—	—	—	—	—
	—	—	—	—	—	—	—	—	—	—	—	—	—	—	—	—	—	—	—	100	—	100	—	—	—
	—	—	—	—	—	—	—	—	—	—	—	—	—	—	—	—	—	—	—	460	—	—	—	—	—
	—	—	—	—	—	—	—	200	—	—	—	—	—	—	—	—	—	—	—	—	—	—	—	—	—
	—	—	—	—	—	—	—	—	—	—	—	—	—	191	15	—	—	—	—	—	—	—	—	—	—
	—	—	—	—	—	—	—	—	—	—	—	—	—	—	—	—	—	—	—	—	30	—	—	—	—
8	50	—	—	—	—	—	—	—	—	—	—	—	—	—	—	—	—	—	—	—	—	—	—	—	—
	—	—	—	—	—	—	—	—	—	—	—	—	—	—	—	—	—	—	—	—	—	—	—	—	—
	—	—	—	—	—	—	—	—	—	—	—	—	—	—	—	—	—	—	—	—	—	—	—	—	—
	—	—	—	—	—	—	—	—	—	—	—	—	—	—	—	—	—	—	—	—	—	—	—	—	—
8	50	38348	—	200	—	3118	—	1285	—	6527	40	7867	90	4027	85	2610	40	3727	45	3134	85	1607	—	1507	—
do 6.50		Debet-Saldo = Mk. 38148				Debet-Saldo = Mk. 1833				Kredit-Saldo = Mk. 1340.50				Debet-Saldo = Mk. 1417.45				Debet-Saldo = Mk. 592.60				Debet-Saldo = Mk. 100			

—	—	—	—	—	—	—	—	—	—	—	—	—	—	—	—	—	—	—	—	—	—	—	—	—
—	—	—	—	—	—	—	—	—	—	—	—	—	—	—	—	—	—	—	—	—	—	—	—	—
—	—	1200	—	—	—	—	—	—	—	—	—	—	—	—	—	—	—	—	—	—	—	—	—	—
—	—	—	—	67	55	—	—	—	—	—	—	—	—	—	—	—	—	—	—	—	—	—	—	—
—	—	—	—	—	—	—	—	—	—	—	—	—	—	—	—	—	—	—	—	—	—	—	—	—
—	—	—	—	—	—	—	—	—	—	—	—	—	—	—	—	—	—	—	—	—	—	—	—	—
—	—	—	—	—	—	—	—	—	—	—	—	—	—	—	—	—	—	—	—	—	—	—	—	—
—	—	—	—	—	—	—	—	66	40	—	—	—	—	—	—	—	—	—	—	—	—	—	—	—
—	—	—	—	—	—	67	55	—	—	—	—	—	—	—	—	—	—	—	—	—	—	—	—	—
—	—	—	—	—	—	—	—	—	—	—	—	—	—	—	—	—	—	—	—	—	—	—	—	—
—	—	—	—	—	—	—	—	—	—	—	—	—	—	—	—	—	—	—	—	—	—	—	—	—
—	—	—	—	—	—	—	—	—	—	—	—	—	—	—	—	—	—	—	—	—	—	—	—	—
—	—	—	—	—	—	—	—	—	—	—	—	—	—	—	—	—	—	—	—	—	—	—	—	7
—	—	—	—	—	—	—	—	—	—	—	—	—	—	—	—	—	—	—	—	—	—	—	—	—
100	—	—	—	—	—	—	—	—	—	—	—	—	—	—	—	—	—	—	—	—	—	—	—	—
—	—	—	—	—	—	—	—	—	—	—	—	—	—	—	—	—	—	—	—	—	—	—	—	46
—	—	—	—	—	—	—	—	—	—	—	—	—	—	—	—	—	—	—	—	—	—	—	—	—
—	—	—	—	—	—	—	—	—	—	191	15	—	—	—	—	—	—	—	—	—	—	—	—	—
—	—	—	—	—	—	—	—	—	—	—	—	—	—	—	—	—	—	—	—	—	—	—	—	—
—	—	—	—	—	—	—	—	—	—	—	—	—	—	—	—	—	—	—	—	—	—	—	—	—
—	—	—	—	—	—	—	—	—	—	—	—	—	—	—	—	—	—	—	—	—	—	—	—	—
—	—	—	—	—	—	—	—	—	—	—	—	—	—	—	—	—	—	—	—	—	—	—	—	—
—	—	—	—	—	—	—	—	—	—	—	—	—	—	—	—	—	—	—	—	—	—	—	—	—
1607	—	1507	—	67	55	67	55	190	55	191	15	6	65	1	25	460	—	26006	20	—	—	8900	—	81
Debet-Saldo = Mk. 100								Kredit-Saldo = Mk. —.60				Debeet-Saldo = MMk. 5.40				Kredit-Saldo = Mk. 25546.20				Kredit-Saldo = Mk. 8900				K =

115	90	—	—	—	—	—	—	—	—	—	—	—	—	—	—	—	—	
—	—	—	—	—	—	—	—	—	—	—	—	—	—	—	—	—	—	
—	—	—	—	—	—	—	—	—	—	—	—	—	—	—	—	—	—	
—	—	—	—	—	—	—	—	—	—	—	—	—	—	—	—	—	—	
—	—	—	—	—	—	—	—	—	—	—	—	—	—	—	—	—	—	
—	—	—	—	—	—	1	95	—	—	—	35	—	—	—	—	—	—	
—	—	—	—	—	—	—	—	—	—	—	—	—	—	—	—	—	—	
—	—	—	—	—	—	—	—	—	—	—	—	—	—	—	—	—	—	
—	—	—	—	—	—	—	25	—	—	—	—	—	—	—	—	—	—	
—	—	—	—	—	—	—	—	—	—	—	—	—	—	—	—	—	—	
—	—	—	—	—	—	—	—	—	—	—	—	15	—	—	—	—	—	Dividenden-Konto
—	—	—	—	—	—	—	—	—	—	—	—	—	—	—	—	—	—	
—	—	—	—	—	—	—	—	—	—	—	—	—	—	—	—	—	—	
—	—	—	—	—	—	—	—	—	—	—	—	—	—	—	—	—	—	
—	—	—	—	—	—	—	—	—	—	—	—	—	—	—	—	—	—	
—	—	—	—	—	—	—	—	—	—	—	—	—	—	—	—	—	—	
—	—	—	—	—	—	—	—	—	—	—	—	—	—	—	—	—	—	
—	—	—	—	—	—	—	—	—	—	—	—	—	—	—	—	—	—	
—	—	—	—	—	—	—	—	—	30	—	—	—	—	—	—	—	—	
—	—	—	—	—	—	—	—	—	—	—	—	—	—	—	—	—	—	
—	—	—	—	—	—	—	—	—	—	—	—	32	30	—	—	—	—	Gewinn- und Verlust-Konto
—	—	—	—	—	—	—	—	—	—	—	—	30	—	—	—	—	—	Desgl.
—	—	—	—	—	—	—	—	3	65	—	—	—	—	—	—	—	—	
726	30	3732	60	20	70	168	55	23	95	23	—	*6384	25	**777	—	1725	—	

Kredit-Saldo = Mk. 6.30

Kredit-Saldo = M. 147.85

Debet-Saldo = M. —.95

*5851	10	**		Effekten-Konto
365	85			Inventar-Konto
		543	—	Reservefond-Konto
15	—	25	—	Dividenden-Konto
90	—	126	70	Spareinlagen, Depositen- pp. Zinsen-Konto
62	30	82	30	Gewinn- und Verlust-Konto
6384	25	777	—	

Debet-Saldo M. 5851.10 Effekten-Konto
" " 365.85 Inventar-Konto
M. 6216.95

Kredit-Saldo M. 543.— Reservefond-Konto
" " 10.— Dividenden-Konto
" " 36.70 Spareinlagen- pp. Zinsen-Konto
" " 20.— Gewinn- und Verlust-Konto
M. 609.70

FSC
www.fsc.org
MIX
Papier | Fördert gute Waldnutzung
FSC® C083411

Kolibri 360 GmbH
Ferdinand-Jühlke-Straße 7
99095 Erfurt, Deutschland
produktsicherheit@kolibri360.de